阿育王與孔雀王朝

改寫亞洲文明的
古印度最偉大帝國

ASHOKA AND THE MAURYA DYNASTY

The History and Legacy of Ancient India's Greatest Empire

獻給我的丈夫阿西什．森（Ashish Sen）

誌念戈皮．森（Gopi Sen），好友與摯愛的同伴

目次

沒有任何贈禮能比擬法之布施、法之宣說以及法之情誼，這意味著以下準則：對奴僕有禮，對父母順服，對朋友、知交、至親、沙門、婆羅門慷慨布施，並戒絕殺害動物。

阿育王・孔雀（Ashoka Maurya），摩崖詔令第十則（Rock Edict X）

王以禮物與各種榮耀來尊崇所有宗教團體的苦行僧與在家眾，但他並不認爲這比弘揚各宗教的基本教義來得更重要。這一點可以藉由許多方式來達成，但根本之法在於控制個人的言論，亦即，不在不適當的場合稱揚自己的宗教或輕貶他人的宗教，或至少適度地節制。如此一來，一個人不但能發揚自己的宗教，也能同時光大他人的宗教；在提升自己的宗教影響力之餘，也裨益了他人的宗教。反其道而行，則會對自己與他人的宗教皆造成傷害。

阿育王・孔雀，摩崖詔令第十二則（Rock Edict XII）

在此不殺生獻祭、不舉辦祭祀慶典。因爲我在這些慶典中看到諸多弊病，雖然其中有些亦是經我同意而舉辦的活動。以前在我的廚房裡，每天總有成千上百頭動物被宰殺來讓人取用其肉；但是現在，我寫下這則銘文，明令只能宰殺三頭動物，亦即兩頭孔雀與一頭鹿，而且鹿也不是每天宰殺。在未來，就連這三頭動物都不會被宰殺。

阿育王・孔雀，摩崖詔令第一則（Rock Edict I）

序言

孔雀王朝在全盛時期，是世界上最強大、最富裕的帝國，也是印度次大陸上第一個統一的強權。在西元前二五〇年孔雀王朝的鼎盛時期，估計人口爲五千到六千萬、面積爲五百萬平方公里①，領土涵蓋了整個現代印度（除了最南端的一小塊地區）、巴基斯坦，以及部分的阿富汗，直到伊朗邊境。孔雀王朝的首都華氏城是最大的古城之一。印度（雖然當時並不叫這個名字）是一個全球強權，與遠及希臘與埃及的鄰國進行貿易並保持和平的外交關係。

在七、八位孔雀王朝的帝王當中，有兩位印度最偉大的領導者被銘記至今：旃陀羅笈多・孔雀與他的孫子阿育王。旃陀羅笈多是孔雀王朝的開國皇帝，以征戰與和平的手段建立起他的帝國，也是已知的第一位簽署國際條約（與西北方的希臘）的印度領導者。他的孫子阿育王在一場血流成河、屍橫遍野的戰爭中征服了羯陵伽，其後斷然棄絕了暴力，並將餘生致力於提倡並宣揚宗教寬容、善待所有生物，以及在多元文化的社會中和平共處，亦即他稱之爲「正法」（巴利文爲

全書皆為原注：

① Peter Turchin, Jonathan M. Adams and Thomas D. Hall, 'East–West Orientation of Historical Empires and Modern States', *Journal of World-Systems Research*, xii/2 (2006), pp. 219–29.

Dhamma，即梵文的佛法（Dharma）〕的政策。

在《世界史綱》一書中，歷史學家H．G．威爾斯如此描述阿育王：「在世界史上，自稱『殿下』『陛下』『尊貴陛下』等的國王與皇帝多不勝數，他們皆短暫閃耀、旋即殞落。但是，阿育王始終宛如閃亮的恆星般熠熠生輝，至今依然光芒耀眼。」②

阿育王的過往，被銘記於象徵現代印度的符號當中。在印度首任總理賈瓦哈拉爾．尼赫魯的倡議下，阿育王的法輪被放在印度國旗中央；而阿育王在鹿野苑所豎立的石柱，其頂端的獅子柱頭也成了印度國徽。尼赫魯寫道：

> 讓我們與這面國旗聯繫在一起的，不僅是這幅國徽，在某種意義上更是阿育王時之名：一個在印度歷史以及世界歷史上最重要的名字之一……印度史上的阿育王時期，基本上是一個國際化、而非狹隘的本國時期。在這段時期，印度的使節不是以代表帝國與帝國主義的身分出訪至遙遠的國家，而是以傳播和平、文化以及善意的使節身分。③

孔雀王朝僅延續了一百三十七年，並在阿育王死後五十二年覆亡；王朝崩毀之後，繼之而來的是不同王朝之間對於區域統治地位的權力爭奪。直到近兩千年之後印度獨立，這個國家才又重回政治統一的新局。

雖然阿育王死後的數個世紀，他在中國與東南亞仍是一位受人尊崇與效法的人物，但直到十九世紀中，他在印度與西方國家中幾乎不爲人知。本書在附錄中敘述了考古學家與歷史學家如何重新發現孔雀王朝的有趣故事。如今，旃陀羅笈多與阿育王都成了小說、寶萊塢電影、高收視率電視劇中的知名人物，並且被不同派系的政治家所借鑒。

在撰寫《印度美食史：盛宴與齋戒的國度》時，我開始對阿育王產生了興趣，尤其是他對素食主義與善待動物的倡議，並且也希望深入了解這位令人印象深刻的領導者。誠然撰寫二千五百年前的人物與事件似乎是一項令人生畏的艱鉅挑戰，但事實證明，有大量素材可以從希臘、羅馬、印度、斯里蘭卡，甚至中國的資料來源中取得；不過，許多內容是在事件發生之後的數個世紀、甚至千年之後才撰寫出來，這些材料往往相互矛盾、而且是出於意識形態上的動機。這使我很難在不解釋使用哪些資料來源及其有關意識形態或宗教偏見的情況下，對旃陀羅笈多與阿育王的生平事件做出明確的敘述；而我在此所做的，就是傳達知識與有根據的推測兩者之間的區別。

西元一九四七年印度獨立之前，英國歷史學家與管理者撰寫了大量關於孔雀王朝的文章，但他們的詮釋往往帶有偏見，旨在證明英國統治的正當性。由於他們所接受的古典文化教育，有些人會過度專注於亞歷山大大帝與他在印度的戰役。自那時起，印度大多數的重量級歷史學家都撰寫過孔

② H. G. Wells, 'Chapter xx ix: Ashoka,' *A Short History of the World*, www.bartleby.com, accessed 19 October 2021.

③ 'Resolution Re: National Flag', *Constituent Assembly Debates*, 22 July 1947, https://indiankanoon.org.

鹿野苑的獅子柱頭是印度的國徽。

雀王朝與阿育王，可能比任何其他的王朝或歷史人物還多。古印度知名歷史學家羅米拉・帕爾的文字使我深感激勵，她在《阿育王與孔雀王朝的衰亡》（*Ashoka and the Decline of the Mauryas*）一書引言中寫道：

> 有了各式各樣的大量證據，無怪乎許多歷史學家深受吸引而致力於爲孔雀王朝撰文。但我們認爲，如此豐富的歷史研究不該讓其他的歷史學家止步，而不去嘗試新的詮釋；這些嘗試或許可以成功地回答孔雀王朝許多仍尚未得到解答的問題，我們相信由於歷史方法的差異，以各種有效性來達成現有事實的重新詮釋仍是可能的……歷史是一門活生生的學科，每種新的分析都進一步強化了該主題的知識，前提是這些分析須有證據支持。④

我嘗試就這個時期及其中迷人的歷史人物提出我個人的看法，尤其是旃陀羅笈多與阿育王。就像歷史學家H・G・威爾斯、印度總理尼赫魯、諾貝爾獎經濟學大師沈恩以及許多其他人，我也將阿育王視爲我們這個時代可以而且應該效仿的榜樣。

④ Romila Thapar, *Aśoka and the Decline of the Mauryas*, 3rd edn (New Delhi, 2015), p. 15.

音譯與日期的說明

英文字母鮮少與梵文、巴利文以及南亞其他語言中的字母或這些字母的讀音相符，因此，學者使用變音符號來表示正確的發音；舉例來說，ś代表齒擦音（sh音）。在本書中，除了參考書目外，我們省略了變音符號並使用「sh」字母來代替〔如阿育王（Ashoka）或刹帝利（Kshatriya）〕，因爲這就是這些名字今日的發音以及普遍被轉錄與譯寫的方式。

孔雀王朝早期的年表往往無法確定，因爲古印度沒有任何數字系統來代表特定的年分；年分是以某些重要大事的發生來加以辨識、確認，而這些大事可能由於資料來源不同，記述內容也不同。首批明確的日期可藉由阿育王的銘文來確認，而某些銘文中所提到的日期，則可藉由印度以外的統治者來加以證實。除非另有說明，否則書中所有日期指的都是西元前。

1 摩揭陀的崛起

孔雀王朝並不是在與世隔絕的情況下興起，而是城市與國家長期演變的最終結果，甚至可以回溯至哈拉帕文明時期；哈拉帕文明是以今日位於巴基斯坦旁遮普省的一座大城市來命名（也被稱爲印度河谷文明），如同美索不達米亞與古印度，該文明亦被視爲古文明早期的發源地之一。但印度河谷文明跟古埃及與美索不達米亞的同時期文明差異在於，它的文字從未被成功譯解，因此它的絕大部分內容至今仍然成謎。人們曾經以爲哈拉帕文明在西元前一九〇〇年左右已然完全消失，而從它的消失、一直到西元前第一個千年中葉城市與國家出現之間的這段時期，是一個城市中心與複雜社會政治組織皆不復存在的黑暗時代。如今，考古學家已然發現並辨識出連結這兩個以城市爲基礎的政體之要素。

這個地區擁有定居群落的最古老證據，亦即位於巴基斯坦俾路支省的梅赫爾格爾；一九七〇年代，法國的考古學家開始在這裡進行挖掘，發現早在西元前七千年或六千五百年時，此處的居民已開始耕種（主要作物爲大麥）、馴養牛羊、並建立起有磚房與大型穀倉的村莊；後來，他們還發現了銅冶金，並發展出製作珠寶、陶器與陶瓷的技術。

數千年來，這個群落與其他農村逐漸擴展到俾路支省的其他地區，印度河谷、古吉拉特邦，以及更遠的地方；到了大約西元前兩千六百年，這些群落、村莊全合併成爲哈拉帕文明。一九二〇年代，R．D．班納吉（R. D. Banerji，西元一八八五至一九三〇年）首度發現了最大的城市摩亨佐—達羅的遺址〔然而，這項發現卻被歸功於班納吉的上司，印度考古調查局的局長約翰．馬歇爾爵士（Sir John Marshall，西元一八七六至一九五八年）；他先是打壓班納吉的報告，其後又以他自己的名字發表了這份報告。後來，他與考古學家莫蒂默．惠勒爵士（西元一八九〇至一九七六年）繼續進行這項發掘工作〕。

一九五〇年代，印度考古調查局在印度的西部與北部展開了大規模的挖掘計畫，足見這個文明的分布規模與複雜程度著實驚人，鼎盛時期的範圍甚至涵蓋了一百多萬平方公里，包括了現在的巴基斯坦俾路支省、信德省、旁遮普省，以及印度的旁遮普邦、哈里亞納邦（幾乎已達新德里的郊區）、拉賈斯坦邦、北方邦，和古吉拉特邦的部分地區。考古學家發現了一千五百多座村莊與小城市，還有五座大城市；其中，又以位於巴基斯坦信德省的摩亨佐—達羅最爲知名，這座城市占地超過兩百公頃，居民有四萬人。加上旁遮普省的哈拉帕以及古吉拉特邦的多拉維拉，這些都是在西元前二五〇〇至一九〇〇年繁榮興盛、欣欣向榮的大城市。哈拉帕文明在喜馬拉雅山融雪注入的河流滋養下發展而成，這些河流在現在的喀拉蚩附近流入阿拉伯海，主要有印度河與薩拉斯瓦蒂河（有些人推測薩拉斯瓦蒂河就是現在的加格加爾—哈克拉河，只在雨季時出現），它們的支流提供了與其他城鎮與地區的聯繫，以及獲取銅、半寶石、礦物、木材等資源的管道。

雨季時，河流氾濫並淹沒大地；洪水消退後，留下了肥沃的土壤。許多如今已成沙漠的土地，在古代曾是林木蓊鬱的沃土，造就了農業的生產盈餘以及技術的發展，讓農業聚落成功過渡爲城市居地。這是一個富裕的商業社會，商人可與中亞、美索不達米亞以及阿拉伯半島從事海上與陸上的貿易。在古吉拉特邦康貝灣附近的洛塔港口處，曾挖掘出一座大型碼頭與好些石錨的遺跡，在阿曼與伊拉克也發現了來自哈拉帕文明的印信圖章。印度河谷的商人出口大麥、棉花與棉製品、芝麻與亞麻籽油、木材、寶石、青金石、黃銅，以及黃金。

然而，我們對這些城市的政治組織或城市之間的聯繫一無所知。某種程度的標準化，有時會被視爲強大中央威權機構存在的證據，但這一點始終充滿爭議。有些學者根據理論來說明，這些城市是由強大的菁英所統治，譬如地主、商賈，以及祭司。

城市的設計與布局顯示出精細而複雜的城市規劃，這些規劃可能沿續至孔雀王朝及其後的時期。街道呈網格狀排列，主要幹道南北縱貫而行，並與其他道路以直角相交；房屋周圍有圍牆，並以一條狹窄的土地與鄰近的房舍分隔開來。這些住宅的規模從兩房到豪邸不等，三面都有房間，且房門皆朝中央庭園方向開口。①門窗都由木頭與茅草搭建而成，地板是壓實的硬土，屋頂是覆蓋了蘆葦與壓實黏土的木樑。規模最大的建築則皆由木材蓋成。

這種城市規劃暗示了對於清潔與衛生的關注，而這種關注事實上是直到現代才開始受到重視。城市中有公共水井，亦有私人水井，而根據摩亨佐—達羅的紀錄，這些水井多達七百口。每個房屋

① C. T. Lakshmanan, 'Ancient System of Town Planning in India', www.slideshare.net, accessed 19 October 2021.

都有浴室，附帶的廁所以赤陶土製成的排水管連結街上的排水渠道，室內便器是崁入地板的大罐子或汙水盆；在某些房屋中，甚至還有附帶防水地板與排水設備的沐浴平台。城市中的街區，則是根據職業區別來安排與劃定。

哈拉帕市被一道磚牆所圍繞，還有一座可能是城堡的建築，但它的確切用途尚屬未知。城門內的開放區域可能曾經作爲市場或檢查站之用，並在這裡對運入城市的貨物課稅。考古學家在城牆外發掘出一堆群集的房子，可能曾經作爲商賈與旅人的臨時休息站。市場區、大小房舍以及工藝作坊都位於同一個街區，而房舍與公共建築共用圍牆並形成更大的街區，通往這些街區的寬廣街道則提供了街區與街區之間的通行幹道。

哈拉帕的手工藝以其精細複雜與小型作品聞名，沒有在古代美索不達米亞或埃及所發現的壁畫、建築裝飾，或是眞人大小的雕像；相反地，哈拉帕最知名的雕像是一尊以滑石製成，僅十七．五公分高的蓄鬍男性（通常稱爲「祭司國王」）雕像，以及一尊以青銅製成，僅十．五乘五公分大小的精美女性（稱爲「舞女」）雕像。赤陶土被用來製作男女雕像、孩童玩具以及印信圖章。考古學家發現了數以千計的小圖章（多爲一．一四乘一．一四公分），可能是用在商業交易上，上頭刻有動物、人物以及尚未被譯解出來的象形文字。珠寶是由貴金屬、寶石、骨頭以及製作精美的珠子製成。佩戴由石頭、貝殼和金屬製成的鐲子很普遍，至今在印度次大陸上依舊十分盛行。

雖然有諸多揣測，我們對於印度河谷居民的宗教仍然知之甚少。沒有發現任何祭壇，一些女性雕像被解釋爲象徵生育的形象，使用於家庭儀式上。有一枚印章上刻了戴著有角頭飾的男性形象，以瑜伽姿勢盤腿端坐、周圍環繞著動物，被稱爲「原始濕婆」，另一枚印章上則描繪了坐在菩提樹（在某些印度宗教中被視爲聖樹）上的男神或女神；在梵文中代表幸福的卍字飾圖案，也出現在許多印章上。因此有些學者認爲，後來被稱爲印度教的某些宗教元素即源起於此時。

這些古代的城市居民是誰，仍然是歷史上最大的未解謎題之一；儘管後續仍有許多研究，但在他們的印章、陶器以及其他物品上所發現的文字，卻從未被成功地譯解出來；一個常見的理論認爲，他們說的是一種德拉威語（Dravidian）。近年來，DNA分析爲他們的起源帶來了一線曙光；對印度河谷周邊（一個橫跨伊朗、中亞、以及印度的地區）②的DNA樣本所進行的分析顯示，印度河谷的人口是由伊朗東部的農耕者與南亞的採獵者混合而成，後者是次大陸上最古老的族群，與安達曼島民有親緣關係。另一項研究的對象是一名死於四千年前的女性，從她身上取出的單一基因組也顯示了相同的起源衍生組合。

其後，在西元前兩千年左右區隔漸趨明確的兩大族群中發現了這兩系的血統：北印度人先祖以及南印度人先祖，後者具有與印度河谷人一樣的基本基因組合，但原始採獵者的DNA數量較多。北印度人先祖的DNA則揭示了另一族群的祖先：西元前兩千年左右，來自黑海與裏海之間

② Vagheesh M. Narasimhan et al., 'The Genomic Formation of South and Central Asia', *BioRxiv*, www.biorxiv.org, 31 March 2018. 由於作者們無法直接取得來自印度河谷遺址的DNA，他們的發現是以巴基斯坦斯瓦特河谷所發現的三個個體之DNA分析為基礎，被稱為「印度河谷周邊」（Indus Valley periphery）個體。

東歐大草原地區的牧民（通常被稱爲雅利安人、印度雅利安人或是印歐人）。③

曾經風行一時的理論認爲，哈拉帕文明之所以突然從地球上消失，是由於北方印歐游牧民族的入侵；但如今，這項理論已被捨棄且不予以考慮。目前的理論認爲，印度雅利安人是在西元前一九○○年後才一個氏族接一個氏族、一個部落接一個部落地陸續移入。哈拉帕文明是在數百年之中逐漸瓦解，極可能是由於氣候變化使得河流改道，並從而造成旱災；④這可能會破壞城市的農業根基，迫使居民發展出新的農業策略並遷徙到環境更穩定的地區。耕種可在更嚴酷環境下生長的作物，諸如小米與高粱，使得往西擴展成爲可行之路；同時，在殑伽河（現在的恆河）與亞穆納河地區發展稻作則導致人口快速擴張。因此，印度河流域的西部與中部地區定居點密度減少，而北部與東部地區密度則增加了，後者的人口遂聚集成大型的永久定居點——儘管規模無法與哈拉帕文明時期的城市相比。

在摩亨佐—達羅發現的一枚印章上刻有一尊有角的神祇，有時被譯解為印度教中濕婆神的原型。

最古老的印度文集《梨俱吠陀》是西元前二〇〇〇至一四〇〇年間，在相當於現在旁遮普邦與阿富汗東部的地區編纂而成，但其中並未提及城市，只提到了遺跡。然而，最近出土的文物資訊讓羅賓・康寧漢（Robin Coningham）與馬克・克諾耶（Mark Kenoyer）等考古學家認爲，同時代的文化可能亦存在於印度河與恆河多阿布地區。印度學家F・R・奧爾欽（F. R. Allchin）寫道，北部地區「形成了印度河文化與意識形態要素得以存續的重要中心」以及一個新的印度與雅利安文化綜合體。⑤整合時期與早期歷史時期之間的連續性，則呈現於專門工藝的延續、有跡可循的長途貿易網絡，以及統一的度量衡系統等方面；⑥此外，在象牙骰子與梳子、若干陶器型態與赤陶土物品的設計上，亦可看出其間的相似之處。印度學家阿斯科・帕爾波拉寫道：「我們可以合理地預期，歷史悠久的南亞保留了哈拉帕文明的傳統。晚期哈拉帕人的人數超過了使用印度雅利安語的移民，這些主要人口族群的融合，伴隨著異族通婚與雙語使用習慣的養成而延續了多個世紀。」⑦

---

③ 有些學者質疑是否可以基於這麼小的樣本來進行歸納與概括，並認為必須要有更多的研究。該理論也受到了印度教民族主義者的挑戰，他們認為印度雅利安人源自印度，其後才擴散至歐洲與亞洲。

④ Rochester Institute of Technology, 'New Mathematical Method Shows How Climate Change Led to the Fall of Ancient Civilization', *PhysOrg* (3 September 2020).

⑤ F. R. Allchin, 'The End of Harappan Urbanism and Its Legacy', in *The Archaeology of Early Historic South Asia: The Emergence of Cities and States* (Cambridge, 1995), p. 38.

⑥ Robin Coningham and Ruth Young, *The Archaeology of South Asia* (New York, 2015), p. 474.

⑦ Asko Parpola, 'Indus Civilisation', in *Brill's Encyclopedia of Hinduism*, ed. Knut A. Jacobsen (Leiden, 2012), vol. iv, p. 7.

烹調是另一個展現出連續性的領域，甚至延續至今仍方興未艾。⑧哈拉帕人的食材包括了高粱、小米、小麥；乾豆、豆類、塊莖、蔬菜；芥末、芝麻、其他可榨油的種子；薑黃、黑胡椒、生薑、大蒜；牛奶與乳製品；山羊肉、綿羊肉、牛肉、淡水魚以及海水魚。棗子、蜂蜜，以及未加工的甘蔗汁，被用來增加食物的甜度。由各種穀物製成的麵包，在類似今日土窯爐的烤箱中烘烤。其他的烹調技巧還包括了烘炙、炭烤、醃漬、慢燉、蒸煮、燒烤、煨燉、在地洞裡烘烤與燜燉；烹調的器具則包括了研缽、手推磨、陶土鍋（一種深底廣口的烹調器皿）、刀子、杓子、湯匙，以及不同尺寸的印度土爐（就像今日印度仍在户外使用的圓形泥灰爐）。牛糞、作物殘莖以及木材則被作爲燃料之用。

印度雅利安人的遷徙

最初的印度雅利安人（這個名稱是語言術語而非種族術語）是半游牧的牧民，生活在有血緣關係的小團體中。他們最初的家鄉可能是現在位於烏克蘭東部與俄羅斯南部的東歐大草原。在西元前第二個千年的某個時間點，人口壓力與牧地短缺迫使印度雅利安人越過興都庫什山脈隘口，進入歐洲與小亞細亞、伊朗、阿富汗以及印度北方。在幾個世紀間，他們一直以小團體的型態遷徙移居、征服掠奪、離鄉背井，或是與當地居民通婚。⑨

有關印度河谷文明衰亡與孔雀王朝興起之間的這一段印度歷史，資訊相當稀少且無法盡信。考古學的證據匱乏，因爲他們的家園與村落都是以木頭與其他天然材料建蓋而成，禁不起歲月的摧殘。正如歷史學家H．C．雷喬伕力（西元一八九二至一九五七年）所述：「古代印度並未留下如修昔底德或塔西佗那樣的歷史學家，爲後世留下一部眞正的歷史。」⑩也沒有如同孔雀王朝般，有許多來自外國的同時期記述。

然而，關於他們如何生活與思考的若干臆測，可以從大量的文本《吠陀經》（來自梵文中的「知識」之意）中一點一滴地蒐集；這些文本是西元前第二個千年在印度西北方的創作，被人們熟記並口耳相傳了數千年，《梨俱吠陀》即爲其中主要的作品之一，是對眾神的讚美詩歌、咒語、聖詠、祈求生命和繁榮的祈禱文，加上哲學思辨的一部合集，包含了一千○二十八首詩歌或讚美詩，被安排、編輯成爲十卷（曼荼羅）。儘管這些文本從創作到被抄錄下來相隔了數個世紀之久，但學者們認爲，最後謄寫下來的版本非常接近原作，原因是複雜、精細的記憶技巧被發展出來了，再加上這些內容皆悉心地由父傳子或師傳徒。這些文本是世界上最古老的宗教典籍，至今在印度的婚禮與葬禮上仍會吟誦其中的部分內容。

---

⑧參見 Arunima Kashyap and Steve Weber, 'Harappan Plant Use Revealed by Starch Grains from Farmana, India', *Antiquity Journal*, lxxx iv/326 (December 2010). 資料亦來自西元二〇一〇年二月十九至二十五日在新德里國立博物館舉辦的「歷史美食展」（Historical Gastronomica）。

⑨另一種理論稱為「出走印度」（Out of India）理論，認為印度雅利安人本是印度次大陸的原住民，其後才往北遷徙。大部分學者並未認真看待這項理論，但在某些學術圈中，它仍是一個爭辯的主題。

⑩Hem Chandra Raychaudhuri, *Political History of Ancient India from the Accession of Parikshit to the Extinction of the Gupta Dynasty* (Calcutta, 1923), p. ii.

後來的文本包括了《梵書》（著於西元前約九○○至七○○年）、《奧義書》（有些部分完成於西元前六○○年，有些則略晚一些）、《往世書》（西元四○○至一○○○年間有關神祇、英雄、聖人的故事合集）、佛教的《本生經》（關於佛陀前世、深具道德寓意的故事），以及耆那教的經典。偉大的印度史詩作品《摩訶婆羅多》與《羅摩衍那》能否被用來確認特定事件與歷史人物，仍然深具爭議；因爲關於這些作品的創作日期及其所描述的人事物，仍存在相當大的不確定性。

最初的印度雅利安人是半游牧的牧民，先是生活在有血緣關係的小團體中，後來則生活在有酋長帶領的部落中。他們馴養馬匹、使用有輪子的推車、飼養牛羊，也從事一些農業活動。人們以牛隻來計算他們的財富，「戰鬥」（*gavishthi*）這個動詞意指「想得到牛隻」，暗示了牛隻的劫掠是衝突的根源（即使在今日，「氏族」（*gotra*）這個字仍爲「牛棚」之意）。他們自稱的雅利安或雅利安之子，其後成了所有「有知識的」南亞人最喜歡用來自我指稱的用語。他們的語言稱爲吠陀梵語，屬於包括希臘語、拉丁語，以及大多數現代歐洲及北印度語言在內的語系。

《梨俱吠陀》中提到了三十多個氏族，包括蘇達、庫魯、普魯、阿努以及婆羅多，最後一個是現在的印度共和國的官方名稱。《梨俱吠陀》中大部分的參考文獻都提到了兩個瓦爾納（*varna*，這個字通常被翻譯成「種姓」）：意指他們自稱的雅利安（貴族）以及意指「僕人」或「奴隸」的達薩，後者是被征服、制服，或驅趕到森林裡膚色較深的當地人。[11]後來的文本則提到了婆羅門、剎帝利以及韋夕，也就是一般平民。唯一提到瓦爾納的四層分工之處是在《梨俱吠陀》的一首讚美詩中，給予它的起源一種神話般的認可：

當眾神以人爲犧牲品進行獻祭時……
當祂們在區分人時，將人分成了幾個部分？
他的嘴叫什麼？他的臂叫什麼？他的腿叫什麼？他的腳叫什麼？
他的嘴是婆羅門，他的臂成了羅闍尼亞，他的腿成了吠舍，他的腳生出了首陀羅。⑫

婆羅門是祭司，羅闍尼亞（後來稱爲剎帝利）是武士與統治者，吠舍是藉由畜牧、農業以及貿易來提供財富的人，第四類的首陀羅則是工匠與提供服務的人。然而，在《梨俱吠陀》中並未提及通婚或共同生活的禁忌，雖然在後來的吠陀典籍中提到了這些禁忌以及其他的禁令。第五類在某個時間點（學者對於該時間點意見不一）被加了進來，被歸到這一類的人從事的是沒有人要做的工作，譬如鞣皮製革、撿拾垃圾或是埋葬死者。

西元前兩千年中葉，印度雅利安人大多居住在旁遮普與德里地區；其後的資料來源指出，他們逐漸往喜馬拉雅山脈與溫迪亞山脈之間的地區遷徙，並慢慢擴散至印度恆河平原——一片面積約

---

⑪ 英文的「種姓」（caste）一詞〔來自葡萄牙語的「顏色」（*casta*）〕被相當混淆地用來指稱兩個獨立但相關的制度：瓦爾納（梵語的「顏色」之意），意指社會的四種基本分工，或可被翻譯成階級；以及迦提（*jati*，出身），一種與職業或出身有關、更狹義的群體。另一種看待這種區別的方式是將瓦爾納視為一種儀式地位，而將迦提視為一種社會群體。

⑫ Quoted in A. L. Basham, *The Wonder That Was India*, 3rd revd edn (London, 2004), p. 243.

兩百五十萬平方公里的沃土，橫跨了印度北部與東部的大部分地區、巴基斯坦東部以及孟加拉國。他們在這裡安頓下來，先是用銅與青銅製成的斧頭砍伐樹木、開墾林地，後來在大約西元前八〇〇年時，又開始使用牛拉犁等鐵製的工具與器具；⑬同時，充沛的降雨量與肥沃的沖積土壤亦有助於稻田的耕植。稻米的食用以及農作物的盛產帶動了人口的成長、其後的村落形成，以及隨之而來的專門行業與職業的數量增加，包括了織布工、弓箭製造者、製革工人、養馬人、點火人、鐵匠與金匠、醫生、占星家以及商人。許多城鎮都建蓋在河流上，因爲河流就是天然的貿易路線。

隨著部落在特定地區安頓下來，有些部落開始合併成較大的政治單位，並往往以占主導地位的部落來爲其命名。佛教典籍列出了十六個出現於西元前六世紀左右的大型政治實體，被稱爲「大國」，這個詞原本意指一個部落／氏族涉足之地；它們的邊界爲喜馬拉雅山、哥達瓦里河谷、馬爾瓦高原，以及比哈爾邦東部。耆那教典籍列出的政治實體略有不同，但兩者皆包括了鴦伽、摩揭陀、跋蹉、跋耆、迦尸，以及憍薩羅國在內。還有一些較小的國家與邦國，在這些典籍中並未被提及。

這些大國包括了主要分布於印度恆河平原的王國（拉賈亞），以及位於北方、西北方以及喜馬拉雅山腳下有時被稱爲共和國（加納或僧伽）的寡頭政體國家；前者由被稱爲羅闍的世襲酋長在名爲薩巴赫與薩米提的部落議會協助下進行統治。這些議會的確切職能尚不清楚：但由於其爲屬於族長、父系的社會，組成者可能是全爲男性的部落成員、一家之主，或只是幾個重要人物的集會。有些羅闍有宮廷、將軍，以及稱爲普羅希特的大祭司，這些祭司負責舉行儀式以確保王國的繁榮昌盛與戰功彪炳；不過，羅闍並不被視爲具備神聖地位。共和國並無世襲統治者，而是由部落議會直接進行治理；羅闍往往屬於剎帝利階級，根據歷史學家羅米拉·帕爾所述，共和國不像君主統治的王國般強烈反對個人主義的獨立意見，而且更願意容忍非正統的觀點。⑭因此，佛教與耆那教這兩大宗教運動的領袖皆源自於共和國，可說絕非巧合。

這些國家都各有首都，包括了呾叉始羅（犍陀羅國）、羅閱祇（摩揭陀國）、憍賞彌（跋蹉國）、舍衛城（憍薩羅國）、阿槃提（鄔闍衍那國）、廣嚴城（跋耆國）以及瓦拉納西（迦尸），最後一個瓦拉納西是當時世界上最大的城市。

這個時期通常被稱爲「次城市化」（Second Urbanization），大型城鎮是經濟與政治的中心，沿著橫跨次大陸的水陸貿易網絡路線分布發展。這個時期的文化有時會被西方學者以「北方磨光黑陶文化」來命名，而這種黑陶是西元前七世紀至一世紀時，菁英階層所使用的一種經過高度拋磨的陶器。在近一千五百個遺跡所在地的考古挖掘都發現了一種可追溯至這個時期、帶有打孔標記的錢幣，這些形狀不規則的小金屬片通常是上頭壓印了符號的銀幣。

---

⑬雖然整個次大陸上都發現了鐵礦，但鐵高達一千五百三十八度的熔點（相較於銅的一千〇八十五度）使其較難被利用，一直到後來人們才開發出相應的技術，譬如特殊的高溫爐以及去除雜質的工序。考古證據指出，早在西元前兩千年，恆河河谷即已使用鐵來製造農具、武器、工具、以及其他的人工製品；到了西元前八百至五百年，鐵的使用幾乎已普及了所有地區。

⑭Romila Thapar, *A History of India* (Baltimore, md, 1968), vol. i, pp. 52–3.

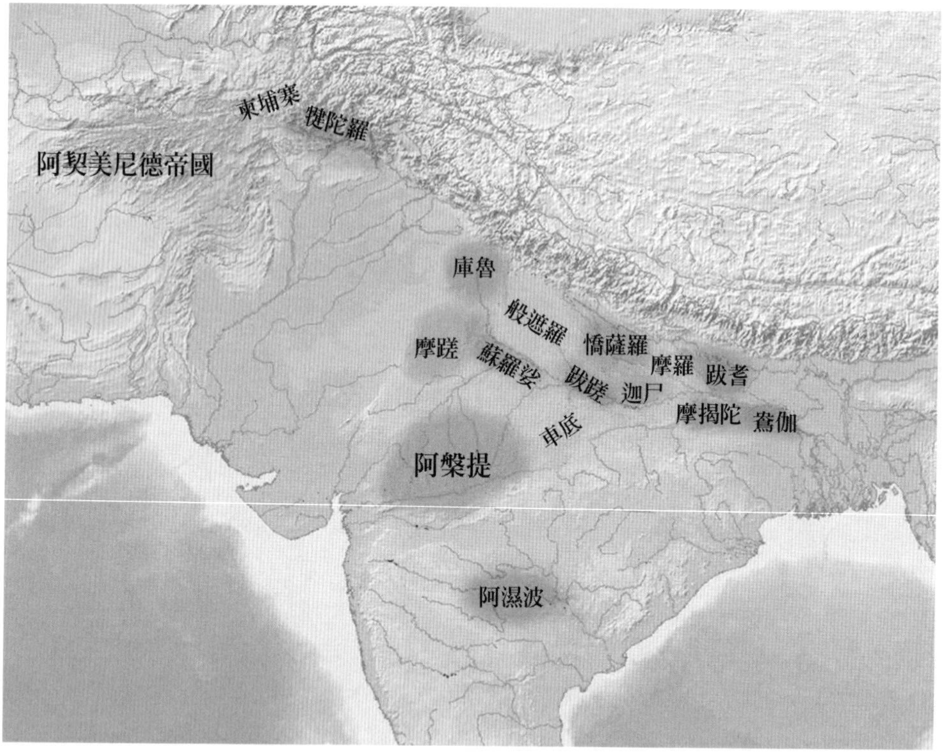

約於西元前六〇〇年的大國。

犍陀羅國的首都呾叉始羅，位於現在的拉瓦平第西北方三十二公里，次大陸內陸之間以及通往外界的貿易路線交會處，希臘作家將其描述爲「一座偉大而繁榮的城市」；即便在當時，呾叉始羅就已經是一個以學習聞名的中心，學者們群聚至此追求學識：偉大的語言學家帕尼尼、阿育吠陀的創辦人遮羅迦，甚至擔任總督時的阿育王，據說都曾在呾叉始羅居住。由約翰・馬歇爾爵士在附近發現的一處考古遺址年代更爲久遠，被稱爲皮爾丘，其歷史可追溯至西元前八百年；雖然它並非一座預先規劃好的城市，但仍具備了清楚劃分的街道、巷弄，以及排水溝。

馬歇爾還在憍賞彌下游五十六公里處挖掘出比塔城。這座古城涵蓋了十四公頃的面積，規劃爲正方形，爲一道三．四公尺厚的城牆所環繞，建蓋在打出三道大門的土製防禦堡壘頂端。兩條平行的主幹道以及排列呈網格狀的小街道縱橫交錯，構成了城市街區的格局；每棟房子都有三間或甚至更多房間面對街道，還有一座內院，這可能是源自四棟長屋環繞一座穀倉前院的農村格局。[15]前面的房間可能是工匠的作坊或販賣商品的商店，類似阿旃陀壁畫中所描繪的情景。這類房舍是大家庭的住所，加上僕人，大約有十到二十人住在一起。

位於比哈爾邦東北方的羅閱祇（現在的王舍城），在優陀夷國王於西元前五世紀遷都至華氏城之前，是訶黎王朝時期摩揭陀國的第一個首都，[16]也是佛教與耆那教的中心，這兩大宗教的創立者皆在此地度過一段很長時間。不像其他在河流附近平原上發展起來的城市，羅閱祇坐落在一座群山環繞的山谷之中。根據迪特．施林格洛夫（Dieter Schlingloff）對構築防禦工事的古印度城市之研究，這座城市的外部防禦工事是由巨石築成，沿著山頂延伸長達四十公里以上，而且厚度約達五公尺。

---

⑮ Dieter Schlingloff, *Fortified Cities of Ancient India: A Comparative Study* (London, 2013), pp. 28–9.

⑯ Ibid., p. 40.

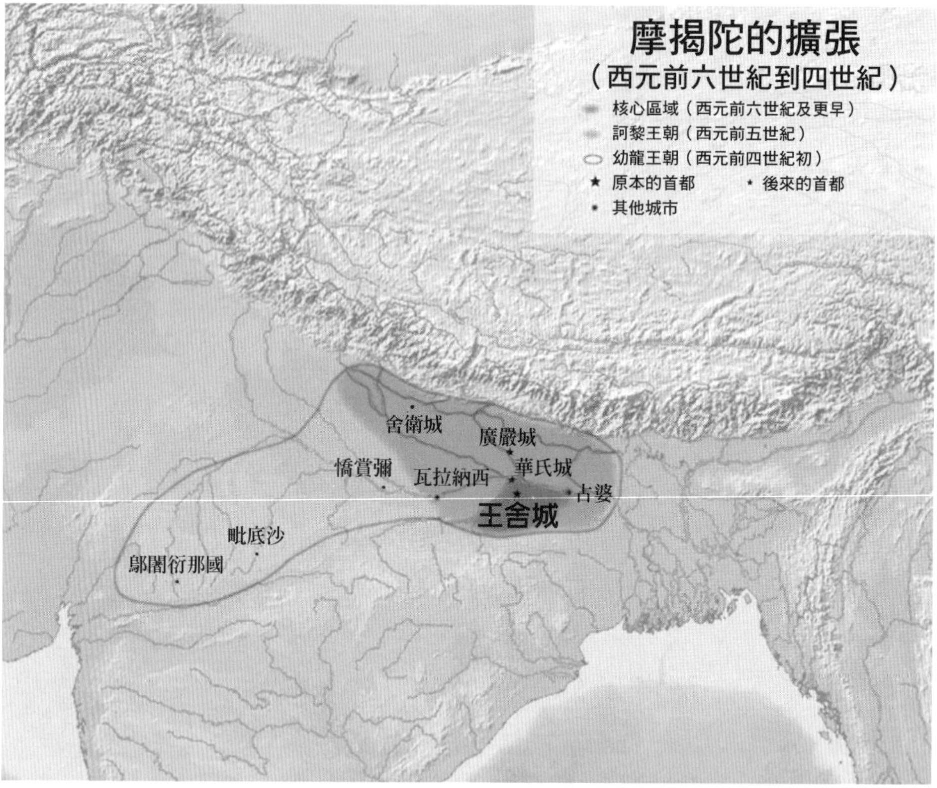

摩揭陀於西元前六世紀與四世紀間向東南方擴張。

施林格洛夫注意到，有些印度城市的規模，與同時期的希臘及羅馬城市如出一轍。鄔闍衍那的居民有三萬到六萬人，憍賞彌有九萬到十八萬人，而雅典只有十萬人。[17]華氏城則是獨一無二、無與倫比，比憍賞彌大了至少十一倍，比古代最重要的城市都大得多——面積是亞歷山大港的三倍、帝國時期羅馬的兩倍。這些城市都具有某些實質上的特徵：它們都建蓋在平原上，鄰近爲環繞城市的護城河供水的河流。正如在比塔城的考古發現所示，從護城河挖掘出來的泥土被用來建蓋防禦堡壘，後來在堡壘頂端又加蓋了一道牆；街道呈網格狀排列得井然有序，屋舍則圍繞著庭院而建。

房屋與街道的格局顯示經過了審慎的城市規劃，那是根據考底利耶（Kautilya）後來在《政事論》（*Arthashastra*）中所規定的標準而設計。[18]施林格洛夫認爲，這種規劃跟雅典、斯巴達、科林斯，以及大約同時期建立的其他希臘城市有著許多共同點，譬如以直角相交的平行街道，就是一種常見的格局。德國考古學家F・特里奇（F. Tritsch）甚至認爲，希臘城市的建立是希臘人在西元前七、八世紀時與印度剛開始接觸的結果。[19]

同時，城市形式與建材也極爲多樣化；有些城牆用磚砌成，有些則使用黏土或石塊，最大的城牆（像是在憍賞彌中的城牆）有寬達七十五公尺的地基、高達十四公尺的障壁。關於這些城牆的功能亦有諸多爭議，但無論是爲了防禦、防洪，或是保護居民免受野生動物攻擊，它們的建造都與康寧漢所稱的「勞力投資的大幅提升」有關，涉及了成千上萬勞力的招募，更證明了新興大國統治者的威權與其動員、整合人民的能力。[20]

---

⑰ Ibid., p. 32.
⑱ Ibid., pp. 30–31.
⑲ F. Tritsch, *Die Stadtbildungen des Altertums und die griechische Polis*, xx ii (Leipzig, 1929), cited ibid., p. 45.
⑳ Coningham and Young, *The Archaeology of South Asia*, pp. 362–6.

大國的合併與摩揭陀的崛起

這些國家逐漸被併入數個強大的政治實體中，其中五個為爭奪霸主地位而戰，包括鴦伽、迦尸、憍薩羅、摩揭陀以及跋耆國聯邦。最終，由一個國家勝出——摩揭陀，其後成為孔雀王朝的根基。根據歷史學家J．N．薩馬達爾（J. N. Samaddar）所述，「印度早期的歷史中，有四分之三是摩揭陀的歷史」。㉑

摩揭陀所在地區擁有大量的鐵礦礦藏，從而增強了它的軍事實力；同時，這個國家亦具備了地理與經濟地位的優勢：東部、北部以及西部暢行無阻的河流，不但使摩揭陀成為貿易中心，亦為其提供了灌溉的水源；土地肥沃且適合耕種，戰爭不可或缺的大象產量也相當充足。

已知最早的摩揭陀王朝是由巨車王建立的巴哈德拉薩王朝（Barhadratha dynasty）（巧的是，巨車王也是孔雀王朝最後一位統治者的名字）。這個王朝可能是在西元前六世紀時滅亡，但人們對此知之甚少。第二個王朝是由頻婆娑羅王（約西元前五五六至四九一年）建立的訶黎王朝，人稱「賢者」的頻婆娑羅王，十五歲時登基並在位五十二年。根據斯里蘭卡佛教編年史《大史》，頻婆娑羅王之父與佛陀之父為友，頻婆娑羅王在位十五年時親自會見了佛陀；身為佛陀最早的庇護者之一，頻婆娑羅王據說提供了一片竹林給佛陀，這片竹林後來成了佛陀與其弟子最初的靜修地之一。頻婆娑羅王藉由征服東方的鴦伽國並與其他王國的統治者聯姻，使其領土得以往東擴展；鴦伽國的首都占婆位於殑伽河與占婆河的匯流處，是一個貿易與商業中心，商人也可經由此地進入東南亞的外國市場。

頻婆娑羅王是第一個審慎組織政府的印度國王，他精心挑選大臣，據說他總是聽從他們的建議；官員則根據工作被分成不同類別，舉例來說，有些負責測量耕地並給作物估價。村莊由村長管理，村長負責收稅，其他官員則負責將稅款呈繳皇家庫房。理論上，國王擁有所有土地並徵收一定比例的收成，通常是六分之一——後來的統治者（包括孔雀王朝的統治者）都遵循這項政策。㉒

在放棄王位之後（不論是自願或是被迫），頻婆娑羅王禁食到餓死，此舉顯示他與耆那教有密切關係。然而根據佛教傳說，頻婆娑羅王是被他的兒子阿闍世王（約西元前四九二至四六一年）囚禁並殺害；在羅閱祇被挖掘出來的一處建築物中，有著厚厚的石牆、棱堡、石牢，以及附在其中一堵牆上的一個鐵環，因此被命名爲「頻婆娑羅王的監獄」，因爲據說頻婆娑羅王就是被囚禁於此，直到餓死。

此時，憍薩羅、跋蹉、阿槃提、跋耆國／離車子這四個大國仍然存在，後者是一個由三十個非君主政體的族群與氏族組成的聯邦。跋耆國以其軍隊實力與繁榮昌盛聞名，這是由於他們在連結恆河東部銅鐵礦與西亞的北方貿易路線上具備了優勢的戰略地位。阿闍世王先是併吞了憍薩羅，然後將矛頭轉向跋耆國，隨即展開一場漫長、險惡的戰爭；他的戰術之一就是在跋耆國的各個氏族間製

㉑ J. N. Samaddar, *The Glories of Magadha*, 2nd edn (Patna, 1927), p. 6.

㉒ Thapar, *History of India*, p. 55.

造不和，最終在西元前四八〇年左右的征戰中將其擊潰。

根據歷史學家A．L．巴沙姆（A. L. Basham）所述，頻婆娑羅王與阿闍世王統治時期的相關記載指出，「一項旨在盡可能控制、調節恆河河道的明確政策」，使得他們成爲可能是首批「設想到建立一個幅員遼闊帝國可能性」的印度國王。[23]而他們的勝利，使得摩揭陀成爲恆河河谷東方最強大的王國。

據說阿闍世王發明了兩種武器：一種輪子上裝有刀刃可滅敵的戰車，以及一種可以投擲大石的機器；雖然他的首都在羅閱祇，但他在恆河、松河以及加格拉河的匯流處建了一座堡壘，其後演變成一座極具商業重要性的城市，稱爲華氏城。根據傳說，佛陀在某次拜訪這座城市時留下了深刻的印象，以至於他預測，這座城市終將成爲該國的首要之都。其後，阿闍世王之子優陀夷將摩揭陀的首都從羅閱祇遷至這座城市，並改名爲華氏城。[24]

位於比哈爾邦王舍城的「頻婆娑羅王的監獄」遺址。

阿闍世王在耆那教與佛教傳統中仍然備受敬重。[25]根據耆那教編年史所述，阿闍世王對耆那教的創立者摩訶毗羅極爲敬重，甚至派一名軍官向他匯報摩訶毗羅的日常生活。在佛教傳統中，阿闍世王保護佛陀與僧伽（佛教僧眾），並在佛陀的遺骨與骨灰上建蓋了一座巨大的浮屠佛塔（豎起成爲佛教聖壇的圓頂形建築）；同時，他也參加了在羅閱祇舉行的第一次佛教集會。阿闍世王對於宗教所採取的寬容態度，彷彿預示了兩個世紀後做法如出一轍的阿育王。

阿闍世王的繼任者優陀夷（約於西元前四六〇至四四四年）據說是他最喜愛的兒子。在優陀夷統治期間，摩揭陀對最後碩果僅存的一個獨立國家阿槃提發動了多次戰爭；根據一項資料來源指出，優陀夷殺了他的父親，而他的繼任者竟也群起效尤。在他的統治下，人民忿忿不平，咸認「這是一個弒父者的朝代」；他的繼任者包括了阿律樓陀、蒙達以及那竭陀薩加，但我們對他們知之甚少。人民放逐了王朝的最後一個國王那竭陀薩加，另立那竭陀薩加的大臣悉輸那伽爲王。

幼龍王朝的建立者悉輸那伽，從西元前四一三年統治到三九五年，並遷都至廣嚴城。他作爲國王的主要成就，就是最終擊敗了阿槃提的統治者；悉輸那伽由他的兒子迦羅輸伽繼位，迦羅輸伽

㉓ A. L. Basham, *The Wonder That Was India*, p. 48.

㉔ 這個名稱的由來並不清楚，一個解釋是來自 *patali* 這個字，意為「喇叭花」（大花曼陀羅），一種在現代帕特納盛產的植物。此外，帕塔拉（Patali）也是神話中一位王后的名字。第三種理論是來自帕特坦（*pattan*）這個字，即梵文中的「港口」之意，反映了它的位置所在。

㉕ 泰戈爾在西元一八九九年寫了一首名為〈普哈里尼〉（*Pujarini*）的詩，是關於一名敬拜佛陀的女僕被阿闍世王下令謀殺的故事，阿闍世王在弒父後又迫害佛教徒。雖然這個故事從何而來不得而知，但泰戈爾後來將它拍成一部電影《納蒂爾．普賈》（*Natir Puja*，一九三二年），這是他執導並客串的唯一一部電影。

在廣嚴城舉行了第二次的佛教集會並遷都至華氏城，其後又由他的十個兒子繼位。這十個兒子據說同時一起統治，但我們對其亦幾乎一無所知。短短時間中，摩揭陀從恆河河谷的一個小國逐漸發展成一股不容小覷的力量，成爲統一印度國家的核心權力。

在此之際，印度西北方仍然是一個由小國與部落族群組成的聯合政體（其中的柬埔寨與犍陀羅國在某些資料來源中亦躋身大國之列）；在西元前六世紀末，波斯的阿契美尼德帝國征服了其中的一些國家，並成了該帝國轄地的一部分。

一列可能有阿闍世王在內的皇家送葬隊伍，正離開王舍城前往某個佛教所在地；這一雕刻位於中央邦的桑奇佛塔第一道入口處。

難陀王朝

其後，幼龍王朝又被為時極短但極其重要的難陀王朝所取代。難陀王朝的統治時間雖無法確定，但各方的估計約落在西元前三六四／三四五至三二四年，或三四四至三二二年。外國文獻與印度經典都描述難陀王朝的開國者出身卑微，而根據佛教典籍記載，這位開國君王名為烏卦森那或摩訶帕德摩，其母若非出身低種姓，即為藝妓。他被一夥強盜俘虜並成為他們的首領，開始襲擊、劫掠鄰近的王國，最終在華氏城附近殺死了幼龍王朝的最後一位統治者。

摩訶帕德摩在《往世書》中被描述為獨裁君主或唯一主權，也是南亞首位被賦予這項稱號的國王。這位精力充沛且野心勃勃的國王，控制了羯陵伽（現在的奧里薩邦以及北安得拉邦的一部分）；之後，他的八個兄弟接續他繼任了王位，其中最後一位是達那難陀。傳聞說道，達那難陀的生父是一名深受王后寵愛的英俊理髮師，理髮師殺了她的國王丈夫後自立成王。

難陀王朝利用幼龍王朝作為基礎，將領土擴展至羯陵伽（位於現在奧里薩邦的默哈訥迪河與哥達瓦里河之間的東部沿海地區）以及阿濕波（一個位於中央邦、靠近哥達瓦里河的地區）。《往世書》中將難陀王朝的統治者稱為「所有剎帝利的毀滅者」，因為他們推翻了剎帝利領導下的王朝與王國，並集結了一支大軍——根據希臘歷史學家普魯塔克的描述，這支大軍包括了二十萬名步兵、八萬騎兵、八千輛戰車以及六千頭戰象。

難陀王國的人口可能已達數百萬人之多，光是首都華氏城的人口就有四十萬人，而帝國的疆域

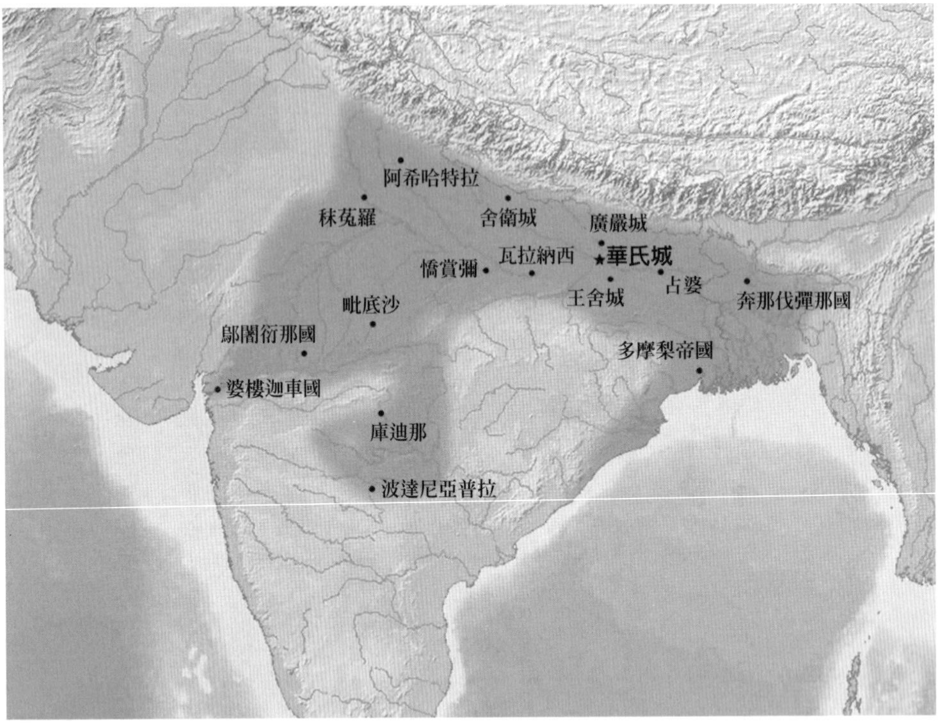

約於西元前三二五年的難陀帝國。

更涵蓋了北印度與東印度的大部分地區，或許還包括南印度的一部分。根據H．C．雷喬伕力所述：「我們第一次形成一個疆域超越了恆河盆地邊界的帝國，並不是由實際上獨立的國家或封建的領地組成的鬆散集結……而是在一個擁有大量人力與財富資源的獨裁君主（單一統治者）治理下的完整統一之君主政體。」[26]證據似乎也顯示出，難陀王朝允許帝國邊遠地區的人民享有相當程度的自治權，同時對以摩揭陀與華氏城爲中心的周圍地區保持較爲嚴格的控管。西元前四世紀的希臘作家曾略爲提及一種由官員與下屬所管理的地方政府體系，包括了被稱爲大風紀官、司直官以及稅吏的官銜，這些全在阿育王的石刻銘文中提及；最低的行政級別是村，由國王任命的村長彌迦來管理，顯示國王與這些村長保持著密切聯繫。當阿育王周遊各地宣揚他的佛法訊息時，這種聯繫又被重新建立了起來。

坦米爾、中國以及希臘的記載都述及難陀王朝擁有巨大的財富，這是來自對人民所徵收的重稅，甚至對「皮毛、桉樹、石頭」徵稅。達那難陀尤以貪婪著稱，據說他囤積了九億九千萬的金幣。根據羅米拉·帕爾所述，難陀王朝稅收制度的發展，意味著「以根本農業經濟爲基礎的帝國架構之可能性，已開始在印度人民心中發芽。」[27]這項制度在難陀王朝的繼任者——孔雀王朝——所建立的富強帝國開花結果。達那難陀的繁重稅目以及卑微出身使他極不得民心，也埋下了他被旃陀羅笈多擊敗的種子。根據普魯塔克所述，據說旃陀羅笈多·孔雀曾告訴亞歷山大大帝，因爲這位「性格邪惡且出身卑微」的國王深受臣民所憎恨與不齒，亞歷山大可以輕而易舉地拿下難陀王朝的領土。[28]可能由於亞歷山大大帝離去了，使得旃陀羅笈多·孔雀只得親自擔負起這項任務。

㉖ H. C. Raychaudhuri, 'The Nandas', in *Age of the Nandas and Mauryas*, ed. K. A. Nilakanta Sastri (New Delhi, 1996), p. 11.
㉗ Romila Thapar, *Aśoka and the Decline of the Mauryas*, 3rd edn (New Delhi, 2015), p. 15.
㉘ Radhakumud Mookerji, *Chandragupta Maurya and His Times* (New Delhi, 2016), p. 6.

2 宗教生活

正如《吠陀經》中所描述，印度雅利安人所敬拜的神祇都是大自然的力量，古典希臘與羅馬的眾神中也有極爲類似的神祇；因陀羅相當於宙斯與朱比特，是吠陀萬神殿中的眾神之首，掌管天空與諸天。阿耆尼是火神，伐樓那是雷神，樓陀羅是閃電神，伐由是風神，蘇利耶是太陽神。次要的神祇還有毘濕奴，祂在幾個世紀之後成了印度教的三大神祇之一。生命與大自然充滿了不確定性，安撫眾神並贏得祂們青睞的最好方式，就是透過犧牲的儀式，在梵語中稱爲獻祭（*yajna*）。

吠陀印度人並無廟宇，獻祭不是在家中神聖的火爐旁，就是在露天環境中圍繞著篝火舉行。火被視爲最純淨的元素，至今仍在印度教的祭典中扮演著核心角色。獻祭必須宰殺動物並將牠們的肉獻給眾神，這項儀式完成之後，這些肉會先供出資獻祭贊助者及他們的賓客享用，然後才輪到執行獻祭的人分而食之（波斯、古典希臘與羅馬時期也都會舉行類似的儀式）。這些慣例與儀式完全由婆羅門的祭司所掌控，並由祭祀贊助者出資。

直到西元前六世紀、東北部摩揭陀附近出現其他趨勢之前，這種獻祭一直是印度恆河平原上最主要的敬拜形式。印度學家約翰內斯．布朗克霍斯特認爲，摩揭陀擁有獨一無二的文化，它的發展獨立於印度恆河平原的正統文化（被稱爲天啓（*shrauta*），來自梵語中的「聽」，意指「以《吠陀經》爲基礎」」之外，同時，吠陀宗教在此幾乎毫無用武之地。這個他稱之爲「大摩揭陀」的地區，涵蓋了從舍衛城（憍薩羅的首都）到羅閱祇（摩揭陀的首都），也就是今日的比哈爾邦與北方邦東部，大約就是佛陀與摩訶毗羅居住與宣揚教義的地理範圍。布朗克霍斯特寫道：「對於促成印度第二次城市化、新政治結構興起、孔雀王朝及其繼承者崛起的人來說，這是他們的文化。」①

摩揭陀可說是那個時代的「荒野東部」，被視爲是一片在文明疆界之外的土地。吠陀經典中輕蔑地提到該地區的野蠻語言及其居民所堆建的圓形土塚，這在雅利安人分布的主要地區中可說是聞所未聞（後來這種作法被佛教徒採納成爲浮屠佛塔）。居民則被叫做弗羅提耶（*vratya*），意指在婆羅門教信仰範圍之外生活的印度人（有時被翻譯成「異教徒」），甚至被叫做阿修羅，即魔神之意。他們可能是游牧部落的成員、早期的雅利安移民，或是修行奧秘儀式的苦行者。布朗克霍斯特與若干學者認爲，摩揭陀人反對宰殺、獻祭動物的儀式，以及有關業力、再生和解脫的想法皆源自於此；不過，其他學者對這項主張多有質疑。

這些新思想的萌芽，早於創作於西元前七或八世紀、被稱爲《奧義書》的哲學典籍當中即可看出端倪；自我（*atman*）面對著生生世世的無盡輪迴，從這樣的框架中衍生出業力法則（業力這個詞意味著「行爲」或「作爲」）。我們的行爲決定了我們將來會成爲什麼樣的人、有什麼樣的際

① Johannes Bronkhorst, *Greater Magadha: Studies in the Culture of Early India (Handbook of Oriental Studies*, Section 2: *South Asia)*, xix (Leiden and Boston, ma, 2007), p. 9.

遇，脫離這種輪迴的最好方法，就是完全抵消業力；業力法則並非神授，因爲這項世界觀中並無上帝的存在。業力遂成了佛教、耆那教，以及後來被稱爲「印度教」世界觀的核心概念。

一個從業力中解脫出來的方法就是成爲遁世者，亦即離開世俗的居所、遁入森林中靜修；有些棄世者投入禁食之類的苦行，以達消除業力的目的，因此在這個時期，出現了冥想與瑜伽練習。不害（*ahimsa*）一詞首次在《奧義書》中出現，被翻譯成「不傷害」「非暴力」或是「無惡意」，這項概念其後成爲聖雄甘地、馬丁・路德・金恩博士，以及其他非暴力政治行動倡導者的政治哲學核心，也隱含於阿育王的佛法哲學之中。

群眾聚集於城市公園與城市郊區的森林中，聆聽苦行者的弘法與辯論。有些城市有會堂可以舉行辯論。這些苦行者通常被稱爲沙門，該詞原本意味著出家苦行以尋求精神解脫的人；然而，後來意指摒棄吠陀儀式與婆羅門權威的人，最終又逐漸被應用於耆那教徒、佛教徒、正命論教徒以及其他宗教團體。而完全拒絕《吠陀經》權威且不相信任何神祇的人，被稱爲非正統派或無神論者。婆羅門不喜歡城市，從西元前六〇〇至三〇〇年間所著的《阿帕斯塔巴法經》之中的一段話即可清楚看出：「任何住在城裡的人，身軀爲城裡的塵土所覆蓋、眼睛嘴裡也滿是粉塵，即便過著清苦簡樸的生活，也無法得到救贖。」② 希臘歷史學家麥加斯梯尼（約於西元前三五〇至二九〇年）在一本名爲《印地卡》（*Indika*）的作品中敘述了他對印度的觀察，將實踐苦行生活的人稱爲婆羅門，然而他用的這個詞，詞義比管理祭祀的婆羅門祭司要來得廣泛得多。同理，他也是這麼使用希臘的宗教苦行者（*sramane*，即梵語的沙門）一詞。麥加斯梯尼如此描述他們：

在印度的婆羅門中，有一派哲學家採行一種獨立自主、毋須依賴他人的生活，戒絕動物來源的食物以及所有用火煮熟的食物，而滿足於以水果爲食；即便如此，他們甚至不從樹上摘採水果，而是撿拾已掉落在地上的果實。他們也只喝塔加貝納河的河水[③]。他們終其一生都光著身子四處走，說身體只是神賦予來作爲靈魂的遮蔽而已……

這一派的成員以輕蔑冷淡、漠不關心的態度看待死亡……他們既不娶妻亦不生子。有些人想過跟他們一樣的生活，便從河的對岸過來加入他們，永遠不再返回他們自己的家鄉；這些人也被稱爲婆羅門，雖然他們並未遵循相同的生活方式。因爲這個地區還是有婦女，本地的居民就是她們的孩子，他們也跟這些婦女生下後代……這些婆羅門……將身體視爲種種戰爭之源……對抗身體的方式宛如士兵在戰役中與敵軍對戰。此外，他們還主張所有的人都像戰俘一樣，被自己與生俱來的敵人所奴役、束縛，諸如性慾、貪食、憤怒、喜悅、悲傷、渴望等，唯有戰勝這些敵人的人，才能去到神所。④

② Quoted in K. M. Shrimali, *The Age of Iron and the Religious Revolution* (Delhi, 2018), p. 38.

③ 或許是通嘉韋納河（Tungavena River），即今日卡納塔卡邦的通嘉河（Tunga River）；麥加斯梯尼不太可能遊歷到這麼遠的地方，他可能從別人那裡聽說過。

④ John Watson McCrindle, ed., *Ancient India as Described by Megasthenes and Arrian* (Calcutta, 1877), pp. 120, 121.

上述的描述指的可能是出家的婆羅門或耆那教徒。這些團體之間並無固定的界線，在那個時代，人們並不會自稱爲「佛教徒」或「耆那教徒」，也沒有任何，舉例來說，類似基督教洗禮的皈依儀式。⑤

許多人發現，新運動的道德與倫理教義是取代婆羅門深奧而昂貴儀式的另一項選擇，而且深具吸引力。有些傳統的獻祭得宰殺成千上百頭動物，這爲必須爲此捐出牲畜的農民帶來了沉重的負擔。這種忠誠的改變，也反映出對《吠陀經》權威的挑戰，這部經典顯然增強了婆羅門的力量。這些新團體的信徒來自社會的各個階層，包括商賈與工匠、受壓迫的種姓與婦女成員，其中大多來自城市而非鄉間。這些在很大程度上屬於城市的運動，反映出古老部落文化的崩解，以及引發悲觀與焦慮情感的快速社會變遷。一個更傾向唯物論的解釋是，以農業和與西亞繁忙貿易爲基礎的經濟盈餘，促成了向上流動的中產階級崛起，且對舊的種姓制度深感不滿。

我們知道四個這樣的團體，儘管可能還有更多：耆那教、佛教、正命論以及順世論。佛教尤其是一場肩負使命的運動，反映了城市國家的崛起以及它們的擴張主義政策；耆那教與佛教的創立者皆出身皇室，是可以與國王自在相處的剎帝利。

值得注意的一點是，佛陀與摩訶毗羅都指示他們的追隨者，在傳達他們的教義時要用白話而非梵語（菁英的語言）。這項作法可能也影響了阿育王，下令指示他的銘文要用口語或古印度俗語（Prakrit）來撰刻。

耆那教

筏馱摩那．摩訶毗羅（西元前五九九至五二七年）通常被視爲耆那教的創立者，雖然當時他並不被認爲是新宗教的創立者，只是先前的二十三位耆那導師（*jina*，被稱爲底里坦迦羅祖師）中最後的一位，這些導師是可向他人展示解脫之道、全知全能的開悟上師。筏馱摩那是東北比哈爾邦昆達普拉王國統治者之子，他娶妻並育有至少一子，但爲了尋求開悟而離開了家園。根據傳統所述，他最初使十一位婆羅門改信耆那教，而他們後來也成爲其組織中的領導者。

耆那教過去與現在都不曾接受過《吠陀經》或婆羅門的權威，解脫之道是透過三寶：正信、正知、正行；人類存在的目的，是爲了讓自己從執著與瞋怨中解脫出來，以達完美的全知與最終從肉身中解脫的狀態，而惡業的束縛正是其中的障礙；耆那教徒傾向於將業力視爲一種實體的物質，而非一種靈性或無形的元素：他們認爲業力是一種精細的物質，依附著人的靈魂並符合因果的機械法則。人們在做錯事或說了不道德的言語時，譬如說謊、偷竊、殺生等，就會產生惡業的粒子。

摩訶毗羅反對種性的觀念，雖然他似乎正式承認了四個類別的人——但根據的是他們的職業，而非出身。耆那教有寺廟，但傳統上來說並無祭司；有些耆那教徒會成爲僧尼，他們身無長物、赤

⑤我避免使用「教派」一詞來描述佛教徒、耆那教徒、正命論以及其他團體，因為這個詞通常隱含負面或不贊成之意；在英文中，它代表從一個更大的主流宗教中分離出來的宗教團體，這樣的意涵否定了這個團體作為獨立體系的地位。

腳雲遊四方並乞食爲生。

耆那教的一項核心教義認爲，自然界的一切都有生命。摩訶毗羅純粹不變的永恆法則是「所有會呼吸、存在於世間、有生命的萬物，不論是什麼，皆不該被殺害或施以暴力」。禁止殺生的這條禁令是如此嚴格，以至於耆那教徒不得成爲農民，因爲務農意味著必得殺死土壤中的昆蟲。因此，許多耆那教徒成了商賈與貿易商。

而說到食物，耆那教的規定可說是所有宗教中最嚴格的。「若只說耆那教徒是嚴格的素食者，幾乎無法傳達其規則的苛刻或嚴謹程度於一二；這種作法不僅是若干耆那教徒嚴守的規定，更是耆那教宗教生活的核心。」一位學者如此寫道。⑥對所有耆那教徒來說，有五種食物是絕對禁止的：肉與肉製品、魚、蛋、酒精以及蜂蜜；其他僧尼永遠不能碰、俗人於特定期間也不能吃的食物，包括了多籽的水果與蔬菜、生長在地底下的蔬菜、洋蔥與大蒜、嫩薑與薑黃等等不勝枚舉。

消除業力的一個重要方法是透過禁食，耆那教徒將其提升至一種藝術的形式。最終的禁食稱爲禪定死（*samadhi marana*）或薩萊克哈那，必須放棄所有食物與水並絕食至死。這項作法被身患絕症的瀕死者或是年事已高的老者所採行，他們覺得自己已然履行了此生的義務；不過，他們還是必須取得一位經驗豐富的僧侶許可才能進行。在早期歷史階段，耆那教團體分成數個分支，源自從印度恆河平原家鄉遷徙至其他地區（尤其是南部與西部）的特定祖師；矛盾的是，宗教在南部受到崇尚軍國主義的國王庇護、甚至支持，這些國王讚賞耆那教對奮鬥、紀律以及自我控制的重視，旃陀羅笈多·孔雀王據說成爲了耆那教徒，放棄他的王位並跟隨他的耆那教上師南下，在那裡禁食至死。

有些後來回歸吠陀傳統的耆那教國王禁止、甚至迫害耆那教徒，使得教徒人數日漸減少；同時，耆那教也不以傳教爲其宗教目的，因此教徒人數始終有限。如今，印度有大約四百五十萬的耆那教徒，主要分布於西部各邦，加上海外印度僑民社區中的團體。

佛教

後來被稱爲佛陀（「覺者」）的悉達多・喬達摩，是釋迦族首領之子。他出生於位於今日尼泊爾南部的藍毗尼，直到快三十歲之前，他一直住在釋迦族的首都迦毗羅衛，但具體所在地不詳。長久以來，他的生卒年被認定落在西元前五六三至四八三年；但如今，大部分學者都認爲他存在的年代略晚一些，約於西元前四八〇至四〇〇年之間（儘管這意味著他不太可能與頻婆娑羅王相識）。[7]根據佛教故事，他在宮中過著備受保護的生活，直到他第一次見識到平民百姓的苦難，才使他踏上了靈性追尋的道路；有次，喬達摩加入了一群苦行者，一起修習苦行並幾乎餓死。但後來，他拒絕了這種苦行的方法，轉而支持他所稱的「中道」，意即介於自我放縱與自我折磨兩個極

⑥ James Laidlaw, *Riches and Renunciation: Religion, Economy and Society among the Jains* (Oxford, 2003), p. 153.

⑦ 佛陀的生卒日期不詳，在西元一九八八年舉辦的一次座談會上，大多數提出明確意見的與會者都認為，佛陀圓寂的日期落在西元前四〇〇年左右的二十年內。Heinz Berchert, ed., *Die Datientung des Historischen Buddha, Part i: Symposien Zur Buddhismus Forschung*, iv/1 (Gottingen, 1991). For a review, see A. K. Narain, *Journal of the International Association of Buddhist Studies*, xv i/1 (1979), pp. 187–201.

端之間的中庸之道；這項啓示發生於摩揭陀菩提伽耶的一棵畢鉢羅樹下，這棵樹其後被尊爲菩提樹（「覺樹」之意），並在關於阿育王的佛教故事中扮演了重要角色。佛陀在瓦拉納西東北十公里處的鹿野苑第一次說法，該地接近北方邦恆河與瓦魯納河的匯流處。在此，佛教的僧伽團體首次集結成形。今日，菩提伽耶與鹿野苑這兩處城鎮，都成了世界各地的佛教徒前來朝聖之地。

我們對喬達摩的生平與教誨的了解，是基於數個世紀後寫下的口述資料。他的靈性追尋，目的是爲了理解人類的生命，並找出克服存在本身根深蒂固的苦難之法，他在瓦拉納西對他的第一批弟子所宣講的「轉法輪說法」，其內容即爲他的核心教義，包括了四聖諦與八聖道，爲所有佛教派別所奉行。這些教義被統稱爲佛法，佛教徒被教導要皈依所謂的三寶：佛、法、僧，這可以意指僧伽團體或是整個佛教團體。

遵循其教誨的目的，是爲了從生死輪迴中解脫出來並達到涅槃之境——有時被翻譯成「開悟」；這是一個很難定義的詞，類似一種沒有痛苦、欲望或自我意識的超然狀態。這種狀態無法藉由信念、知識或儀式來達成，而必須透過正確的行爲。佛教有一套嚴格的道德規範體系，基於俗家弟子與僧侶皆可適用的五項道德戒律：

1. 不殺生（不害）
2. 不偷盜
3. 不邪淫

4. 不妄語
5. 不飲酒

佛教最初的本質屬於無神論。正如A・L・巴沙姆所述：「沒有一位佛教導師敢輕率到完全否認神的存在，但祂們被視爲絕非超自然，或與人類截然不同的存在——除了更幸福、擁有更大的力量之外，祂們與人類並無二致。眞正的佛教徒在追尋救贖時，並不會把專注力放在祂們身上，因爲在很大程度上，祂們既無法幫助、亦無法阻礙他。」⑧佛陀宣揚種姓階級的平等，這賦予他的宗教一種全體適用的吸引力。身爲優秀的組織領導者，他爲男女弟子成立了僧院與寺院（儘管他對女弟子抱持著懷疑，並將其視爲對僧侶產生誘惑的源頭），並以會眾集會來取代儀式。僧侶（比丘）與尼姑（比丘尼）組成了僧伽，另一大類則是優婆塞，翻譯爲「俗人」或在家眾，亦即不是僧尼但遵循著佛教道德戒律的信眾。

爲了遵循不害的原則，佛陀明確地拒絕以動物獻祭。早期佛教對在家眾的飲食並未設定任何限制，只是極力主張適度與節制，以免過度依戀餐桌上的歡愉。雖然佛教寺院中提供的是素食，但是當僧尼乞食時，他們必須接受任何被給予的食物，即使是肉或魚，只要食物是「無可責難」的即可；也就是說，它不是故意被宰殺來給乞食的托缽僧吃，而這位僧人或尼姑也並未看到、聽到或甚

⑧ A. L. Basham, *The Wonder That Was India*, 3rd revd edn (London, 2004), p. 273.

至對該動物的宰殺生起疑心。只有少數物質是所有佛教徒絕對禁止攝取的，譬如酒精以及特定的肉類，包括人肉、象肉、馬肉、狗肉、蛇肉、獅子肉以及老虎肉，但鹿肉與其他野味是被允許的；這或許反映了佛教創立者及其若干貴族信徒的剎帝利出身，因為狩獵是他們最喜愛的消遣之一。⑨

在佛陀漫長一生的大部分時間中（他活到八十歲，雖然我們無法確定他的卒年），他在印度恆河平原上雲遊各邦國，宣揚他的法教，但他從未宣稱自己是神聖的存在或擁有超自然的力量。許多商人與工匠都是在家眾，為建蓋寺廟與佛塔（搭建在佛陀與受人尊崇的僧侶遺骨上的墓塚）捐贈了大筆金錢。僧院不斷成長的規模與財富，使其成為學習中心；位於羅閱祇附近那爛陀的最知名寺院，在西元五世紀至十二世紀間發展得十分興盛，不僅提供佛教與吠陀經典方面的指導，還提供了醫學、建築、邏輯、藝術以及語法方面的教學；在鼎盛時期，這所學習中心吸引了來自西藏、中國、朝鮮以及中亞的眾多學者與學生，他們的遊記為古印度歷史提供了諸多線索與解釋說明。

根據傳統，僧侶在佛陀入滅後不久，開始在羅閱祇結集；一百年之後，再次在廣嚴城結集討論並澄清教義問題。第一次有記載的集會被稱為佛教的第三次結集，在西元前二五〇年左右於華氏城舉行。雖然身為優婆塞的阿育王對佛教事務興趣濃厚，同時本身也是一名虔誠的佛教徒，但他並未將佛教立為國教，而是本著真正的佛教精神，提倡對所有的宗教與信仰抱持著寬容的態度。

與耆那教不同，佛教是負有傳教使命的宗教，也如實地傳遍了整個南亞、中亞、斯里蘭卡，其後更傳播到東南亞、中國、日本以及韓國。然而，佛教逐漸從其發源國消失；早在西元七世紀，中國旅人就曾談論到佛教的衰微，是由多種因素造成。中央權力的崩解導致地區性王國的出現，這些王國的統治者支持其他的宗教傳統（佛教的波羅王朝是個例外，這個王朝在西元八世紀到十二世紀統治著孟加拉）。過去有些被排除在外的婆羅門，以他們的儀式以及擔任政府官員與管理者的職務，使國王的地位合法化，從而重新獲取了自身的權力地位。統治者與富裕的在家眾也相對應地將他們的財政支持從佛教機構中轉移出來。

佛教衰微的另一個原因，是西元九世紀時從南印度傳播過來的改革印度教，由偉大的神學家阿迪·商羯羅帶頭發起這項改革，強調所有派別與改革儀式背後根本的一神基礎；他雲遊印度各地、與佛教徒辯論、創辦學校與寺院。巴沙姆寫道：「新形態的虔誠印度教對一般人深具吸引力，教徒持續傾向於同化而非攻擊，而且成效斐然。」⑩在北印度，佛陀甚至被視爲毘濕奴神的第九個化身。

在西元十二、十三世紀入侵印度的伊斯蘭土耳其人，摧毀了包括那爛陀在內的佛教寺院與學院，殺害僧侶並強迫他們改信伊斯蘭教。直到西元十五世紀之前，許多倖存者逃往尼泊爾與西藏的山區，有些則在比哈爾邦與孟加拉的僧院幸運逃過一劫。佛教在二十世紀中葉曾經復甦，當時在其

⑨ 後來當佛教傳遍亞洲並分裂成不同的派別時，吃肉的適當性遂成了教義爭論的一個主題。今日在東南亞與斯里蘭卡，僧侶乞食時如果得到肉食，他們就會吃；但是在中國、韓國以及越南，他們是嚴格的素食者。在寒冷且蔬菜稀少的西藏，素食主義的僧侶極為少見，就連達賴喇嘛都吃肉。

⑩ Basham, *The Wonder That Was India*, p. 267.

領袖B・R・安貝德卡爾的鼓勵下，成千上百萬名達利特（編按：種姓制度中最低的階層）皈依了佛教。西元一九五九年，第十四世達賴喇嘛從西藏逃往印度，並在印度的達蘭薩拉成立了西藏流亡政府，其後更成爲佛教與佛學研究的中心。

正命論

最有趣的苦行運動之一就是正命論。這場運動的創始者是戈薩拉・馬克卡利普塔。戈薩拉可能出生於佛陀之前，活躍於西元前五世紀中後期，出生於摩揭陀的某地；他最初是一名耆那教徒，但後來脫離了耆那教，發起一場同樣嚴格苦行的運動。正命論的宗教中心位於北方邦的阿約提亞附近，它的運動甚至擴及古吉拉特邦與斯里蘭卡，並在西元前四世紀達到普及巔峰，深受俗眾團體的強力支持。根據銘文記載，這場苦行運動在卡納塔卡邦與坦米爾那都邦一直延燒到西元十四世紀。

沒有任何正命論的經典被流傳下來，因此，所有關於正命論

一名佛陀弟子遇到一名正命論僧人，犍陀羅國的雕刻作品，西元二世紀。

阿育王為正命論僧侶在比哈爾邦的廣嚴城所建蓋的洞穴內部。

的資訊都是來自耆那教徒與佛教徒的論戰文獻。正命論哲學的主要特點，就是絕對的決定論；正命論教徒不認爲一個人的行爲可以決定他或她的業力與命運，而是認爲宇宙是由非關個人的宇宙法則所支配，亦即命運，它是所有行爲與現象的終極控制者，沒有人類意志行使的空間。沒有任何客觀的道德法則，人們變得邪惡、不道德而沒有任何緣由。正命論教徒相信靈魂具備了物質的形態，要經歷多世才能獲得解脫，但任何人對此都無能爲力，無法促成或阻礙這件事。矛盾的是，正命論教徒實行嚴格的苦行主義，因爲他們相信，命運迫使他們這麼做。他們總是一絲不掛、修行多種苦行，譬如躺在荊棘上；耆那教的記載雖不甚可信，仍列出了正命論的四十八種死亡方式，包括自殺。

正命論教徒享受孔雀王朝多位國王的恩

庇：賓頭娑羅、他的兒子阿育王，以及阿育王的孫子與繼任者達沙拉沙。在賓頭娑羅宮廷中的一位正命論托缽僧，據說曾經預言阿育王未來將成就一番偉大功業。阿育王贊助了爲正命論教徒建蓋的洞穴，就在比哈爾邦的婆羅巴與龍樹山上。對於正命論教徒以及後來的耆那教苦行者來說，這些洞穴爲他們在無法雲遊四方的雨季時期提供了庇護之所；這裡的洞穴，不但可能是正命論教徒禁食自絕的地方，也是E．M．佛斯特小說《印度之旅》（西元一九二四年）中馬拉巴爾洞穴的原型。

順世論

另一個唯物主義的哲學流派是順世論（也稱爲路伽耶陀），他們大部分撰寫於西元前六百年左右的文獻已經佚失，我們只能透過敵對的耆那教與佛教的著作、梵語戲劇，以及十四世紀的南印度文本來了解他們的信仰與教義。創立者可能是阿耆多．翅舍欽婆羅，與摩訶毗羅及佛陀同時代，但後人對其所知甚爲有限。

順世論教徒有一套複雜的認識論體系，導致他們只接受可以藉由直接感知所確定的事物。因此，他們拒絕接受《吠陀經》的權威（他們聲稱那只是爲祭司提供生計而已）、宗教儀式、輪迴、來世、神祇以及業力的運作。一段知名的詩節如此寫道：

> 除了此生，絕無來世，
> 沒有天堂，亦無地獄；

> 濕婆之域，以及他境，
> 空中樓閣，愚人妄念。⑪

對於路伽耶陀教徒來說，智慧是盡一切可能地享受歡愉、避開痛苦：與其他眾多印度哲學的不同之處在於，他們拒絕苦行。根據下列文本中的描述即可看出：

> 天堂的樂趣在於享受美食、有年輕女子隨侍在側、穿著錦衣華服、噴灑香水、配戴花環、塗抹檀香油膏，解脫就是生命氣息停止的死亡……因此，智者不該煞費苦心地尋求解脫；只有傻瓜才會用苦行與齋戒讓自己精疲力竭。⑫

至少到十六世紀前，這個派別一直都存在；因爲阿布勒·法茲（Abul' Fazl）提及，順世論的哲學家在西元一五七八年曾於阿克巴大帝的宗教討論集會上提出他們「未受啓迪」的觀點。但他們的宗教活動至今已然完全消失、無跡可尋。

---

⑪ Sarvasiddhanta Samgraha, Verse 8, quoted in Ray Billington, *Understanding Eastern Philosophy* (London, 1997), p. 44.

⑫ Ibid., pp. 44–5.

強調個人行為、苦行主義並拒絕動物獻祭的佛教、耆那教以及其他宗教運動吸引了城鎮的居民，這些團體也受到孔雀王朝數位皇帝的庇護與支持；了解這些社群的信仰，對於理解孔雀王朝的治理方式至關緊要——尤其是阿育王的治理方式。

3 波斯人、希臘人與印度

當印度東部與中部的邦國逐漸被併入摩揭陀帝國之際，印度西北部各邦國卻遭遇了截然不同的征服。西元前六世紀上半葉，印度北方與西北各邦國的財富與分裂狀態，使它們成爲北方強大鄰國——阿契美尼德帝國——的覬覦對象。

阿契美尼德帝國（以七世紀的波斯小國王阿契美尼斯爲其命名，他也是居魯士大帝的先祖）由居魯士大帝所建立（約於西元前六〇〇至五三〇年）。擊敗安善王國與帕爾薩王國的統治者米底人之後，居魯士大帝擴展了他的帝國版圖，直到最終將安納托利亞、中亞、大夏、美索不達米亞、愛琴海沿岸的希臘城市以及埃及都納入。在居魯士大帝的統治末期，他甚至跨越興都庫什山脈，並接受了來自柬埔寨、犍陀羅國以及跨印度河地區的部落貢品。

居魯士大帝將他的帝國劃分成被稱爲省督轄地的各省，每個省都在省督或總督的領導下運作。在現代的阿富汗就有三個省督轄地：阿里亞、阿拉霍西亞、大夏，首都分別是赫拉特、坎達哈、巴爾赫。還有三個小的印度省督轄地：位於現在巴基斯坦西北邊境省的犍陀羅國、撒塔吉地亞，以及東海岸的瑪卡。這些轄地都是在當地被稱爲區長的印度統治者治理之下，區長則必須往上呈報大夏與阿拉霍西亞的省督。

波斯人證明他們的統治是爲世界帶來和平與秩序的一種正當方式，被征服的人民可以保留自己的文化與語言，也沒有人試圖讓這些人民去改信統治者的宗教，也就是祆教。居魯士大帝建立了一套在整個帝國內統一施行的法律系統。移除內部邊界限制以及建立共同貨幣與度量衡體制，鼓勵了貿易發展。雖然官方語言是古波斯語，一種印歐語系的語言，但許多商人都說阿拉姆語，一種閃語族的語言，且逐漸成爲整個地區（後來亦包括印度西北方的部分地區）的通用語。

居魯士大帝在權力巔峰時戰死沙場，經過幾次血腥革命，他的後裔大流士一世（約於西元前五五〇至四八六年）登上了王位。他在帕爾薩建都，希臘人稱之爲波斯波利斯；皇宮使用來自帝國各地的建材，包括阿富汗北部的黃金、犍陀羅國的木材、粟特（塔吉克與烏茲別克）的青金石，以及衣索比亞與印度的象牙。宮殿與其他建築物都是以石頭建造並飾以精美雕刻。

帝國的主軸是皇家大道，連接首都與其他城市以及主要的貿易路線。大約西元前五一五年，居魯士大帝派了一位希臘的探險家——卡里安達的西拉克斯（Scylax of Caryanda）——向他報告印度相關事宜並找尋印度河，波斯人認爲這條河是已知世界盡頭的最邊緣地帶。西拉克斯寫了一本名爲《周航記》（*Periplus*）的遊記，但流傳至今的內容，只有從其後若干作家的作品中找出的七處引文；據信，西拉克斯沿著印度河往下航行，繞過阿拉伯半島來到紅海的港口。①大流士爲未來的征服先行探勘、偵察，是這項任務的理由之一；不久之後，大流士吞併了（或至少聲稱擁有）第四座印度的省督轄地，希臘作家則首次使用了印度河（*Hinduš*）或印地卡（*Indika*，印度）的稱呼。

Hinduš 一詞源自於梵語的「河流」（*sindhu*，指的是印度河），最初可能指的是印度河谷下游，對

應的地區可能是巴基斯坦的信德省②；其他人則認爲該地區可能是在旁遮普省的西部。

希臘歷史學家希羅多德（西元前四八四至四二五年）筆下所描述的印度，就其每年以金粉支付的貢品來說，比所有其他的省督轄地加起來都要來得富裕。印度向帝國的其他地區輸出黃金、象牙、香料以及芳香油，並向波斯軍隊提供士兵（主要是弓箭手）與大象；它們甚至可能參與了波斯入侵希臘的行動。

阿契美尼德帝國的國王，尤其是大流士，留下了許多銘文，大部分都是用古波斯語（一種楔形文字）寫成的岩石雕刻；有些是以其他語言寫成，包括埃蘭語與巴比倫語。大部分銘文的內容都誇耀著國王與他們的勝利，通常還有對波斯至高神祇阿胡拉·馬茲達的感謝；舉例來說，在波斯波利斯擋土牆上以三種語言寫成的銘文如下：

> 大流士國王說道：願阿胡拉·馬茲達與王室眾神幫助我，願阿胡拉·馬茲達保護吾國免受侵略者、饑荒以及謊言之侵害！願吾國永遠不會遭受軍隊、饑荒或謊言

---

① 參見 Richard Stoneman, *The Greek Experience of India* (Princeton, nj, 2019), pp. 26–8.

② 在與梵語有關的古波斯語中，梵語中的首字母「s」變成了「h」；而當這個字詞從波斯語系進入希臘語系時，首字母「h」被刪除，代之以「印度」(India)、「印度河」(Indus) 等語詞。該語詞在進入拉丁語系以及其他歐洲語系時保留了這種轉變的型態，但在阿拉伯語中，首字母「h」被保留了下來，故有印度斯坦（Hindustan）、印度（Hindu）等字詞的出現。John Keay, *India: A History* (New York, 2000), pp. 57–8.

之苦。我祈求阿胡拉・馬茲達與王室眾神賜予恩惠，願阿胡拉・馬茲達與王室眾神助我一臂之力！

蘇薩一塊石碑上的銘文也用三種語言列出了省督轄地的清單：

大流士國王說道：承蒙阿胡拉・馬茲達的恩典，這些是我在波斯帝國以外征服的國家，我統治它們，它們則為我帶來貢品。我命令它們做什麼，它們皆奉行不悖。它們遵守我的律法：米底、埃蘭、帕提亞、雅利安、大夏、粟特、花剌子模、德朗吉安、阿拉霍西亞、薩塔吉底亞、馬西亞、犍陀羅、印度、飲豪麻的薩卡、戴尖頂帽的薩卡、巴比倫、敘利亞、阿拉伯、埃及、亞美尼亞、卡帕多奇亞、呂底亞、靠近並跨越大海的希臘、色雷斯、利比亞、庫施、卡里亞。③

阿契美尼德帝國享有極高的聲譽與威望，並成為該地區主導的文化力量。帝國的遺贈之一是省督轄區，一個後來被西北方印度統治者接管的政治單位；另一項遺贈就是佉盧文，阿育王用它在帝國的西北地區撰寫他的銘文。有些人認為，阿育王可能借鑒了阿契美尼德人的銘文點子，雖然他們的語氣與目的截然不同。

有些考古學家認為，在華氏城出土的一座柱廊（據信曾為孔雀王朝的宮殿）正是波斯波利斯宮殿的複製品，雖然它已在西元前三〇〇年被焚毀，並且遠在三千兩百公里之外。希臘歷史學家麥加斯梯尼寫道，孔雀王朝國王旃陀羅笈多的宮廷也仿效了波斯國王的宮廷。當亞歷山大大帝於西元前三三一年在高加米拉戰役中擊潰波斯軍隊，阿契美尼德帝國就此滅亡，它的統治者大流士三世則於次年被殺身亡。

亞歷山大大帝及其繼任者

「古典希臘」一詞指的是西元前五世紀初波斯戰爭與西元前三二三年亞歷山大大帝崩殂之間的時期。古典時期是一個充滿戰爭與衝突的時代，先是希臘人與波斯人之間，接著是雅典人與斯巴達人之間；但是，這個時期也是一個充滿巨大政治與文化成就的時代。希臘哲學、藝術、建築、戲劇、醫學以及文化成了西方文明的遺產。古典希臘還創造了被稱為「民主」或「人民統治」的體制——儘管希臘社會以奴隸制為基礎，而且婦女地位低下。

早在西元前六世紀，希臘的商人、探險家以及士兵就來到了印度。希臘人透過六世紀末赫卡塔埃烏斯的作品、五世紀的希臘醫生克特西亞斯和歷史學家希羅多德來認識印度，希羅多德經常被稱為「歷史之父」，因為他嘗試系統性地、批判性地蒐集他的材料，卡里安達的西拉克斯就是他的來

---

③有關這些與其他銘文的完整列表，請參見「阿契美尼德皇家銘文」（Achaemenid Royal Inscriptions），www.livius.org，存取於西元二〇二一年十月十九日。

源之一。

希羅多德寫道，印度人屬於多個民族、也說多種語言，可分成幾個類別：住在沼澤溼地、未開化的游牧民族；北方的印度人，諸如大夏的伊朗人；南方皮膚黝黑的印度人，類似衣索比亞人。他提到一個不殺生、以穀物與蔬菜爲食、居無定所的宗教團體，這指的或許是耆那教徒。不過，希羅多德也複述了好些奇異荒誕的故事；舉例來說，一個被稱爲帕達人的部落，是以生肉爲食的游牧民族；希羅多德最知名的主張之一，是聲稱有比狐狸還大的巨蟻，在現在阿富汗的沙漠中挖掘黃金。④

亞歷山大大帝在他的父親腓力二世（西元前三八二至三三六年）被暗殺後，登上了馬其頓的王位，那是希臘大陸北方的一個王國。腓力二世將馬其頓王國從落後、不穩定的政治實體，轉變爲控制希臘、阿爾巴尼亞與保加利亞大部分地區，以及現今歐洲土耳其全部領土的帝國勢力。當亞歷山大登上王位時，他有兩個目標：將希臘城市合併成一個國家，並徹底消除波斯的威脅。鞏固了他在馬其頓與希臘的勢力之後，亞歷山大將目標對準了阿契美尼德帝國；儘管阿契美尼德帝國仍然統

戴歐尼修斯從印度歸來，西元二世紀羅馬石棺上的帶狀雕刻裝飾。

治著舊世界，但勢力已然日漸式微。

亞歷山大東進，並於西元前三三三年擊敗了波斯軍隊，迫使其撤退；他往南來到埃及，並在埃及建立起亞歷山大港，這是以他命名的許多城市之中的第一座。西元前三三一年，他回到美索不達米亞北部，在波斯平原的高加米拉與波斯人進行了最後的戰役。最後一位阿契美尼德國王大流士三世被他自己的一名總督刺殺，而亞歷山大進軍波斯波利斯並下令摧毀它，從而完成了他的勝利大業。

然而，亞歷山大仍然渴望征服。他進入中亞，往南穿越阿富汗北部的大夏、沿著開伯爾山隘進入希臘人稱之爲「印地卡」的地區。他的動機爲何？其一是想要掠奪這片傳聞中財富遍地的土地，其二則是對榮耀的渴望：他試圖藉由建立一個有史以來最偉大的帝國，來仿效（就算無法超越）居魯士大帝的功績。他想往南大洋（現在的印度洋）航行，看看他的導師亞里斯多德對於印度是世界東邊盡頭的描述是否正確。亞歷山大的隨從人員包括了科學家、歷史學家以及哲學家。

還有一個動機，是他渴望追隨希臘之神戴歐尼修斯的腳步；根據希臘傳說，戴歐尼修斯入侵印度之後，建立城市、制定律法、引入釀酒技術，並且創立了一百五十三位國王的世系，從而展開長

④這可能不像聽起來那麼難以置信。法國民族學家米歇爾．佩塞爾曾描述在巴基斯坦北部的一個偏僻地區發現一片沙漠，那裡的沙子含有大量純淨的金粉。喜馬拉雅的土撥鼠在挖掘洞穴時，踢起的塵土是當地居民世代收集的含金粉塵。Michel Peissel, *The Ants' Gold: The Discovery of the Greek El Dorado in the Himalayas* (New York, 1984).

達六千年的統治。⑤亞歷山大也深受神話英雄海格力斯的影響，若干印度部落甚至聲稱海格力斯是在他們的部落之中誕生。一世紀的羅馬歷史學家庫爾提烏斯著有《亞歷山大大帝史》（*Histories of Alexander the Great*），他聲稱亞歷山大希望印度人視他爲神。在西元前三二七年的春末，亞歷山大率領一支多達七萬人（包括非軍事人員）的軍隊，展開了他的攻擊；他將軍隊一分爲二：一半沿著喀布爾河前進、穿越開伯爾山隘，另一半則沿著庫納爾河前進、穿越坦斯瓦特（Swat）地區。然而，他的進攻既不輕鬆、亦不仁慈；他攻下了好幾座要塞，即便它們投降了，他仍然下令屠殺居民或將其鬻賣爲奴。在坦斯瓦特河谷下游，他先是狡詐地承諾饒恕人民，其後又背信地下令屠殺他們。

旁遮普省中某一地區的統治者安比（希臘人稱爲奧菲斯或塔克西萊斯）慷慨地給亞歷山大奉上了豐盛的禮物，並承諾爲他的軍隊提供食物並支持他們。安比希望亞歷山大幫忙擊敗他東方的鄰

---

⑤ 一個知名的例子就是史詩《戴歐尼修斯》（*Dionysiaca*），由埃及南部帕諾波利斯（Panopolis）的農諾斯（Nonnus）於四世紀末或五世紀初寫成。宙斯命令戴歐尼修斯前往印度，因為那裡的居民拒絕崇拜他，寧可崇拜他們自己的火神與水神；戴歐尼修斯整建起一支主要由婦女組成的大軍入侵印度。當他遇上傑赫勒姆河之子得里阿得斯王（King Deriades），他為這位國王提供了酒，但得里阿得斯只喝水（他自己就是半個河神）；他堅持「我的酒就是我的矛」。他們進行了幾次戰鬥，雖然得里阿得斯王得到婆羅門巫術之助，最終還是戰敗了。由於希臘人相信每一個偉大的民族都源自一位英雄，農諾斯聲稱，印度民族是始於一位名叫印度斯（Indos）的泰坦巨人（Titan）。這個故事使詩人與畫家都深受啓發，包括法國畫家普桑（Nicolas Poussin）以及最近的法國作家尤瑟娜（Marguerite Yourcenar）與法國哲學家韋伊（Simone Veil）。

在遊行列隊行進中的伊斯坎達（Iskandar，亞歷山大大帝），約於西元一六〇〇年的蒙兀兒帝國畫作。

國，也就是位於傑赫勒姆（當時稱爲希達斯佩斯）河與奇納布（埃塞內斯）河之間的保拉瓦王國，其統治者爲波羅斯。到了西元前三二六年，亞歷山大控制了整個科芬河谷（喀布爾河）並來到呾叉始羅。根據希臘歷史學家普魯塔克寫於西元一〇〇年的《亞歷山大大帝生平》所述，亞歷山大就是在呾叉始羅遇到一位名爲桑德羅科托斯的年輕學子，而桑德羅科托斯即爲旃陀羅笈多的希臘名。這個相當可疑的故事有可能是杜撰的，目的是爲了虛構亞歷山大與希臘人所知的一位最偉大印度國王的關係。

當安比王投降時，亞歷山大不費一兵一卒就取得了呾叉始羅的控制權。這位國王向亞歷山大進獻了兩百塔冷通的銀、三千頭牛、一萬頭羊、三十頭大象以及七百名騎兵，據傳還有價值一百塔冷通的印度鋼鐵。其他君王的特使也紛紛宣布臣服於他的統治之下。

在此之際，波羅斯王對亞歷山大的招降做出了違抗的回應，宣稱他將在邊境迎戰入侵者；亞歷山大的軍隊渴望在雨季休養生息，但隨後傳來的消息是，波魯斯正在集結軍隊並準備作戰。保拉瓦人是吠陀部落中最著名的一個，波羅斯本人更被描述爲「一個驕傲自豪、無所畏懼、威嚴雄偉的巨人」。[6]波羅斯估計有三萬名步兵、四千名騎兵、三百輛戰車以及多達兩百頭的大象，而亞歷山大則有三萬四千名步兵、七千名騎兵，但沒有大象；亞歷山大的步兵由塞琉古一世·尼卡托（西元前三五六至二八一年）指揮，他接替亞歷山大成爲帝國東部的統治者，其後又成了旃陀羅笈多·孔雀的盟友。

---

⑥ John Keay, *India: A History* (New York, 2000), p. 72.

夏爾・勒布倫，《亞歷山大與波羅斯》（*Alexander and Porus*），西元一六七三年，布面油畫。

描繪亞歷山大大帝擊敗波羅斯的巴比倫硬幣。

波羅斯在傑赫勒姆河岸集結他的軍隊，希望這條在雨季時氾濫成洪的河流能夠嚇阻亞歷山大的進攻；然而，亞歷山大騙過了波羅斯，悄悄在另一個地點渡河並到達了對岸。波羅斯的戰車在泥濘中打滑，他的弓箭手也無法將巨大的弓穩固地插在地上。大象是印度人的秘密武器，因此，亞歷山大下令他的號兵吹出刺耳而尖銳的喇叭聲，把象群嚇得驚慌逃竄、散亂潰退，反而踩死了許多印度人。亞歷山大雖然損失慘重，最終還是獲勝了。另一方面，波羅斯雖然身受重傷，仍然坐在他的大象坐騎上並未退卻，激勵他的士兵繼續奮戰，並拒絕向亞歷山大屈膝臣服；在被問到他應得的對待時，他的回答是：「國王般的對待。」亞歷山大饒了他一命，重申他作爲保拉瓦統治者的地位，更令他管轄更多額外的領土。

大象

大象在印度的孔雀王朝扮演了重要的經濟與軍事角色。根據麥加斯梯尼所述，印度象不但體型龐大，而且比非洲象要強壯得多。在軍事行動中，這些大象相當於現代的坦克，可以撞穿城牆、衝破城門、粉碎障礙物，或作爲步兵群集隊形的一部分；牠們可以拖運沉重的裝備、清理叢林中的道路、渡河涉水、運送建造木橋的材料。在戰鬥中，每一頭象都可以載運三名士兵，坐在塔樓上或是象背上；其中兩人可從大象的身側射箭，一人可從大象的後方射箭。第四名士兵則走在後方，驅趕大象往正確的方向前進。

> 在太平時期，大象會被用來清理森林、採伐木材，並作爲皇室與宗教遊行中的禮車之用——牠們至今仍在履行這些職能。

沒有一位亞歷山大的對手像波羅斯一樣深受矚目。這兩位領導者的形象出現在亞歷山大統治末期所發行的硬幣上，亞歷山大將波羅斯描述成與他旗鼓相當的對手，這或許是一種宣傳策略，旨在減輕他從印度撤退的負面聲譽。

這場戰役有時被稱爲希達斯皮斯河戰役，是亞歷山大入侵印度的巔峰（事實上，亞歷山大征服的領土完全位於巴基斯坦境內）。亞歷山大本想橫渡恆河，但被部署在對岸的岡格里達伊與普萊西艾部落的龐大軍力所阻擋。亞歷山大命令他的下屬渡河，但他們拒絕服從他的命令，使得亞歷山大在他的帳篷中生了兩天的悶氣；經過數月的戰鬥，在遭遇蛇咬、痢疾、各式各樣的疾病，裝備極爲匱乏的情況下，士兵們已然精疲力竭。印度人使用的毒箭可能也讓他們的士氣相當低落，因爲毒箭給他們帶來的死亡既緩慢又痛苦難忍。

希臘歷史學家阿里安（西元八九至？年）在他的《亞歷山大遠征記》一書中描寫了亞歷山大的戰役，據他所述：「亞歷山大只被打敗過一次——被他自己的部下。」[7]三天之後，亞歷山大進行了一次占卜儀式，說占卜的結果是眾神要他班師回朝；在離開之前，亞歷山大爲奧林匹斯山諸神建

⑦ Ibid., p. 75.

造了十二座高聳的石壇，以標記帝國疆域的東方邊界。他還下令將他營地周圍的防禦工事與馬廄修建得比一般規模大上好幾倍，使他成爲後人景仰的對象。只是，這些建築物已然完全無跡可尋。

亞歷山大想要探索印度河，勘察它到底是流入南大洋還是尼羅河（雖然西拉克斯早期的記述似乎駁斥了第二項理論）。他的一名副手利用當地的造船專業知識與技術，督導兩千艘船隻的建造工程；有他的士兵在對岸兩側護衛，還有兩百頭大象在旁助陣，這支船隊沿著印度河駛入阿拉伯海，最後進入了波斯灣。當好戰強悍的馬洛伊國試圖阻止他們前行時，亦遭到了殘酷的屠殺。亞歷山大佔領了馬洛伊國的首都，一個鄰近今日木爾坦的城市；他在這場戰鬥中負傷，這次的傷勢亦可能加速了他的死亡（阿里安指出，沒有任何事物可以抵擋印度弓箭手的射擊，他們從一把長達兩公尺的弓射出又長又粗的箭，可以射穿盾牌與護胸盔甲⑧）。亞歷山大康復之後，即朝奇納布河與印度河匯流處進軍，展開征服當地統治者的血腥戰役；這些統治者的婆羅門大臣們皆贊成君王起兵反抗亞歷山大，因此，希臘人屠殺了成千上萬人，其中也包括了許多婆羅門。普魯塔克寫道：

亞歷山大因印度的傭兵軍隊而損失慘重，這些軍隊蜂擁而至，前來保衛他所攻擊的城市。於是，亞歷山大在某個城鎮與他們簽訂盟約，隨後又趁他們離去時，在途中對他們發動攻擊、屠戮殆盡。這對亞歷山大的名聲來說，是一個最大的汙點；因爲在他其餘的所有戰爭中，他總是表現得像國王一樣言而有信。與他隨行的哲學家〔婆羅門〕也讓他備受困擾，因爲他們譴責那些加入他的本土君王，並鼓勵自由國家反抗他以重獲獨立。爲此，他將其中不少人處以絞刑。⑨

亞歷山大抵達阿拉伯海之後，他建造了祭壇以標誌帝國的南方邊界。他沿著印度河的東部支流返回帕塔拉（鄰近巴基斯坦南部的海德拉巴），他的部屬正在那裡等待他。亞歷山大帶領他們沿著沙漠沿岸地帶回到巴比倫，並計劃建都於此；西元前三二三年六月十一日，他在巴比倫撒手人寰。此時，年僅三十三歲的亞歷山大已經征服了大半個古典世界。儘管亞歷山大至少有七個妻子，他並未確立王位的成年繼承人，因此在接下來的三十年，他的偉大帝國就因他的將軍們競相爭奪繼承權而陷入了分崩離析。

經過種種陰謀與暗殺之後，亞歷山大的將軍塞琉古一世・尼卡托（約西元前三五八至二八一年）繼承了他的東方征服大業，包括從土耳其中部的佛里幾亞到印度河的整個地區。西元前三〇五年，塞琉古入侵旁遮普省並遇上一位令人畏懼的敵手——旃陀羅笈多・孔雀，他們最終達成了一項協議：塞琉古以他的印度領土換取了五百頭戰象。這項結盟最重要的成果之一，就是塞琉古派遣他的大使麥加斯梯尼（約西元前三五〇至二九〇年）去到旃陀羅笈多的宮廷之中，寫下了對印度的知名記述。

---

⑧ D. D. Kosambi, *An Introduction to the Study of Indian History* (Bombay, 2004), p. 191.

⑨ Aubrey Stewart and George Long, trans., *Plutarch's Lives* (London, 1892), vol. iii, p. 361.

亞歷山大將希臘征服的印度領地分成六個省督轄地，三個位於印度河西邊、三個位於印度河東邊。西邊的省督是希臘人，東邊的省督則是印度人：安比王（或塔克西萊斯）掌控大夏省（如今的阿富汗北部），波羅斯王被授予從希達斯佩斯河到比亞斯河的領地，以及阿比沙羅王。後者在波羅斯與亞歷山大的爭戰中始終維持中立，因此被任命治理現今的喀什米爾部分地區。帝國的其他地區經過幾場兩敗俱傷的內戰後，埃及由亞歷山大的將軍托勒密及其後裔（托勒密王朝）統治，馬其頓與希臘則由他的將軍安提柯統治。

亞歷山大給印度的遺贈以及印度對希臘的影響

儘管亞歷山大入侵印度有其浪漫的訴求，但此行幾乎未給印度帶來任何永久性的影響。印度的第一任總理尼赫魯將其斥為「一場不重要亦不成功的越境襲擊」。[10]亞歷山大的征戰僅持續了兩年，並且僅限於旁遮普省（如今巴基斯坦的一部分）。在《艾因阿克巴里》之前，沒有任何印度文獻提及亞歷山大；這本十六世紀中葉的創作出自阿克巴大帝的大臣阿布爾・法茲・阿拉米（Abu'l Fazl'Allami）之手，詳述了亞歷山大與婆羅門的會面以及其他事件——根據偉大波斯詩人菲爾多西撰寫於十一世紀初的史詩《列王紀》所述。[11]

在英國統治期間，亞歷山大對印度的入侵備受英國歷史學家、文職人員以及管理階層的關注。他們接受過古希臘羅馬文學的訓練，仰賴古典世界為範例與基準，旨在證明西方文明的優越性。亞歷山大的征戰被視為他們本身帝國野心的前導，甚至被援引為孔雀王朝建國的緣由之一。[12]

這裡的論點是，亞歷山大意欲一統整個亞洲的意圖，可能啓發了旃陀羅笈多去實現印度的轉輪王或稱宇宙王的理想。⑬莫蒂默．惠勒爵士認爲亞歷山大將嫻熟的技工與工匠帶入印度，進而影響了印度的藝術與建築，但其他的考古學家則對這一觀點提出質疑。在美食界，希臘人將葡萄酒引入波斯，並從波斯再傳入阿富汗與印度東部；在這些地方，葡萄酒受到富人們極度的珍視。

另一項小小的遺贈就是「伊斯坎達」（Iskander，來自亞歷山大）之名及其在中亞、阿富汗以及印度的變體。統治者以這個稱號來稱呼他們自己，包括自稱爲西坎達．薩尼（Sikander Sani）——「第二個亞歷山大」的阿拉烏丁．卡爾吉（統治期間爲西元一二九六至一三一五年）；西坎達．洛迪（Sikandar Lodi，統治期間爲西元一四八九至一五一七年）；數名孟加拉的蘇丹；以及海德拉巴的尼扎姆（Nizam of Hyderabad）阿薩夫．賈三世（統治期間爲西元一八〇三至二九年）。以亞歷山大爲名的地名，包括了泰倫迦納邦的塞康德拉巴德（Secunderabad），以及位於勒克瑙一座被圍起來的花園西坎達．巴格（Sikandar Bagh）。

---

⑩ Jawaharlal Nehru, *The Discovery of India* (New Delhi, 2004), p. 115.

⑪ Abu' l-Fazl Allami, *A'in-i-Akbari*, trans. H. Blochmann (New Delhi, 1989), vol. xiii, pp. 365–73.

⑫ 關於這個題目的有趣討論，可參見 Bram Fauconnier, 'Ex Occidente Imperium: Alexander the Great and the Rise of the Maurya Empire', *Histos 9* (2015), pp. 129–73.

⑬ Ian Worthington, *By the Spear: Philip ii, Alexander the Great, and the Rise and Fall of the Macedonian Empire* (New York, 2016), p. 261.

希臘人可能也爲印度科學帶來了影響。一位印度哲人曾經寫道，「臾那（Yavana）〔梵文的「希臘人」之意〕是野蠻人，但天文學卻源自他們。」[14]希臘人可能引入了視差的概念及其計算結果、計算橢圓的方式，以及計算日、夜、年長度的規則。或許亞歷山大最重要的遺贈是希臘人的著作，尤其是麥加斯梯尼，他對當時印度的描述，是關於孔雀王朝時期的主要資訊來源。

然而，影響的優勢亦可能發揮反向的效果。從美食角度來看，米食進入古典世界是亞歷山大的印度之行帶來的結果；但最初在古典世界，米僅被視爲一種藥物〔希臘語的稻米（*oryza*）源自德拉威語的漿果（*arici*），是英語姓名「萊斯」（rice）與法語「米」（riz）等的來源[15]〕。雞先是在印度被馴養，後於西元前六世紀初經波斯帝國傳入希臘。希臘最有價值的物品之一是胡椒，主要作爲藥物之用。西元前三二六年，希羅多德描述了「顏色像乳香、比無花果或蜂蜜更甜的石頭」，他指的是一種叫做坎德的結晶糖塊。雖然甘蔗可能源自多處，但正是印度人開發出將甘蔗榨取出來的汁液轉化成產品的技術。某種型態的糖被少量出口至希臘，但就像米一樣，主要是作爲藥物之用。

亞歷山大的印度行旅引起了希臘知識分子對印度宗教與哲學的興趣，尤其是婆羅門與其他苦行者，希臘人稱其爲「赤裸苦行僧」或裸體哲學家（或許指的是耆那教不穿衣物的天衣教派）。據說，亞里斯多德在雅典與一位印度哲學家會面。[16]根據歐奈西克瑞塔斯（西元前三六〇至二九〇年左右）所述，有一位犬儒學派的哲學家兼作家隨同亞歷山大前往印度征戰（其著作可從史特拉波的摘要中得知），亞歷山大並未親自面見婆羅門，而是派他去詢問他們的信仰；其中有一位婆羅門對這項要求嗤之以鼻，並說如果亞歷山大想了解他們的教義，他應該脫掉所有衣物，一絲不掛地跟他們坐在同一塊石頭上。

相反地，根據阿里安所述，亞歷山大確實會見了婆羅門；在他們會面時，這些婆羅門用腳跺著地，而當他們被問到此舉有何用意時，他們回答：

亞歷山大王啊，每個人能擁有的土地，不過就是我們所站立的這一小方而已；然而你，雖然跟其他人一樣……卻從屬於你自己的地方漫遊到如此遼闊的地域，讓你自己或其他人皆不得喘息。很快地，你也會死去，你所擁有的不過就是足夠埋葬你軀體的那一小塊土地而已。⑰

希臘人有他們自己的素食傳統，稱爲畢達哥拉斯主義者，因希臘哲學家畢達哥拉斯（約於西元前五七〇至四九五年）而得其名。畢達哥拉斯約與摩訶毗羅及佛陀同時期，也跟他們一樣，認定吃肉是錯的；畢達哥拉斯是否受到印度觀念的影響，一位作家稱之爲「世界宗教未解的偉大謎團之

⑭ 'Yona', www.newworldencyclopedia.org, accessed 19 October 2021.
⑮ 其他來自梵語的希臘字包括「棉花」（*karpasos*），來自梵語的 *karpasa*；以及「樟腦」（*camphor*），來自梵語的 *karpura*。
⑯ Worthington, *By the Spear*, p. 104.
⑰ Ibid., p. 242.

伊斯坎達（亞歷山大）會見婆羅門，《列王紀》中的縮圖，西元一七一九年。

一」。[18]有些人主張，畢達哥拉斯曾前往印度追尋哲學知識；另一個理論認爲，靈魂遊蕩的觀念可追溯至古老的印歐時期，甚至早於《奧義書》與畢達哥拉斯。

歐奈西克瑞塔斯評論了畢達哥拉斯主義者與婆羅門的教義相似性，包括「消除靈魂的歡愉與痛苦是最棒的教導」等觀念。[19]最知名的故事是關於卡拉諾斯（Calanos，西元前三九八至三二三年），他在呾叉始羅遇見了亞歷山大，其後更陪著亞歷山大回到巴比倫；他是一位不著衣物的苦行僧，後來在他的火葬柴堆上自焚。他面對烈火焚身時的沉靜自若，讓希臘人爲之動容，甚至舉辦紀念活動來向他致敬。儘管如此，布朗克霍斯特（Bronkhorst）寫道，「亞歷山大來自一個截然不同的文化世界，他容忍婆羅門的程度，僅限於他們不致於對他造成妨礙；如果他們眞的阻礙了他，他將會毫不留情地將他們屠殺殆盡。」[20]

自羅馬帝國時代起，尤其是在中世紀，亞歷山大對印度的侵略與征戰始終讓歐洲深深迷戀、遐想不已。被稱爲《亞歷山大大帝傳奇》的傳奇故事集，最初是在西元三世紀時以希臘文寫成，其後被翻譯成拉丁語，然後是多種本國方言，包括拉丁語、阿拉伯語、希伯來語、波斯語、土耳其語、

⑱ Tristram Stuart, *The Bloodless Revolution* (New York and London, 2006), p. 43.

⑲ Quoted in Richard Stoneman, 'The Brahmins in the Alexander Historians and the Alexander Romance', *Journal of Hellenic Studies*, cxv (1995), p. 103.

⑳ Johannes Bronkhorst, *How the Brahmins Won: From Alexander to the Guptas* (Leiden and Boston, ma, 2016), p. 3.

法語、英語以及俄語。較短的文本也很受歡迎，其中許多都是關於亞歷山大在印度的冒險經歷，尤其是他與印度婆羅門的交會；《婆羅門的一生》（*The Life of the Brahmins*）就是一例，這是一位五世紀的主教之作，其中還包括了素食主義的相關論述。有些神學家將印度視為等同於伊甸園以及大墮落之前的人間天堂。

雖然亞歷山大個人對印度的影響十分有限，但他留在印度的許多希臘與波斯士兵卻都娶了當地的女子。許多希臘字彙也融入了梵語，包括書籍（*pustaka*）、注射器（*surunga*）、麵粉（*samite*）、筆（*kalamo*）等詞語。從西元前一八〇年到西元一〇年左右，先後有超過三十位的希臘國王多定都於呾叉始羅。希臘與印度的命運，在接下來的幾個世紀中仍然緊密相繫。

4 最早的孔雀王：賓頭娑羅與旃陀羅笈多

多虧了同時期的希臘記述，孔雀王朝的開國者旃陀羅笈多・孔雀（約於西元前三五〇至二九七年）是第一位可被確定地建立大事年表的印度統治者。在二十四年的統治期間（西元三二一至二九七年）中，他統一了印度河谷、旁遮普河谷、恆河東邊的河谷以及印度西部。他的帝國從西北的犍陀羅國延伸到西部的古吉拉特邦、東部的孟加拉以及南部的卡納塔卡邦；政治統一了印度北部之後，他跨越了溫迪亞山脈（南北印度之間的傳統界線）——雖然他的帝國在南部的實際範圍仍屬未知。旃陀羅笈多也是第一位遭遇外國勢力入侵（由亞歷山大的希臘繼承者所挑起）的印度君主。

雖然有眾多戲劇、故事以及哲學論述頌揚這位卓越的領袖，他的生平與經歷相關記載，正如歷史學家H・C・雷喬伕力所形容，鮮少能「具備無懈可擊的眞實標記」，「關於他的許多事蹟，都屬於民間傳說的領域」。[①]唯一提及旃陀羅笈多的銘文是在印度西部朱納格特的一塊岩石上，就刻在阿育王早期的一則銘文上方；銘文由塞迦國王盧陀羅達摩（Rudradaman）所刻，他在西元二世

① H. C. Raychaudhuri, 'Chandragupta and Bindusara', in *Age of the Nandas and Mauryas*, ed. K.A.N. Shastri (New Delhi, 1996), p. 133.

紀中葉統治馬爾瓦。銘文中的梵語陳述，最初的水壩與水庫是由旃陀羅笈多王的行省總督普什笈多建造，其後「由〔希臘的〕與那王在統治期間爲阿育王・孔雀飾以噴泉」。我們關於旃陀羅笈多的資訊都是來自婆羅門的宗教典籍、耆那教對於聖人生平的評論、希臘與羅馬作家的著作，以及佛教的歷史記述，第一大類包括了十八部《往世書》中的六部，其中記載了孔雀王朝的血統世系。《往世書》是關於國王、英雄、眾神、半神半人、朝聖、醫學、天文學、文理語法，以及許多其他主題的梵語傳說、神話以及譜系選集，雖說是從西元六世紀開始編撰，但據稱可以回溯至更古老的年代；至於孔雀王朝的統治期間，雖然這六部的記述都認爲共一百三十七年，但在國王人數（九位或十位）、姓名以及各別的統治年分上不盡相同；由於計算不一致，統治年份亦不一致。儘管如此，旃陀羅笈多被稱爲第一位國王，阿育王則是他的孫子或曾孫，這一點始終未變。《昆濕奴往生書》提及婆羅門查納基亞（Chanakya，也稱爲考底利耶），他是旃陀羅笈多背後的推手，也是後來的輔相，據說是旃陀羅笈多登上王位的一大功臣：「婆羅門考底利耶根除了九大難陀，難陀滅族之後，孔雀王朝將佔有這片土地，因爲考底利耶會將旃陀羅笈多推上王位。」② 被稱爲桑德拉科托斯（Sandrakottos）、安德拉科托斯（Andrakottos）、桑德拉科特斯（Sandracottus）或安德拉科特斯（Andracottus）的旃陀羅笈多，在至少七本希臘與羅馬作者的作品中曾被提及，尤其是普魯塔克寫於西元一〇〇年左右的《亞歷山大大帝生平》；然而，這些作品並未提供太多細節，只在作者對於亞歷山大大帝或其繼任者的描述內容中提及。羅馬歷史學家賈斯汀（Justin，西元三世紀在世）在他對《龐培・特洛古斯的腓力比史》（*Philippic History of Pompeius Trogus*）所作之摘要中，提供了較多的資訊；該書是在西元一世紀初所編撰的馬其頓國王史。

《阿育王傳》（*The Legend of Ashoka*）是寫於西元二世紀，但匯編於更早數世紀之前的北印度佛教故事。斯里蘭卡的敘事作品《島史》（*Chronicle of the Island*）以及《大史》（*The Great Chronicle*），由佛教僧尼於西元五、六世紀所作；雖然斯里蘭卡的作品重點放在阿育王及其將佛教引入斯里蘭卡的角色，其中的敘事也涉及了阿育王之前的國王。

麥加斯梯尼

希臘歷史學家麥加斯梯尼（約於西元前三五〇至二九〇年），是關於旃陀羅笈多與印度的最重要資訊來源。麥加斯梯尼本是阿拉霍西亞省督塞琉古一世尼卡托的下屬，其後成為塞琉古派駐於旃陀羅笈多宮廷的使節。

麥加斯梯尼在他的四部《印地卡》中敘述了他的觀察，該作品在古典世界中大受歡迎。原著雖然已經佚失，但羅馬與希臘作家的作品中仍保留了若干片段，尤其是狄奧多羅斯·西庫盧斯（西元二世紀末）的《希臘史綱》、史特拉波（西元一世紀末）的《地理志》、老普林尼（寫於西元七七至九年）的《博物志》，以及阿里安（西元一到二世紀）的《印地卡》。阿里安的《亞歷山大遠征

② Cited in Bram Fauconnier, 'Ex Occidente Imperium: Alexander the Great and the Rise of the Maurya Empire', *Histos* 9 (2015), p. 126.

記》也包含了一個關於印度的章節，摘自麥加斯梯尼之作。儘管阿里安對麥加斯梯尼讚譽有加，史特拉波並不信任他，寫道：「總的來說，迄今寫過有關印度文章的人，都是一群騙子。」③麥加斯梯尼的故事中，有些或許是當地人告訴他，或是他自己虛構的荒誕故事，關於沒有鼻子或嘴巴的人、用耳朵把自己覆蓋起來睡覺的人、雙腳向後翻轉的人、吃生肉的人、長著狗頭並只能吠叫的人，以及不需進食、僅靠吸入野生蘋果氣味即可存活的人。

英國歷史學家約翰・沃森・麥克林德爾（John Watson McCrindle，西元一八二五至一九一三年）在其翻譯並匯編的摘錄中寫道：

> 印度人旋即察覺原始部落的野蠻人體形與他們自己截然不同，因此他們誇大了其間的差異，添油加醋，在腦海中描畫出一幅關於這些部落駭人聽聞的可憎景象。這些詩人利用這一點作爲基礎，衍生出以虛構傳說來爲其增色的誇飾敘述。在史詩中，我們可以看到整個婆羅門印度遍布根本不存在的種族，但其想像力是如此豐富，以至於有時我們也難以查明這些傳說的源起爲何。④

儘管如此，麥加斯梯尼的大部分敘述似乎尚屬可信，尤其是他對華氏城、旃陀羅笈多的宮廷以及印度本身的描述。爲了抵達華氏城的宮廷，麥加斯梯尼走的是由旃陀羅笈多修建的皇家大道，這條道路從恆河河口一直延伸到帝國的西北邊境。這條道路上有標示距離的里程碑，促進了次大陸內部以及中國、阿拉伯、地中海地區的貿易。從他現有的著作來看，他似乎並未親身到訪印度的其他地區，而是轉述了其他人所描述的見聞。

旃陀羅笈多的出身

在耆那教的傳說中，旃陀羅笈多的母親是一個村莊的聚落首領之女，這個聚落以飼養皇家孔雀而聞名；倘若真是如此，這個王朝的「孔雀」之名即是來自梵語的孔雀（*mayura*）（孔雀的圖像被刻在南丹加（Nandagarh）的阿育王石柱上以及描繪阿育王生平景象的桑奇大佛塔上，或許並非巧合）。旃陀羅笈

塞巴斯丁・繆斯特（Sebastian Münster，西元一四八八至一五五二年）。正如麥加斯梯尼在他的《印地卡》一書中所描述的「印度的怪物」。來自《宇宙志》（*Cosmographia*）的木刻。

③ Hans Claude Hamilton and W. Falconer, trans., *The Geography of Strabo* (London and New York, 1903–6), ii.1.9.

④ John Watson McCrindle, ed., *Ancient India as Described by Megasthenes and Arrian* (Calcutta, 1877), p. 22.

多的母親在懷孕時，一直想把月亮喝進肚裡；剛好路過村落的婆羅門考底利耶，正在尋找一個可以取代難陀王朝的國王，於是允諾實現她的要求——前提是要她把肚子裡未出生的孩子給他。接著，考底利耶給了這名懷孕的女子一碗映照著月亮的牛奶，讓她喝下，其後更爲她肚裡的孩子取名旃陀羅笈多，意思就是「受到月亮的保護」。

在佛教的敘事中，旃陀羅笈多是摩利耶王朝（Moriyas）的國王之子；國王被家臣所殺，他的遺孀則逃往華氏城，並在那裡生下了旃陀羅笈多。女神命她將旃陀羅笈多遺棄在農場附近的一把壺中，由一頭名叫旃達的公牛守護著；後來，一名牧牛者發現了他並把他帶回家，又由牧牛者的獵人朋友收養了他。

在其他佛教典籍中，旃陀羅笈多被描述爲摩利耶王朝剎帝利氏族的後裔，與釋迦牟尼佛家族有關連的釋迦族其中的一個旁支，住在釋迦牟尼佛出生地藍毗尼附近的畢·梨瓦那。爲了逃離邪惡的國王，他們離開了母族聚落並在喜馬拉雅山區一個以孔雀〔巴利語叫莫拉（*mora*）〕聞名的地區避難。甚至有故事說旃陀羅笈多與難陀王朝有關係，但因爲難陀王朝的國王妒

尚為孩童的旃陀羅笈多銅像，豎立於德里國會大廈五號門對面：「牧童旃陀羅笈多·孔雀夢想著他即將創造的印度。」

忌他的才華，才使得他被斥責並驅逐。

而在所有的這些故事中，口徑一致的一點是，旃陀羅笈多的崛起要歸功於他與考底利耶的合作。根據佛教傳說所述，考底利耶是出生於呾叉始羅的婆羅門，長得極醜，雙腳扭曲變形（或許是「考底利耶」（Kautilya）的暗喻，意指「破碎的」或「彎曲的」），臉上布滿麻子，牙齒也歪斜缺損。家中貧窮使得考底利耶的妻子被他的親戚們嘲笑，於是她便前往難陀王朝的宮廷，因爲該處會爲婆羅門與學生提供經濟上的援助。但是，達那難陀國王受不了考底利耶的醜陋外貌，遂下令侍衛將他趕出；這使得考底利耶對達那難陀痛下詛咒，並發誓要摧毀他的家族與子孫。接著，他僞裝成流浪的正命論苦行僧逃離了宮廷，開始尋找可以取代達那難陀成爲國王的人。同時，考底利耶也開始利用煉金術累積大量的黃金。

在他四處漂泊時，他遇上了年輕的旃陀羅笈多。根據耆那教的傳說，這名男孩發明了扮演「國王」的遊戲，並把他的朋友當成他的臣民，他們毫無異議地服從他的命令；考底利耶向年輕的旃陀羅笈多要求一份禮物，他便讓考底利耶牽走附近的一群牛，因爲沒有人敢違抗他的命令。在另一個故事中，男孩扮演著「國王」並要其他幾個男孩扮演強盜；當他們被抓時，他下令砍掉他們的手腳。然後當他說：「讓它們重新接合吧。」那些手腳便奇蹟般地重新接合了起來。考底利耶對男孩的領導才能留下了極爲深刻的印象，於是將男孩帶回他的家鄉呾叉始羅，並訓練他成爲國王。⑤

這些故事儘管有趣，卻無法被證明內容屬實。更可能的情況是，旃陀羅笈多本就野心勃勃，他

⑤ Cited in Radhakumud Mookerji, *Chandragupta Maurya and His Times* (Delhi, 2016), p. 233.

看出考底利耶正是那個能助他一臂之力、讓他平步青雲的人。旃陀羅笈多與考底利耶聯手應戰兩大敵人：難陀王朝的統治者以及西北方的希臘人。他先對付了難陀國王還是先對付了希臘人，仍是一大爭議；但他們最初的任務是從旁遮普省與喜馬拉雅山區、曾經抵抗過亞歷山大大帝的部落與政體中，爲他們的軍隊招募新兵。與難陀王朝不甚友好的省督安比與波羅斯，或許會支持他們。考底利耶也用他暗藏起來的黃金來購買武器並聘僱傭兵。

德里貝拉神廟（Birla Mandir Hindu Temple）中的旃陀羅笈多．孔雀雕像。

據麥加斯梯尼所述，旃陀羅笈多的軍隊有四十萬人，而老普林尼所描述的規模則更加龐大：六十萬步兵、三十萬騎兵、九千頭戰象。旃陀羅笈多嘗試了多次，才終於擊敗難陀並征服摩揭陀。剛開始，旃陀羅笈多的征伐並不順利，因爲他只顧著勇往直前，而忽略了保護好已經征服的領土；根據耆那教與佛教典籍中皆曾提及的一個故事，旃陀羅笈多與考底利耶進入一個村莊尋找食物，看到一名婦女正在餵食她的兒子一碗熱粥或恰巴提（編按：一種源自印度的扁麵餅）。這個孩子只吃中間的部分，結果燙傷了嘴，把外圍的部分扔掉了；於是媽媽斥責他，說他居然從中間開始吃，跟考底利耶一樣是個大傻瓜——意指考底利耶在尚未穩固周邊地區之前，就先攻擊了首都。⑥

旃陀羅笈多與考底利耶改變策略，開始派兵駐防在他們已經征服的外圍城鎮，並圍攻摩揭陀都城華氏城。儘管典籍指出這場戰役讓雙方都蒙受了巨大損失，但對於戰役的實際情況，我們所知甚少；或許他們獲得敵人的內應所助，因爲難陀的暴虐、貪婪以及卑微的出身，讓他的許多臣民都對他心懷憎恨。許多密謀與詭計，可能都伴隨著這場爭戰而來〔這些陰謀遂成了寫於西元四世紀末至六世紀的梵文戲劇《大臣之印》（*The Seal of the Minister*）或《曼陀羅克夏沙》（*Mudrarakshasa*）的主題〕。最後，旃陀羅笈多登上了摩揭陀國的王位；據說，他允許難陀跟他的兩個妻妾與女兒離去，並帶上一輛能盡可能能載最多行李的四輪馬車。

但賈斯汀述說的故事截然不同。他描述旃陀羅笈多冒犯了難陀，於是難陀下令要殺了他，他先是逃跑，後來睡著了；這時，來了一隻巨大的獅子，牠舔拭了他的汗水並輕柔地叫醒了他。這個徵兆激勵他集結起一群盜匪，繼續奮戰。而當他正準備作戰時，又有一頭龐大的野象走近他，將他駝在背上，並成爲他「戰爭中的領頭者、戰場上最耀眼的一員」。就在塞琉古鞏固其權力之際，旃陀羅笈多擊敗了敵人、登上了王位；獅子與大象都是皇權的象徵，預示了他未來的命運。⑦

西元前三〇五年，塞琉古翻越興都庫什山脈，準備對旃陀羅笈多發起遠征；但是隨後，他判定

---

⑥ Ibid., pp. 231, 233.

⑦ Marcus Junianus Justinus, *Epitome of the Philippic History of Pompeius Trogus*, trans. Rev. John Selby Watson (London, 1853), Book xv, Chapter 4, www.forumromanum.org, accessed 19 October 2021.

這項軍事行動並不可行。他可能擔心自己的權力在西方會受到挑戰，並希望在雙方沒有進一步接觸的情況下離開印度。旃陀羅笈多遂趁此機會，向塞琉古提出了他的要求。西元前三〇一年，兩位統治者簽署了一項條約，這也是目前已知的第一份由印度統治者所簽署的國際條約；在這份條約之中，塞琉古將印度河以西的大片土地割讓給旃陀羅笈多，包括位於今日阿富汗與巴基斯坦，所謂的阿拉霍西亞、歌德羅西亞（Gedrosia），以及帕羅帕米薩科（Paropamisadai）的上省督轄地。此舉讓旃陀羅笈多的帝國版圖得以擴展至波斯邊境。

旃陀羅笈多則贈予塞琉古五百頭戰象以及大量的黃金作爲回報，這些戰象成了塞琉古在西方戰事中的強大助力。於是，外交關係在兩大強權之間建立了起來，麥加斯梯尼也被派往旃陀羅笈多的宮廷擔任使節；然而，他並未一直待在宮裡，而是活躍於阿拉霍西亞的省督轄地，並「經常從那裡去拜訪印度國王旃陀羅笈多」。孔雀王朝與希臘統治者之間持續不斷地交換著禮物，包括來自印度的香料，甚至還有一個政府部門專職照顧居住於華氏城的希臘與波斯等外國人。該條約也承認了印度人與希臘人之間的通婚權（通婚協定）；歷史學家過去對此的詮釋是，這意味著兩個王朝之間有聯姻關係的存在，可能是旃陀羅笈多，或是他的兒子娶了塞琉古的女兒（這使得阿育王有四分之一或是一半的希臘血統）。然而，根據阿里安與其他學者的敘述，這樣的解釋已不再被普遍接受。⑧

儘管旃陀羅笈多著手征服了印度的大部分（即便不是全部）地區，他的野心並未超出歷史疆界。引述自麥加斯梯尼，阿里安寫道：「他們說，正義感阻止了印度國王去征服印度以外的地區。」⑨盧陀羅達摩的銘文指出，阿育王的帝國延伸至古吉拉特邦與馬爾瓦，甚至遠及印度洋。然而，旃陀羅笈多似乎從未試圖入侵鄰國羯陵伽，羯陵伽涵蓋了如今奧里薩邦與北安得拉邦的大部分地區。

羯陵伽是一個富裕、繁榮的國家，也是一個海上強權；根據它所擁有的大象體型與數量，可知它具備了令人畏懼的軍事力量。狄奧多羅斯提及羯陵伽時，寫道：「〔它〕從未被任何外國的國王所征服，因爲其他國家都懼怕這些動物勢不可擋的數量與力量。」羯陵伽是印度北部與南部的橋樑，倘若孔雀王朝需要鎮壓南方的叛亂時，征服了它，將爲孔雀王朝的軍隊提供一條安全的通道。阿育王憑藉其卓越的軍事力量，在他在位的第八年將羯陵伽納入了他的帝國版圖之中——儘管犧牲了無數的生命爲代價。

旃陀羅笈多的帝國往溫迪亞山脈以南延伸至多遠尚屬未知，但根據普魯塔克所述，「他以六十萬大軍大舉征服整個印度。」但實無任何關於這次征戰的細節。阿育王將他的近鄰命名爲朱羅、潘地亞、薩蒂亞普特拉以及喀拉拉普特拉，亦即德干地區的部落或國家，這意味著它們在孔雀王朝的帝國範圍之外。在孟加拉博格拉區的一塊西元三世紀時的銘文碎片指出，孟加拉的大部分地區皆處

---

⑧ 參見 Ranabir Chakravarti, *Exploring Early India up to ad 1300*, 3rd edn (New Delhi, 2017), p. 133; and Grant Parker, 'Ashoka the Greek: Converted and Translated', in *Reimagining Aśoka: Memory and History*, ed. Patrick Olivelle, Janice Leoshko and Himanshu Prabha Ray (New Delhi, 2012), p. 310.

⑨ John Watson McCrindle, *Ancient India as Described in Classical Literature* (London, 1901), p. 209.

於孔雀王朝的統治下。

至於旃陀羅笈多的宗教信仰，只知他讓宮裡進行獻祭，表示他對婆羅門儀式仍保有某種程度上的支持。然而，根據耆那傳說，旃陀羅笈多晚年時放棄了王位，並追隨耆那教的聖人巴陀巴南下來到斯拉瓦納貝拉戈；這座城市位於卡納塔卡邦的哈桑區，距離班加羅爾約一百四十四公里，如今已成了耆那教徒的重要朝聖地。他的離去，可能是跟隨著由巴陀巴所帶領的耆那教眾大舉南遷，以逃離比哈爾邦迫在眉睫的饑荒。根據耆那教的來源指出，旃陀羅笈多以苦行僧的身分在這裡居住了數年，直到他遵循耆那教的做法，履行了禁食餓死的自殺儀式。西元五世紀的數則銘文證明了旃陀羅笈多的確活躍於該地區。旃陀羅笈多據說曾經住過的小山丘被稱爲錢德拉吉里，一座建於西元九世紀、名爲旃陀羅笈多—巴斯蒂的古廟，更展示了旃陀羅笈多與巴陀巴生平事蹟的雕塑裝飾。

班加羅爾附近的巴陀巴（Bhadrabahu）洞穴，據稱旃陀羅笈多即喪生於此。

旃陀羅笈多的首都華氏城及其宮廷

麥加斯梯尼寫道，印度的形狀是一個四邊形，南部與東部以海洋爲界，西部與西北部則以規模可能僅次於尼羅河的印度河爲界。根據麥加斯梯尼所述，印度最窄的兩點，從東到西是一萬六千斯塔德、從北到南是兩萬兩千三百斯塔德，或說大約是兩千九百六十乘以四千一百二十五公里（現代印度的面積，從北到南是三千兩百一十四公里、從東到西是兩千九百三十三公里）。在最南端，日晷儀的指針並未投下任何陰影，意味著該處位於赤道上。麥加斯梯尼列出了若干位於恆河左岸與喜馬拉雅山之間的印度政體，有些已被確認爲實，有些則無。據其所述，孔雀王朝的帝國範圍囊括了如此之多的城市，以至於無法精準地加以統計。由於雨水與洪水會摧毀磚塊，位於河岸或海岸的城市皆以木頭建造；而位於高地的城市，則以磚泥建造。

其中，規模最大的城市就是位於恆河與厄蘭諾玻亞斯河（Erannoboas River，如今稱爲松河）交匯處的華氏城。麥加斯梯尼描述這座城市是一個八十斯塔德長、十五斯塔德寬的平行四邊形，代表它的周長接近三十四公里、表面積接近二十五．五平方公里。這樣的規模遠大於古代最大城市的規模，包括埃及的亞歷山大港，表面積只有華氏城的一半；還有帝國時期的羅馬，規模也才超過華氏城的一半而已。⑩

⑩ Dieter Schlingloff, *Fortified Cities of Ancient India: A Comparative Study* (London, 2014), p. 32. 他指出，儘管麥加斯梯尼的描述像是不太可能，以至於我們可能會質疑它的可信度；但他記述的道路測量，在數個世紀之後得到了中國朝聖者的證實。

城市的護城牆是木製的，木牆上打穿許多便於發射弓箭的孔洞，並有五百七十座塔樓與六十四座城門，平均地分散在超過八千八百公尺長的城牆上。華氏城是印度唯一一座擁有木牆而非磚牆或石牆的城市，證明了這座城市是多麼古老。雖然圍護城市的木製欄楯遺跡已被發現，遺憾的是，王室建築依然無跡可尋，已然被掩埋於數世紀來的塵土與新建物之下了；水源由鄰近河流所供給的護城河，則發揮了防禦保護與雨水排放的作用。這座城市有許多豪華的宅邸，居民之中還包括了許多外國人。城市由當局的三十名成員負責運作。這裡並沒有任何印度河谷城市所擁有的複雜汙水處理系統存在的跡象，但有人認爲，根據早期考夏姆比（Kausambi）定居點防禦系統的相似之處，哈拉帕建築傳統影響了新城市的布局。⑪

考古學家試圖尋找孔雀王朝宮殿建築群的遺址，但截至目前爲止並無甚進展。西元四世紀時，華氏城成了笈多王朝的首都，其後逐漸衰微；到了七世紀，這座城市已然被廢棄。當中國朝聖者玄奘在西元六二九年到訪該處時，只見到城牆、寺廟以及佛塔的斷垣殘壁。它衰亡的原因尚不清楚，西元五七五年發生的一場災難性洪水，是其中的一個可能性。西元一五四一年，舍爾沙在當時尚爲小城的帕特納建起一座堡壘；西元一七六五年，這座城市被移交給東印度公司，成了最重要的商業與貿易中心之一，僅次於加爾各答。約在此時，學術界開始懷疑帕特納與華氏城其實是同一座城市，於是展開了孔雀王朝的宮殿與政府建築物的搜尋行動。然而，要標示出其實際位置與規模，被證明著實是一項挑戰；儘管根據麥加斯梯尼的描述，華氏城位於恆河與松河的交匯處，但時至今日，恆河與松河的交匯處已然改道至帕特納以西二十五公里處了。

自西元一八九五年起，考古學家開始在帕特納西北方的布蘭迪巴格（Bulandi Bagh）進行挖掘，並發現了柱頭與木製欄楯，這些被認爲是部分的華氏城防護城牆，標誌出城市的南部邊界。然而，其他的挖掘結果則指出，城市的西部邊界還要再往西幾公里，而北部邊界則位於現在的恆河河岸。

考古學家在距離布蘭迪巴格東南半公里處的庫姆拉爾（Kumrahar）發現了拋光石柱以及灰燼與瓦礫坑，標誌出一座可回溯到孔雀王朝時期的大型建築物位置；經重建之後，可看出這座建築共有八排柱子，每一排都由十根柱子組成，每根柱子之間的間隔皆爲四．五七公尺。這些由淺黃褐色、帶有黑色斑點的砂岩製成的柱子高達九．七五公尺，極可能足以支撐木製的屋頂；大廳南邊的木製平台，則被認爲是用來支撐一座可讓訪客通往運河的階梯。

西元一九一二年，考古學家D．B．史波納（D. B. Spooner）最初的發現極爲令人振奮，他與後續接替他的主事者們都深信，他們發現了孔雀王朝的宮殿。史波納拿這座建築與波斯波利斯的圓柱狀大廳作比較，莫蒂默．惠勒爵士也將它拿來與波斯的公眾會議廳比較。然而，這項假設後來亦受到質疑：首先是，他們並未發現任何行政管理的建築物；其次是，該遺址位於布蘭迪巴格的防禦木製欄楯東南方，已然超出城市的邊界之外，但所有的典籍文獻都指出宮殿是位於城牆之內。意外的考古發現似乎也指出，古華氏城被埋在現在的帕特納地面以下六到八公尺處；但建於其上的帕特

⑪ G. M. Bongard-Levin, *Mauryan India* (New Delhi, 1985), p. 126.

納城市人口十分稠密，很難在此進行大規模的挖掘作業。[12]

王室住所跟城市本身一樣經過強化，也有自己的護城河與城牆等防禦工事，表示國王的安全性是建築最重要的考量，其後在《政事論》中也指出了這一點；因爲該建築不僅是國王的住所，也是城市的行政管理、軍事以及文化中心。據迪特・施林格洛夫在他所著的《古印度的防禦強化城市》（*Fortified Cities of Ancient India*，西元二〇一三年）一書中所述，馬哈拉施特拉邦阿旃陀洞穴中的敘事畫作是由佛教徒在西元二世紀至四八〇年間所繪製，或許可以讓我們略窺當時的宮殿模樣：這些繪畫展現出由多座大廳所組成的綜合建築群，圍繞著幾座包含了小型建物的內庭；這些較小的建築物是市政廳、公眾會議廳、餐廳、教室、廚房、作坊、象廏與馬廏。王室成員則有各自的住所。

宮殿建築群的大門通向城市的主幹道，街道兩旁林立著商店與屋舍：除了王宮有兩層或三層樓的高度之外，其他的建築都是一層樓。根據羅馬作家克勞迪斯・埃利亞努斯（約西元一七五至二三五年）的描述，華氏城的皇宮堪稱是古代世界中一件無與倫比的工藝奇蹟；「公園裡充滿了孔雀與雉雞的鳴叫，還有蓊鬱樹叢與清涼林蔭點綴其中，有些物種來自異國。池塘則有許多馴化的魚兒悠游其中，讓小王子們可以在這裡釣魚、戲水和游泳」。[13]

雖然沒有任何關於宮廷禮節與儀式的描述，但不無可能的是，這些儀節皆仿效自阿契美尼德帝國。亞歷山大大帝在建蓋他的宮廷時曾經參考阿契美尼德帝國，而難陀王朝可能也仿效了這個宮廷的模型；成功掌權的統治者，倘若沒有他們自己的傳統可依循，通常會以傑出的前任或是同時期的卓越人物爲仿效的對象。美食歷史學家瑞秋・勞丹在她的著作《料理之道：從神的規則到人的選擇，全球料理的五千年演化史》中推斷，孔雀王朝的國王們也參照了波斯人的烹調菜式，儘管我們沒有任何記錄可以得知他們的飲食。⑭在阿育王第一則的石刻詔令中，他寫到在他的宮廷裡，每天都有成千上百頭動物被宰殺以讓人享用牠們的肉；但他很快就戒除了這項做法。另一方面，由於旃陀羅笈多後來（或說在晚年時）成了耆那教徒，他不太可能大啖波斯人以肉類爲主的高級烹調菜式——至少不太可能僅供他個人享用。

包括佛教徒與耆那教徒在內的宗教導師，都會來訪國王的宮廷。麥加斯梯尼寫道，印度國王透過信使向住在森林中的苦行僧請示哲學問題，是一種常見的做法；國王會在年初時召集眾多哲學家與會，一起對農業與經濟前景做出預測。

我們對旃陀羅笈多及其家庭生活所知亦極爲有限。上述曾經提及幾位在魚池玩耍的小王子，暗示他有數子；他一定也有幾名妻妾，雖然關於她們的描述隱晦不明。耆那教的文獻中提到一個名叫杜達拉的女子，她是賓頭娑羅的母親；還有一群女眷，或許是後宮的妻妾，也是其他首領的女兒，藉由王室聯姻以形成政治聯盟。

---

⑫ Ibid., p. 39.

⑬ Quoted in McCrindle, *Ancient India as Described by Megasthenes*, pp. 141–2.

⑭ 阿契美尼德王朝執政之後，開始採行美索不達米亞發展了數千年的高級烹調菜式，他們的廚房裡有數百名各有專長的廚師，每天都有成千上百頭的動物被宰殺以供國王享用；醬汁的製作可以回溯到蘇美爾時代，而原料則來自範圍遼闊的帝國各地。阿契美尼德王朝以舉辦奢華晚宴而聞名，孔雀王朝可能也效仿了這樣的做法。

對統治者來說，暗殺是一項主要的威脅，特別是在殺手來自他們的妻妾與家庭成員當中時，更是防不勝防；因此，服侍國王的侍女也擔任武裝侍衛，直接在他的寢宮周圍守衛站崗。在波斯，使用女性侍衛來保護君主是一種常見的做法，這些女子則是從中亞被帶來波斯（古希臘人就是在這裡找到傳說中的亞馬遜女戰士，以及其他驍勇善戰的女子⑮）。

根據麥加斯梯尼所述，旃陀羅笈多不能在白天睡覺，晚上還要時不時地更換睡覺的地方，以免遭到暗殺。他鮮少離開宮殿，不得不離開的情況之一就是前往法庭審理案件，他甚至會在白天按摩的時間聽取這些案件。希臘作家史特拉波描述了在舉辦洗頭儀式時的一場盛大節慶，人們會在此時致贈國王貴重的禮物——這是另一個可能採納自波斯人的做法。

國王離開宮殿的另一個理由就是去打獵。狩獵是皇室最喜愛的消遣活動。麥加斯梯尼描述了狩獵的相關儀式：

> 女子成群結隊地圍繞著國王，圈子之外則是排列成行的持矛士兵。欄索上以繩子做出記號、標明界線，不論男女，只要越界唯有一死。男子在遊行隊伍前方敲鑼打鼓，帶領隊伍前進。國王在圈起來的圍場內狩獵，並從一座平台上射箭。他身旁站著兩、三名武裝的女子。如果他是在空地上狩獵，他會從大象的背上射箭；女護衛們有些會騎在雙輪戰車上、有些騎在馬背上、有些甚至騎在象背上，她們身上都配備有各種武器，彷彿在出征作戰。⑯

賓頭娑羅

當旃陀羅笈多在大約西元前二九七年放棄王位時，他二十二歲的兒子賓頭娑羅隨之繼位，希臘人稱其爲阿米特羅查特斯〔Amitrochates，是梵語之名阿米托拉（Amitraghata）的音譯轉錄，意爲「戮敵者」（slayer of enemies）〕。根據佛教與耆那教傳說，賓頭娑羅之名〔來自梵語的「力量」（*sara*）以及「滴」（*bindu*）〕的由來，是因爲旃陀羅笈多的大臣考底利耶過去經常在皇帝的食物中混合微量毒藥以增強他的免疫力；但有天，並未意識到這件事的旃陀羅笈多將食物分享給他懷孕的妻子——她還有七天就要分娩了。考底利耶得知此事後，馬上用劍剖開王后的肚子、取出胎兒，將胎兒放入每天新鮮宰殺的其中一隻山羊肚腹之中。七天之後，賓頭娑羅出生了，身上沾滿了山羊的血滴。耆那教的故事提供了另一種說法：當考底利耶取出胎兒時，有一滴毒藥落在嬰兒的頭上。⑰

---

⑮ 十三世紀時，一名前往喀拉拉邦的中國旅人寫道，有五百名經過挑選、體格健壯的外國女子擔任守衛來保護統治者。關於印度與穆斯林宮廷所用的女性護衛，早期的歐洲旅人也留下了詳細的紀錄：穆斯林的傳統是使用來自中亞的韃靼人、烏茲別克人、卡爾梅克人，以及喬治亞人的女子來扛轎並守衛宮廷。十九世紀初旁遮普邦的錫克教統治者蘭季德·辛格擁有一支被英國人稱為亞馬遜軍隊的隊伍，這支配備了弓箭的武裝軍隊，據說比最兇猛的阿富汗軍閥更令人畏懼。有關該主題的討論，請參見 Walter Duvall Penrose Jr, *Postcolonial Amazons: Female Masculinity and Courage in Ancient Greek and Sanskrit Literature* (Oxford, 2016).

⑯ McCrindle, *Ancient India as Described by Megasthenes*, pp. 72–3.

⑰ Thomas R. Trautmann, *Kautilya and the Arthasastra: A Statistical Investigation of the Authorship and Evolution of the Text* (Leiden, 1971), p. 15.

賓頭娑羅的生平，並未像他的父親或兒子一樣被詳盡地記載，他的統治期間估計在二十五至二十八年間。根據耆那教編年史的記載，賓頭娑羅繼位之後，考底利耶仍然擔任他的主要顧問。賓頭娑羅可能往南擴展帝國版圖遠及卡納塔卡邦（前提是他的父親尚未完成這項大業），並且征服了安得拉邦；阿育王的摩崖詔令第十三則中曾提到，安得拉人是其帝國內的民族之一。據史特拉波所述，「安得拉」是一個強大的國家，擁有三十座防禦強固的城鎮、十萬名步兵以及一千頭大象。《阿育王傳》中記載，在賓頭娑羅統治期間，呾叉始羅的人民在邪惡大臣的煽動下進行了兩次的叛變。一個版本的故事是，賓頭娑羅派阿育王去平定叛變，但拒絕提供他任何武器或戰車；後來，這些都奇蹟般地由眾神所賜予，祂們甚至斷言阿育王將會統治全世界。在賓頭娑羅崩殂前不久，又發生了第二次的叛變；當時還是王子的阿育王來到呾叉始羅時，人們出來迎接他並表示，他們反對的並不是他或賓頭娑羅，而是「侮辱我們的邪惡大臣」。[18]在阿育王的銘文中，後來曾提及某些邊遠地區的孔雀王朝官員採取高壓而專橫的治理手段。索拉什特拉與印度恆河平原之間的地區，可能還發生過其他的叛亂或起義事件。

一個資料來源指稱賓頭娑羅有一百〇一個兒子，分別由他的十六位妻妾所生；而另一個資料來源則說他只有三個兒子，即修師摩（Sushima）、維格塔索卡（Vigatashoka）以及阿育王。我們對於賓頭娑羅的個人生平所知極為有限，只知道他似乎是一個講究美食與生活享受的人、也是一名深刻的思想家。他曾經要求塞琉古國王安條克一世·索特（統治期間約於西元前二八〇至二六二年）送給他甜酒、無花果乾以及一位哲學家；安條克同意送來前兩項禮物，但他說，在希臘買賣哲學家是不合法的。賓頭娑羅跟他的父親一樣，與希臘維持著友好的關係；安條克的使節與托勒密二世・費拉德爾弗斯（統治期間約於西元前二八三至二四六年）的埃及總督都派駐在他的宮廷裡。

耆那教的文獻對賓頭娑羅的信仰隻字未提，有部佛教典籍稱他爲婆羅門的信徒，而其他來源則說，一位名叫平加拉瓦察（Pingalavatsa）的正命論雲遊僧是他宮廷中的重要人物，甚至預言了他兒子阿育王未來的偉大事蹟。孔雀王朝前三位國王所持的宗教信仰顯非正統，在某種程度上可能是出於權術的考量，特別是因爲新異端團體的追隨者主要是來自商人階級，他們用稅收支持著統治者的政權。

賓頭娑羅崩殂於西元前二七〇至二七三年間，儘管對於阿育王如何繼任以及何時繼任的過程有不同的解釋，但關於阿育王是他的繼任者這一點，幾乎沒有任何爭議。經過旃陀羅笈多與賓頭娑羅加起來長達五十年的統治期間，爲阿育王這位古印度最偉大的統治者奠下了堅實的治國基礎。

⑱ John S. Strong, ed. and trans., *The Legend of King Ashoka: A Study and Translation of the Aśokavadana* (Princeton, nj, 1982), pp. 208–9.

5 阿育王的生平與銘文

法國歷史學家羅伯特．林加特（Robert Lingat，西元一八九二至一九七二年）寫道，有兩個阿育王：我們從他的銘文中所認識的、歷史上的阿育王，以及從他死後幾個世紀中以巴利文、梵文、中文寫下的文獻以及藏傳佛教典籍之中所認識的，亦即傳說中的阿育王。①

與旃陀羅笈多不同的是，阿育王的宮廷並沒有麥加斯梯尼來記載他的生平。自阿育王銘文在十九世紀中葉被發現以來，有關阿育王的主要資料來源就是這一百五十則實體銘文，其中包含有三十多則各自成文的主題；他下令將這些銘文撰刻在遍布帝國各地的石柱和大石上，銘文中包含了有關他個人的生平資訊，引人入勝的點點滴滴。

根據這些銘文，我們可以在某種程度上肯定地陳述下列有關阿育王生平的事實。阿育王出生於西元前三〇二年的華氏城，雖然有些歷史學家認爲這個時間應該再往前推幾年；他的眞實姓名僅在兩處銘文中被提及，而且他從未自稱是孔雀氏族的後裔。在成爲國王之前，阿育王曾經擔任鄔闍衍那的總督；根據潘古拉利亞（Panguraria）一則銘文的敘述，「國王……在仍爲執政王子時，曾與未婚妃子愉快地到此一遊」。

阿育王在大約三十歲時登基（行灌頂儀式），此時已是西元前二七〇年，在賓頭娑羅死後四年；這段時間上的差距指出，或許有一場繼承權的爭奪戰正在進行。儘管佛教故事描述了這樣的一場爭鬥，銘文中卻並未提及。

在西元前二六二年，阿育王征服了羯陵伽（現代的奧里薩邦），這個印度東北部最後僅存的自由國家持續對孔雀王朝構成威脅；這場戰爭造成的死亡與人類苦難，使得阿育王宣布從此摒棄戰爭。由於其他地方皆未提及任何戰役，他的銘文亦指出他與南方的王國保持著友好關係，因此，這場戰爭或許是他打過的唯一一場戰爭。兩年之後，已成爲佛教徒的阿育王前往佛陀悟道的摩訶菩提朝聖，並在印度各地進行一趟爲期兩

① Robert Lingat, *Royautés bouddhiques: Ashoka et la fonction royale à Ceylan* (Paris, 1989), p. 19.

阿巴寧德拉納特．泰戈爾（Abanindranath Tagore），《阿育王傳奇》（*The Ashoka Legend*），約於西元一九二〇年，紙上水彩。

百五十六天的巡行。

西元前二五八年，阿育王開始下令在王國各地的岩石與柱子刻上銘文。銘文的目的是爲了解釋並傳播他稱之爲「正法」的道德規範，並確保它們能夠永遠存續下去。不久之後，他任命了正法大臣（*Dhamma-mahamattas*）來執行他的政策；同年，他向安條克以及其他希臘統治者、南印度以及斯里蘭卡派出了弘揚正法的使節團。他將婆羅巴山的兩座洞穴獻給了正命論僧人，數年之後又奉獻了第三座。西元前二五〇年，他拜訪了佛陀的出生地藍毗尼。

阿育王的最後一則銘文（或至少是最後一則被發現的銘文）是在他死前十年，西元二三二年刻成。我們對於他如何以及在何處死亡皆一無所知，有些歷史學家臆測他死於卡納塔卡邦比馬河河岸的一座小村落桑納提（Sannati），爲數不多的幾幅阿育王雕像之其中一幅，就在這裡被發現，刻在佛塔廢墟的一塊石頭上；刻印在浮雕上的婆羅米文寫著「偉大的阿育王」（Raya Asoko），讓我們得以識別出他的身分。不像他同時期的波斯、希臘國王以及後來的印度國王，阿育王並未把自己的肖像刻在錢幣以及雕塑品上。阿育王崩殂後，他的孫子達沙拉沙繼任了他的王位。

阿育王有幾名正式的妻子、一群後宮的妻妾，可能還有許多兄弟姊妹。銘文中唯一提到的妻子是考文姬，被描述爲第二任王后及帝瓦拉之母。

石刻銘文

傳統上，阿育王的銘文被稱爲詔令，但這個用詞不完全適切，因爲詔令是由當權者（通常是君

阿育王與他的王后們，位於卡納塔卡邦桑納提一座佛塔廢墟上的雕刻。

可能描繪著阿育王騎象的情景，位於中央邦桑奇的桑奇佛塔南口處的雕刻。

主）所發布的正式命令；然而，阿育王的銘文比較適合被描述爲建議或請求，而非命令。阿育王自己是將這些銘文稱爲法之教敕（*Dhamma Lipi*），*lipi* 一字源自波斯語，意思是正法的「書寫」或「銘刻」。

銘文的原始數量及其所在位置不明，因爲許多可能毀壞了或是尚未被發現。中國前往印度朝聖的佛教徒法顯（西元三三七至四二二年）與玄奘（約於西元六〇二至六六四年）都曾記述在某些地方看過這些石柱，但如今這些地方已毫無石柱的蹤跡。最後的一批銘文是在西元一九八九年發現的，我們希望未來還能發現更多的銘文。②

有些銘文類似自傳，記錄了阿育王關心的事物、渴望達成的目的、信仰的教義、成就的功績以及治理的方法。阿育王往往在這些銘文中透露出他最深切的想法與感受，他對臣民說話，宛如父親對兒子般殷殷教誨，有時爲他們被誤導的方式感到悲傷，有時對他們的進步滿懷希望。許多銘文（雖然不是全部）都與他的正法哲學有關，這將在下一章中討論，而本章的重點會放在這些遺跡的實質特性上。

最早主張阿育王銘文爲眞實可信的印度歷史里程碑的考古學家，其中一位即是D·R·班達卡（D. R. Bhandarkar，西元一八七五至一九五〇年），他寫道：

> 他的銘文紀念碑……作爲他同時期的記錄並刻印了他的命令，其眞實性毋庸置疑。不僅如此，當我們細看這些銘文時，可以感覺到他彷彿仍在向我們述說著，吐

露他內心深處的所思、所想、所感。我們所講述的阿育王故事，幾乎完全根據這些歷史遺跡而來；我們可以相當肯定，我們的記述絕非空穴來風、而是歷史事實。③

但隨此而來的，是一種將佛教敘事貶損爲虛構故事的傾向。梵文學者派崔克·奧利維爾（Patrick Olivelle）則提出警告，指出這些銘文並不代表「眞實而準確的歷史資料來源，只是揭示了阿育王想要詔告人民的內容。這些銘文是政治文件，宛如美國總統發表的國情諮文」④。

這些銘文大約於十七年內寫成。最早在坎達哈與咀叉始羅發現的銘文，是在他在位十年時（大約西元前二五〇年）刻成；最後的銘文則是在他在位二十七年時、或者更晚些年才被刻上。在這之後，阿育王又統治了十年，但沒有再撰刻任何銘文——或至少說我們沒有再發現任何銘文。

---

② 在此試舉一例來說明銘文的發現是多麼地機緣巧合。西元一九七八年三月，C．S．帕帝爾（C. S. Patil）被國家考古主任派往卡納塔卡邦的泰克卡拉科塔，因為有人提供消息，說在該地區發現了一組額外的銘文；但結果證明，這些銘文早在六個月前就被發現了。當這名消息人士以及帕帝爾先生在一間餐廳晚餐，討論他們這趟令人失望的旅行時，鄰桌的一名年輕人無意中聽到了他們的談話，便告訴他們，他在自己的村莊附近發現了一組銘文。第二天，當他們去到該處時發現了一塊岩石，上頭刻著從未為人所發現與得知的阿育王銘文。Harry Falk, *Aśokan Sites and Monuments: A Source Book with Bibliography* [*Monographien zur indischen Archaologie, Kunst und Philologie*] (Mainz, 2006), vol. v, pp. 101–2.

③ D. R. Bhandarkar, *Ashoka: The Carmichael Lectures, 1923* (Calcutta, 1925), pp. 159–61.

④ Patrick Olivelle, 'Introduction', in *Aśoka in History and Historical Memory*, ed. Patrick Olivelle (New Delhi, 2009), p. 1.

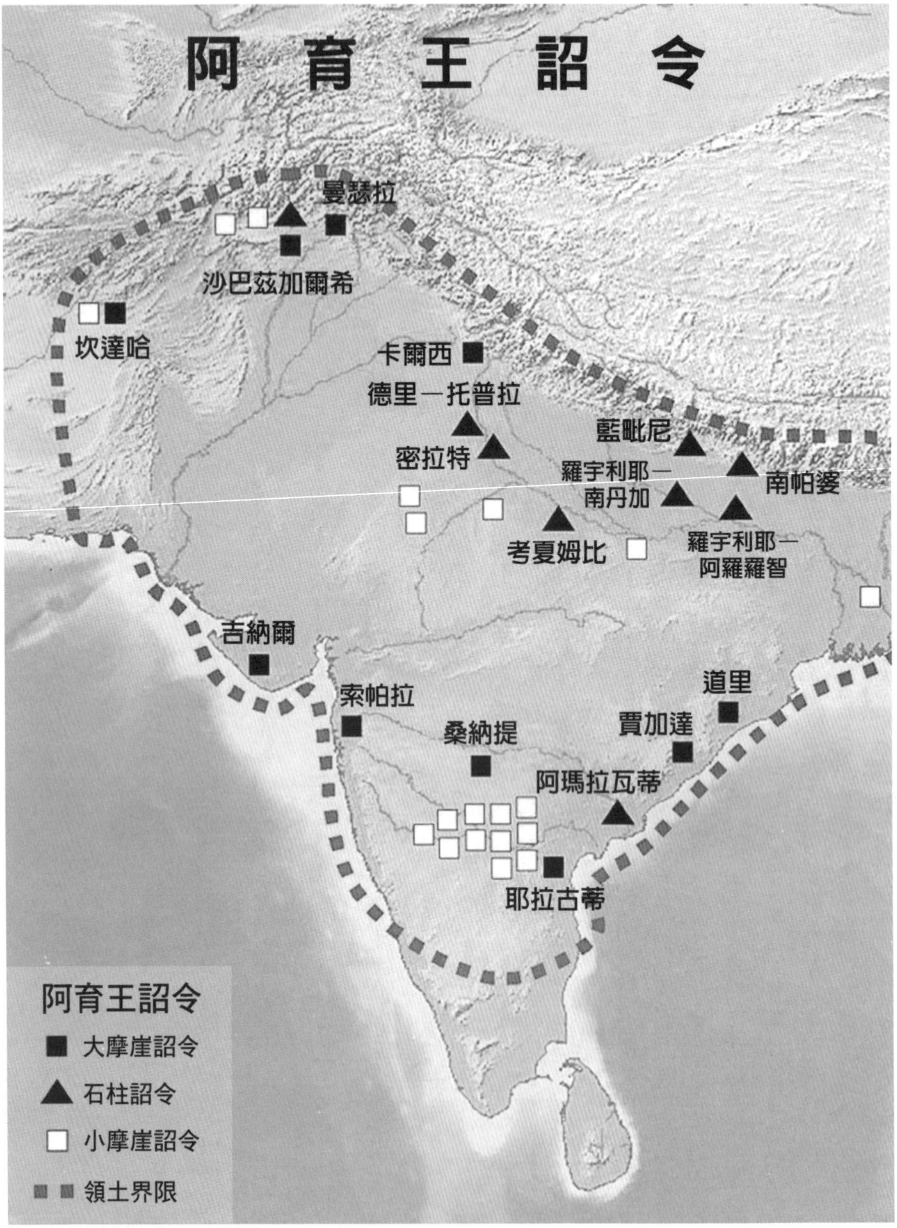
阿育王詔令
曼瑟拉
沙巴茲加爾希
坎達哈
卡爾西
德里—托普拉
密拉特
藍毗尼
羅宇利耶—
南丹加
南帕婆
考夏姆比
羅宇利耶—
阿羅羅智
吉納爾
索帕拉
道里
桑納提
賈加達
阿瑪拉瓦蒂
耶拉古蒂
阿育王詔令
大摩崖詔令
石柱詔令
小摩崖詔令
領土界限

阿育王銘文地圖。

阿育王或許親自撰寫了這些銘文，然後口述給他的書記官，再由他們將銘文書寫在樹皮或棕櫚葉上，送至他的大臣（一群核心幹部，任命來傳播他的正法訊息）手上。這些訊息都會附上一封寫給收件人的信函，指示他們應該如何處理每一則銘文；這些附信的內容並非銘文，但是在某些情況下，官員們會將附信包括在銘文之中——不是出於誤置，就是故意這麼做。這些督察官會僱用當地的工匠來雕刻銘文，並且會定期向當地的民眾大聲宣讀，「即使只有一人在場」亦是如此；因爲，當時大多數人並不識字、無法閱讀。在其中的一則銘文中，工匠還將自己的姓名刻了上去。

大部分的銘文都是以古印度俗語寫成，⑤亦即日常使用的本地方言或土語，而非梵語——宗教、學術以及哲學的菁英語言。雖然大多數銘文中所使用的語言都是以孔雀王朝宮廷中的語言爲基礎，但有些仍然反映出細微的方言差異。⑥最常見的俗語通行於印度恆河平原與奧里薩邦，被稱爲東方俗語或摩揭陀俗語；西方俗語通行於古吉拉特邦與馬哈拉施特拉邦，西北方俗語通行於犍陀羅

⑤有關該主題的詳細討論，請參見Marco Franceschini, *History of Indic Scripts* (2016), www.academia.edu; and Richard Salomon, 'On the Origin of The Early Indian Scripts: A Review Article', *Journal of the American Oriental Society*, cxv /2 (1995), pp. 271–9.

⑥K. R. Norman, 'The Languages of the Composition and Transmission of the Ashokan Inscriptions', in *Reimagining Ashoka*, ed. Patrick Olivelle et al. (New Delhi, 2012), p. 57. 根據佩姬．莫漢（Peggy Mohan）博士在一次私下交流中表示，印度各地的菁英人士都會說阿育王的俗語，而且地區與地區之間的差異並不大；她的結論是，在吠陀時代，人們說的可能還是前印歐語，而俗語在整個北方的傳播與流通，對菁英階層產生了同化的效應。Peggy Mohan, *Tongues that Travelled: How Migration Shaped Languages in India* (New Delhi, 2021).

地區，而南方俗語則通行於南印度的德拉威語地區。

但也有少數的例外。坎達哈的銘文是以希臘文寫成，顯示希臘人長期活躍於該地區，但坎達哈也有其他銘文是以希臘文與阿拉姆語、或阿拉姆語與古印度俗語寫成。阿拉姆語是一種通用語，通用於整個地區的貿易社群與團體之間；以阿拉姆語寫成的銘文在呾叉始羅被發現，而另一種佉盧文則被用於曼瑟拉與沙赫巴茲加爾希（現位於巴基斯坦）的摩崖詔令中。佉盧文可能是從阿拉姆語發展而來，而阿拉姆語則是源自腓尼基語。佉盧文是在西元前四世紀或三世紀中葉時被引入，直到西元三世紀前始終通行於

阿育王銘文中所使用的四種文字。從左上角開始，順時針方向分別為婆羅米文、佉盧文、阿拉姆語、希臘語。

西北方與中亞的印度希臘王國。就像婆羅米文一樣，佉盧文也是一種音節構成的字母系統，這意味著一個符號可以是一個簡單的子音，或是一個隱含母音「a」的音節。

大部分的阿育王銘文皆以婆羅米文寫成，不僅因爲婆羅米文是次大陸上（至今尚未破譯的印度河谷銘文之後）最早的書寫系統，它也是所有南亞書寫系統的源頭，包括天城文及其通行於次大陸的印歐語與德拉威語等衍生文字，以及藏文、泰文、緬甸文、柬埔寨文，和其他亞洲與東南亞文字。

婆羅米文的源頭有著諸多爭議。麥加斯梯尼寫道，印度人不了解書寫的藝術，但亞歷山大大帝的一位將軍奈阿爾霍斯則寫道，印度人會在布上寫字。⑦很難想像難陀這樣強大而富有的帝國會沒有任何的書寫系統，至少應該會爲了稅收與商業目的而使用。有個理論是，婆羅米文就像佉盧文一樣源自於阿契美尼德帝國所使用的閃語——雖然古印度人爲何要發展出兩種文字，的確令人百思不解。印度學家哈里．福克（**Harry Falk**）認爲，婆羅米文是孔雀王朝蓄意創造的產物，或許阿育王是以佉盧文的原型爲基礎而設計出婆羅米文，以達成他撰刻詔令的目的。然而，婆羅米文與佉盧文有別之處在於，前者是模仿希臘從左到右的書寫方式；⑧最近的考古發現甚至指出，婆羅米文被創

⑦ Lallanji Gopal, 'Early Greek Writers on Writing in India', *Proceedings of the Indian History Congress*, xxxv ii (1976), pp. 544–52.

⑧ Harry Falk, *Schrift im Alten Indien. Ein Forschungsbericht mit Anmerkungen, Script Oralia 56, 1993*, quoted in Richard Salomon, 'On the Origin of the Early Indian Scripts: A Review Article', *Journal of the American Oriental Society*, cxv /2 (1995), p. 278.

造出來的時間早於阿育王時代一個、甚至兩個世紀。在斯里蘭卡的一處佛教中心阿㝹羅陀城發現了陶器上以北印度俗語寫成的婆羅米銘文，可回溯至西元前四五〇至三五〇年（透過放射性碳定年法確定的日期）。西元一九八五年至二〇一二年間，在坦米爾那都邦挖掘遺址的考古學家發現了用婆羅米文撰寫的坦米爾與古印度俗語之實例，可回溯至西元前五世紀中葉至末期；他們相信如果能挖掘得更深，必能回溯至更久遠的年代。⑨

這些遺址皆位於連接內陸城市與西海岸港口的重要貿易路線附近，證實了婆羅米文最早是用於記載商業交易與保存記錄的理論之說。這些銘文以群組方式組合在一起，有時被稱爲文集；在單一地點中，可能只有一則、也可能多達十二則，共有大約一百五十則銘文。⑩傳統上，銘文根據其長度與被撰刻在什麼物體上的結構類型，被分爲幾個類別；按照慣例，長度較短的被稱爲小摩崖詔令，較長的被稱爲大摩崖詔令，還有大石柱詔令、小石柱詔令以及雜類詔令。小摩崖詔令中只有三則是以婆羅米文寫成，也是最早的銘文，銘刻於阿育王在位的第十一年；有時，以希臘文與阿拉姆語寫成的銘文也被稱爲小摩崖詔令。有些摩崖詔令被刻在小石板上。當銘文的範圍極廣的時候，也會延伸、撰刻在不止一塊的岩石上。這些銘文被編了號碼，譬如 MRE 1、MRE 2 等，但這些號碼編得有些隨意。不過，由於這些編碼被使用得相當廣泛，本書仍保留了這些術語。

使用石材作爲傳播銘文的媒介，是孔雀王朝時代的特徵。福克寫道：「傳統文化較不願意將石頭做成的事物，與其神祇或祭祀場所聯繫在一起；吠陀宗教厭惡石頭，偏好木頭、泥土以及火燒土。」⑪

在銘文中，阿育王同時用了第三人稱與第一人稱，後者可能是受到了伊朗阿契美尼德統治者的啓發；不過，阿育王的語調與內容與其截然不同：波斯的銘文頌揚國王的成就，阿育王的銘文則表達了他的道德哲學。許多銘文都是以「*Devanampiya piyadasi laja evan aha*」這句話作爲開頭，意思是「眾神摯愛的毗耶達西王（King Piyadassi）如是說」；*Laja*〔即梵語的羅闍（*raja*），在摩揭陀俗語中，「r」經常變成「l」〕意指國王，毗耶達西〔即梵語的普里亞達希尼（*priyadarshini*）〕是阿育王的王位稱號，被翻譯成「慈愛的」「善待萬物的人」或「外貌優雅或令人愉悅的人」不

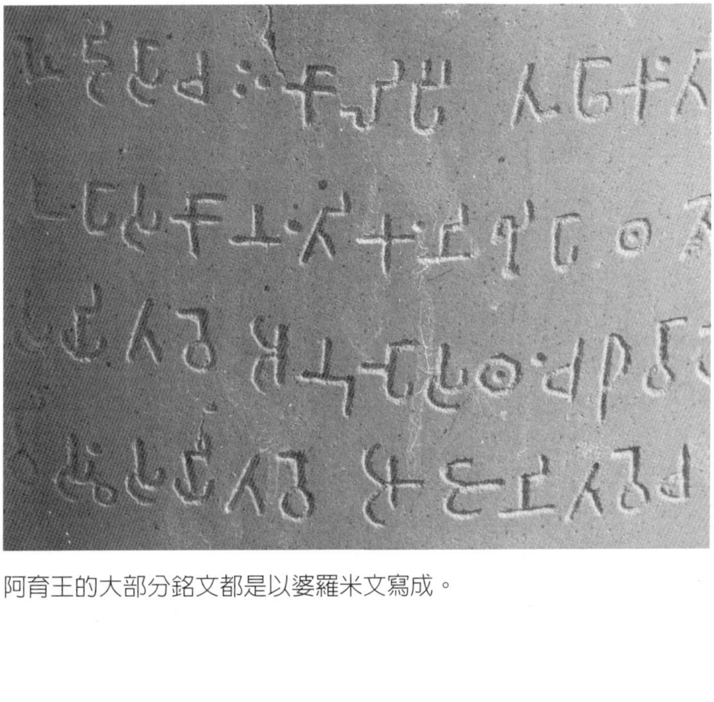

阿育王的大部分銘文都是以婆羅米文寫成。

⑨ K. Rajan and V. P. Yatheeskumar 'New Evidence on Scientific Dates for Brahmi Script, as Revealed from Porunthal and Kodumanal Excavations' (26 February 2013), https://documents.pub.

⑩ 有關詔令的可導覽三維視圖，請參見 'Major Rock Edicts', https://en.wikipedia.org, accessed 19 October 2021.

⑪ Harry Falk, 'The Tidal Wave of Indian History', in *Between the Empires*, ed. Patrick Olivelle (New Delhi, 2006), p. 160.

等。*Devanampiya* 則是一種尊稱，意思是「眾神的摯愛」；但這個用語並非阿育王獨有，其後也被用來稱呼其他的印度國王，與阿育王同時期的斯里蘭卡國王天愛帝須（Devanampiya Tissa，統治時期約於西元前二四七至二〇七年）即採用了這個稱號。在阿育王統治初期，只有少數銘文中使用了他自己的名字；若干銘文中包含了它們被頒布當年的執政相關資訊，加上有年代確定的外國國王可供參照，皆有助於較為精準地確認阿育王生平大事的發生時期。

小摩崖詔令

這三則刻在大岩石表面上的銘文是最古老的，銘刻於阿育王在位的第十年與第十一年（西元前二六〇至二五九年），當時阿育王大約四十歲。但這三則銘文是為特定團體（主要是官員與佛教僧侶）所撰寫，而非針對一般民眾。

這些銘文分布於二十個地點，其中有許多是位於印度中部與南部：現在的新德里、比哈爾邦、北方邦以及巴基斯坦各有一則；拉賈斯坦邦、阿富汗以及安德拉邦各有兩則；中央邦有三則；卡納塔卡邦有七則。這些銘文都被刻在並無佛教沿革之處以及難以抵達的偏遠位置：洞穴之中或岩石遮蔽處、山頂的平坦表面，或是山腳處豎立的巨石上。福克認為，這些地方都是在佛陀的時代之前與民間宗教有關的節慶或朝聖之所。⑫即便時至今日，仍有群眾會聚集在其中若干地點以慶祝特定節慶活動。山上的洞穴被視為是神的居所，在許多其他的文化中也是如此；因此，這些節慶往往伴隨著飲宴、藥物、性愛以及動物獻祭——有時甚至是活人獻祭。或許阿育王選擇在這些地點置放他的銘文，是爲了讓聚集來參加這類活動（這些他並不贊同的做法與施行）的大批群眾能看見他所欲傳達的訊息。

其中的兩則銘文（通常被稱爲小摩崖詔令第一則與第二則）與阿育王的佛教活動有關，而且如他所述，是在他成爲佛教徒（優婆塞）兩年半之後刻下的；所有的遺址都可以看到銘文 MRE 1，但 MRE 2 只出現在少數幾個地方，而且總是與 MRE 1 一起出現。小摩崖詔令的第三則只出現在一個地方，就是拉賈斯坦邦的拜拉特（Bairat），而阿育王在這則銘文中更堅定地強調了他對佛陀的信念。

銘文的內容也有若干差異：有些比其他來得短，有些是寫給地方官員的，其他則是寫給一般民眾的。最早期、但也是最近（西元一九五八年）才被發現的一則銘文，是在阿富汗中部「四十階」（Chil-Zena）所發現的坎達哈岩石（Kandahar Rock）銘文，以古典希臘文及阿拉姆語寫成。在這則銘文中，阿育王首次用希臘字虔敬（*eusebeia*）來宣告他的正法哲學，該字往往被翻譯成「虔誠」或「崇敬」；此外，他還表達出他對動物福祉的關切。阿拉姆語以及希臘文兩個版本之間的差異，表示它們是分別由最初的古印度俗語版本翻譯而成。

⑫ Harry Falk, *Aśokan Sites and Monuments: A Source Book with Bibliography* [*Monographien zur indischen Archaologie, Kunst und Philologie*] (Mainz, 2006), vol. xviii, p. 55.

小石柱詔令

五根石柱上的簡短銘文，可能是在阿育王在位的第十二年刻成，緊接著小摩崖詔令之後，或許跟大摩耶詔令同一時間。小石柱詔令坐落於北方邦的鹿野苑與憍賞彌、中央邦的桑奇，以及尼泊爾的藍毗尼（現代的拉明德）與尼加利・薩加爾。銘文殘破而不完整，部分原因是雕刻技術粗劣之故，因此，銘文往往難以譯解。然而，雕刻著銘文的石柱有好些柱頭極爲精美、深具藝術性，包括知名的鹿野苑獅子柱頭以及類似的桑奇獅子柱頭。銘文是以婆羅米文的古印度俗語寫成。

這些銘文主要是關於國王與佛教僧伽（或稱團體）的關係，其中包括了「分裂詔令」，阿育王在該詔令中警告僧伽不該發生爭執不和。

大摩崖詔令

十四則完整以及不完整的大摩崖詔令，在阿富汗、奧里薩邦、喜馬拉雅山谷、安得拉邦等十個地點被發現。這些銘文幾乎都是刻在大岩石上，一個例外是坎達哈希臘文版本的銘文，刻在一棟建築的石匾上。與位於偏遠地區的小摩崖詔令不同之處在於，這些大摩崖詔令的位置較接近大型城鎮以及帝國邊境，於西元二五六或二五七年左右刻成，亦即阿育王在位的第十二或第十三年，就在小摩崖詔令完成之後。大摩崖詔令被置放在聖地附近，同樣是佛教出現之前當地民眾的聚集之所；這些銘文大部分以婆羅米文的當地俗語寫成，除了位於沙赫巴茲加爾希以及曼瑟拉的銘文是以佉盧文寫成。這些銘文並未以對當地官員的訓諭作爲開頭，或許是因爲銘文意欲傳達的對象是能讀寫的城鎮居民，他們可以自行閱讀銘文的內容。

這些詔令的目的是弘揚阿育王的正法道德規範，唯一提及佛教的內容出現在第八則詔令，阿育王在其中描述了他前往菩提伽耶的朝聖之旅。在阿育王所有的銘文中，最長、也是最重要的是第十三則，其中描述了他看到羯陵伽人民遭受苦難時的悔恨，以及他後來採行的正法。值得注意的是，這則銘文並未被置放在羯陵伽附近的遺址。

大石柱詔令

阿育王在位第二十年左右，在帝國各地豎立起圓柱。這些優美的紀念碑石屬於印度最古老的石雕，主要分布於北方邦、比哈爾邦以及毗鄰的尼泊爾佛教心臟地區德賴平原，豎立於西元前二四三年左右，與佛教——佛教僧伽或佛陀生平事件——有某種程度上的關聯性。在眾多可能被豎立的石柱當中，只有二十根倖存至今且處於不同程度的年久失修狀態，其中十一根有銘文、七根有動物柱頭。阿育王將其稱爲法柱，這些銘文總結了阿育王的見解與成就，重申他對於修行正法將爲此生與來世帶來快樂的信念、定義何謂正法、解釋他如何弘法，並回顧他生平的成就與事蹟，包括保護動物、植樹造林、爲人民與動物掘井取水。

有些石柱仍然保留於原來的位置，但大部分的石柱都被搬移至別處，可能被搬動過一次或多次不等。在菲魯茲・沙阿・圖格拉格蘇丹（Sultan Firoz Shah Tughlaq）統治期間（西元一三〇九至一三八八年），兩根由阿育王豎立的石柱在北方邦的密拉特與哈里亞納邦的托普拉被發現。根據當地的傳說，這些圓柱是《摩訶婆羅多》五位般度族的兄弟之一——比姆（Bhim）——的手杖。其中一根柱子高達十二．八公尺、重達二十五公噸以上，拋光的表面有紅色光澤，如黃金般閃閃發光（有時被稱為「金柱」）。圖格拉格蘇丹為了將這根柱子運送到新首都菲羅扎巴德（即現在的德里），下令用棉花與蘆葦將它包裹起來、裝上一輛有著四十二個輪子的馬車，然後運上幾艘相連在一起的大船，沿著朱木納河漂流而下；第二根柱子也是用類似的方式運送。蘇丹將其中一根柱子豎立在他的宮殿屋頂上，另一根則立在他位於德里山脊的狩獵小屋。如今，第一根柱子矗立於菲魯茲．沙阿位於德里的堡壘內、一座板球場上，第二根柱子則位於德里大學附近。

另一根柱子如今坐落於北方邦安拉阿巴德的印度陸軍要塞內。普遍的理論認為，這根柱子是由蒙兀兒皇帝賈漢吉爾從此處以西五十公里處的憍賞彌搬運過來；但仍有若干歷史學家對該理論提出質疑，認為此處即為它的原始所在。西元一七九八年，這根柱子被一名英國將軍拆毀，西元一八三八年時又被重新豎立起來；柱上有六則大石柱詔令，但只有兩則完整地留存下來。西元一八三七年，詹姆斯．普林塞普（James Prinsep）對其進行的譯解使得阿育王的事蹟再度重現於世（參見附錄）。有一段銘文是由後來笈多王朝的皇帝沙摩陀羅．笈多（統治時期約於西元三三五或三五〇至三七五年）所添加上去的，描述他自己的統治所取得的成就與功績。

五根石柱全在比哈爾邦，兩根位於南帕婆，三根分別位於廣嚴城、羅宇利耶—阿羅羅智，以及羅宇利耶—南丹加；這些石柱標誌出從孔雀王朝核心地帶到佛陀出生地藍毗尼的朝聖路線，並且被

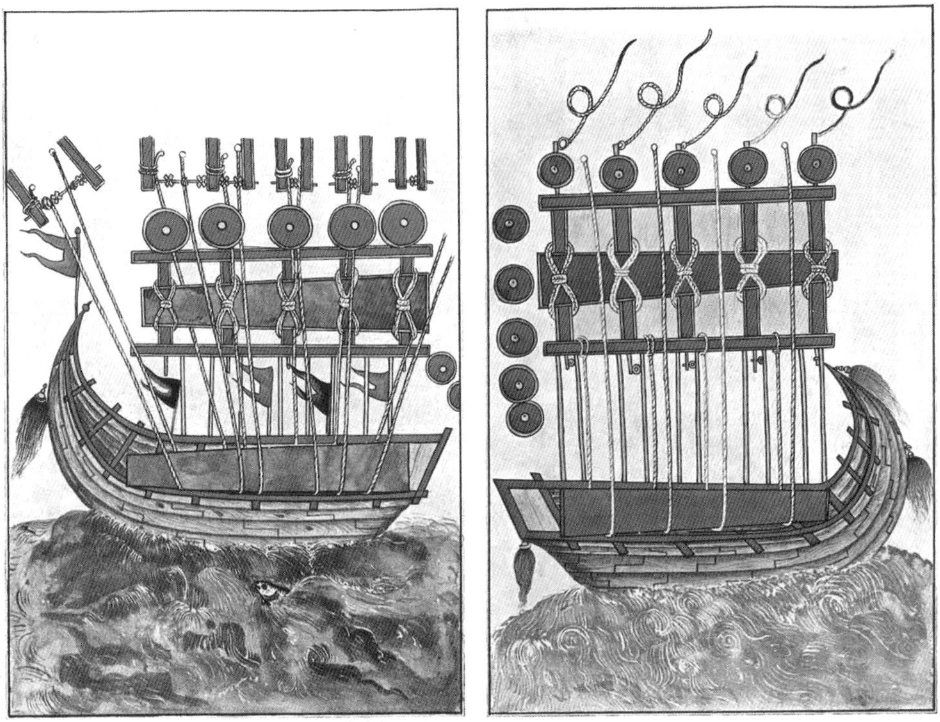

插圖顯示阿育王的石柱從密拉特被運送至菲魯茲．沙阿．圖格拉格的首都，即現在的德里。

阿育王的「金」柱，在十四世紀由菲魯茲．沙阿．圖格拉格將其從哈里亞納邦的托普拉搬移至德里。

位於比哈爾邦廣嚴城的阿育王石柱與獅子柱頭。

安置於佛教寺院以及佛陀生平大事的發生地；它們的分布排列似乎對應著大北方地區的貿易路線，這條路線將摩揭陀地區的鐵、銅礦與西亞連接了起來。

每根石柱平均高達十二至十五公尺、重達八至五十公噸不等，由兩種材料製成：來自秣菟羅地區、帶有斑點的紅白砂岩，以及來自瓦拉納西附近採石場、淺黃褐色的細粒硬砂岩，經常含有黑色小石塊在內。這種石材往往被稱爲丘納爾砂岩，以該城鎮之名爲其命名。然而，福克質疑這是否是唯一的來源，並指出憍賞彌附近的巴博薩是一個替代或補充的來源。[13]這些石柱在採石場雕刻而成，被拖過陸地或經由河流運送，有時運送距離甚至超過數百公里，目的地大多位於恆河支流附近。五根石柱或許標誌了從華氏城到尼泊爾的皇家大道路線，杜頭的統一風格表明它們是由來自同一地區的工匠所雕刻——可能是呾叉始羅。

所有的石柱，最初都是由柱身與柱頭（圓柱最頂端的構件，介於柱子與施加於其上的承重物之間）組成，但在許多情況下，柱頭多已佚失。柱頭由三個部分組成，它們是由一整塊石頭所製成，往往與製成柱身的石頭不同。柱頭的下部（稱爲鐘）形狀宛如鐘形的蓮瓣，一片平板（稱爲線盤）蓋於其上，支撐徽章（通常是動物雕塑）的重量。只有七尊動物雕塑留存了下來。

石柱的形狀與設計變化多端：有些高而優雅，有些短而粗壯；有些拋光精美、亮澤圓滑，有些則否；有些底座上還有徽章，有些則無。按年代順序來看，最古老的石柱是在廣嚴城，柱短而粗，而且相當樸實無華；年代最近、最後建成的石柱，則是位於鹿野苑與桑奇。

這些石柱精美絕倫，正如福克所述：「石柱樣態完美、拋光效果令人讚嘆、錐體形狀優雅、比例極爲勻稱，柱頭的三層設計與製作品質已達前所未有之水平。」[14]最著名的石柱在鹿野苑，也是佛陀首次說法之處；高達十一．五公尺的柱身、二．一五公尺的柱頭，以及圍繞所有佛教紀念碑的

⑬ Ibid., p. 157.
⑭ Ibid., p. 139.

欄楯，都是由同一塊石頭所製成。杜頭上有四頭亞洲獅背對背站立、分別朝四個方向咆哮；線盤上飾以大象、奔馬、公牛以及獅子等雕刻的帶狀中楣，以附有輪輻的戰車車輪分隔開來。因爲在該遺址發現了若干輪輻，推測該石柱的柱頂最初可能曾被冠以象徵佛教法輪的一個輪子。西元一九五〇年，柱頭（無蓮花）被採用爲印度國徽；柱身仍矗立於原址，柱頭則被置放於該址的博物館中。第二根石柱可能也曾經矗立於此。

另一根著名的石柱在桑奇，位於中央邦的博帕爾附近。直到西元十二世紀，這裡一直是重要的佛教中心，據信也是由阿育王所建造的大佛塔以及許多小佛塔的所在。石柱嚴重破損，但部分已在原址進行重組並重新豎立了起來。柱身由精細拋光的砂岩製成，鐘形的柱頭有四頭獅子，它們可能曾經承載一個輪子的重量。線盤有四片棕櫚葉的設計，中間以成對的鵝分隔開來（雖然學者們對於鳥兒的種類是否爲鵝有些意見上的分歧）；有著四頭獅子的柱頭就像鹿野苑的石柱，但這個柱頭已然損壞。其他還保留著動物的石柱，分別位於廣嚴城（獅子）、南帕婆（一根有公牛，另一根有獅子）、桑伽施（大象），以及羅宇利耶—南丹加（單獨一頭獅子）。

阿育王獅子柱頭上的大象雕刻物，現為北方邦鹿野苑博物館的館藏。

這許多柱子最顯著的特色之一就是它們高度拋光的表面，使得石材看起來閃閃發光。銘文刻入拋光的飾面，表示這些石柱是在阿育王開始銘刻它們之前就被豎立了起來。這種飾面往往被稱爲「孔雀拋光」（Mauryan Polish），在阿育王奉獻給僧人的婆羅巴山洞以及一些砂岩雕塑中，也發現了這種飾面的存在，譬如在帕特納附近村落發現的狄大甘吉藥叉女知名雕塑，可追溯至西元一世記，表示這種技術在孔雀王朝時存續了下來。

關於這種拋光技術的起源以及石柱的風格，始終存在著諸多爭議。有些人主張，拋光技術是採

有著孔雀拋光飾面的狄大甘吉藥叉女（Didarganj Yakshi）砂岩雕像，西元前三世紀。

用自阿契美尼德帝國，他們的砂岩雕塑利用金剛砂顆粒拋光至亮度極高的光澤；其他人認爲，這種拋光技術源起於在地的新石器時代，雖然並無任何跡象顯示出這樣的演變。來自印度河谷文明的雕像也有某種程度的拋光，多年來，普遍看法都認爲，阿育王的石柱是仿照波斯希臘風格的原型所建造。約翰・馬歇爾爵士在西元一九一一年寫道，桑奇與鹿野苑的柱頭「與印度藝術的精神截然不同……只有一位世世代代致力於藝術與經驗陶冶的亞洲希臘雕塑家，才能創造出『它們』」。莫蒂默・惠勒爵士認爲，直到孔雀王朝之前，印度人只創造出一種民間藝術；倘若沒有「受過波斯希臘風格傳統訓練」的外國雕塑家介入，石柱的突然出現是令人難以想像與信服的。⑮這些觀點反映出這些接受古典文學訓練的英國學者所持有的偏見，對他們來說，古羅馬與希臘代表了過去的文明巔峰。

其他學者將這些柱子的起源歸因於波斯阿契美尼德帝國的柱子，國王在這些柱子上宣告他們的勝利與功績。福克認爲，阿契美尼德帝國的建築成就在孔雀王朝中廣爲人知，在國王登基之前，人才與貨物早已開始「密集交流」。⑯這些石柱的大小與外觀相似，僅有若干細微的差異：伊朗的石柱是矗立於鐘形的設計之上，但阿育王式石柱的鐘形設計則是位於頂端的柱頭處。

然而，這項詮釋亦遭到其他學者質疑，尤其是維多利亞與亞伯特博物館東方部前主任約翰・歐文（John Irwin）。⑰他認爲，大部分石柱並非由阿育王建造的，而是在印度土地上發展起來的更古老、甚至是在佛教之前的傳統所累積、匯聚的結果；這些石柱具備了「宗教的功能以及印度的形式與風格」。他假設有一個名爲「世界之軸」（*axis mundi*）的教派存在，該教派認爲石柱是塵世與天堂之間的連結，從原始的水域中出現並指向天堂。對他來說，石柱也代表了印度士兵帶到戰場上的軍旗。阿育王的石柱並非孤伶伶地一柱擎天，而通常是豎立於聖樹或土墩旁；印度國王利用宇宙之柱的概念，將他們的權力與宇宙秩序的維護連結起來，其後，被佛教徒納入成爲佛塔建造地的一個特點。歐文認爲，這些石柱最初被稱爲阿育王的石柱，可能純屬偶然。

爲了支持這項理論，他引用了阿育王在位第十一年時刻下的銘文：「如果當時有石柱的話」，他的詔令應該被刻在石柱上才對。在他在位二十六年時所寫下的另一則銘文中，阿育王說他的訊息應該被刻在有石柱或石板的任何地方；換句話說，並不一定只能刻在他所建造的石柱上。此外，許多石柱根本沒有銘文，包括距離華氏城不遠處的一根石柱。歐文的結論是，由阿育王所建造的石柱，只有藍毗尼附近發現的兩根無柱頂、只有柱身的石柱，因爲銘文清楚地述說了這一點。他認爲南帕婆的公牛柱、桑伽施的大象柱，以及阿育王的安拉阿巴德柱，都是在阿育王之前所建造的石柱，這些石柱上都沒有任何銘文。歐文有些詮釋受到歷史學家的支持，但有些則深受質疑。⑱

⑮ Quoted by John Irwin in 'Aśokan Pillars: A Reassessment of the Evidence', *Burlington Magazine*, cxv (November 1973), p. 713.

⑯ Falk, *Aśokan Sites and Monuments*, p. 139.

⑰ Irwin, 'Aśokan Pillars', pp. 706–20; 'Part ii: Structure', *Burlington Magazine*, cxv i (December 1974), pp. 712–27; 'Part iii: Capitals', *Burlington Magazine*, xv ii (October 1975), pp. 631–43; 'Part iv: Symbolism', *Burlington Magazine*, xv iii (November 1978), pp. 734–53.

⑱ 舉例來說，可參見 Falk, *Aśokan Sites and Monuments*, p. 139.

阿育王柱的象徵意義

有幾個裝飾圖案與阿育王石柱有關，主要是花卉與動物的圖案；這些可能是阿育王親自挑選，以便和諧地搭配他所傳達的正法訊息。在七個完整的柱頭中，五個雕有獅子、一個雕有大象、一個雕有瘤牛。動物也被描繪在帶狀雕刻裝飾上，廣嚴城、羅宇利耶—南丹加的石柱上以及南帕婆的一根石柱上，都有一頭獅子。桑奇與鹿野苑的柱頭，也都有四頭背對背蹲踞的獅子。在被稱爲阿育王獅子柱頭的鹿野苑

位於中央邦桑奇的阿育王獅子柱頭。

石柱上，四頭獅子被嵌刻在線盤上，還有以輪輻分隔開來的大象、馬匹、公牛以及獅子的雕刻飾帶。

桑奇石柱上的獅子可能也曾支撐一個輪子，南帕婆石柱頂端有一頭公牛，桑伽施石柱柱頭則有一頭大象。這些雕刻的起源與意義，始終是藝術史學家與考古學家熱烈討論的主題；有些人認爲，這些雕刻代表了經過精心挑選的西方裝飾圖案之印度化，譬如美索不達米亞的飾帶中所出現的花卉圖案。歐文最具爭議的理論之一，就是除了鹿野苑石柱之外，所謂的「外國」風格靈感與後亞歷山大時期的波斯希臘風格藝術毫無關聯，反倒可追溯至更早的時期——當時，印度在文化與經濟上都與古代近東文明關聯密切。西元一九二七年，藝術歷史學家A．K．庫馬拉斯瓦米（A. K. Coomaraswamy）認爲，蓮花圖案的設計源自西元前一千年中葉時，經由希臘與中東傳入的埃及蓮花，而作爲皇權象徵的獅子則是來自西亞，並於西元前四世紀左右傳入印度。據庫馬拉斯瓦米推測，數世紀甚至數千年以來，印度一直是從地中海延伸至恆河河谷的古老東方不可分割的一部分，這個地區所共享的文化，極可能可回溯至從石器時代綿延至今的一段歷史。他寫道：

> 孔雀王朝之前的藝術主題與裝飾圖案，與孔雀王朝及巽伽王朝並無太大區別；出於想像的奇妙動物、狀似棕櫚葉的裝飾、玫瑰花形飾物以及鐘形柱頭，是難陀王朝時期工匠作品中的常見元素，阿育王時期也是如此……其中若干分布最廣泛的裝飾性或（更準確地說）象徵性圖案，譬如螺旋形或卍字飾，以及某些方面的神話，

譬如對太陽和火的崇拜，或可回溯至遙遠的過去；更精細複雜的裝飾圖案與技術發現，可能源自該地區的任何部分：大部分或許來自美索不達米亞南部，其他則來自印度或埃及。⑲

由於佛陀生前禁止眾人造他的像（首批塑像是在他涅槃之後經過數個世紀才出現），因此雕刻作品遂使用象徵性的圖象來代表他：菩提樹象徵他的開悟，佛塔代表他的涅槃，八個輪輻的法輪代表法輪的轉動。石柱上的動物也有佛教的意涵，佛教徒經常將佛陀稱爲釋迦之獅（釋迦族的獅子）；據說未出生的佛陀以白象的形態進入母親的子宮之中，並騎著馬離開家。蓮花則象徵著純潔，因爲根雖然長在充滿執著與欲望的泥土中，花朵卻能夠出淤泥而不染。鹿野苑石柱上那四頭朝四面八方咆哮的獅子，據說代表著佛陀哲學的成就與教法的傳播。

然而，這些元素在其他的歷史脈絡與背景中各有涵義，亦出現於更早時期的硬幣與戒環上。作爲萬獸之王的獅子是一種普遍的象徵，體現統治者強大的力量與崇高的地位。公牛是古印度的象徵，這種象徵可回溯至吠陀時期，當時公牛總是與因陀羅神連在一起、密不可分；在後來的印度教中，公牛南迪是濕婆神的坐騎。根據耆那教徒記載，有一頭白象、一頭白牛以及一頭獅子出現在摩訶毗羅母親的夢中。這些動物除了象徵不同面向的皇權之外，也可被視爲阿育王關愛與保護動物的一種表現。

洞穴銘文

阿育王在位的第十二年，下令在比哈爾邦菩提伽耶以北四十公里處的婆羅巴山（四個洞穴）與龍樹山（三個洞穴）開鑿洞穴；第三個較小的洞穴，可能是阿育王在菩提迦耶以東四十公里處的西塔馬爾希所建造。這些洞穴是爲了讓正命論的僧侶們使用，阿育王的父親賓頭娑羅爲這個非正統的宗教團體提供了資助與庇護。福克寫道，這些洞穴「呈現出一系列令人驚嘆的建築……它們突然地出現，阿育王的石柱與他的公共詔令也是如此」。過去，苦行僧曾利用這些岩石作爲掩蔽，但「沒有任何國王曾經想到要提供他們以堅固岩石開鑿出來的永久安身之所」。⑳

婆羅巴山洞穴，是E．M．佛斯特的小說《印度之旅》中馬拉巴爾洞穴的雛型，洞穴中的回聲讓小說中人物奎斯特德驚恐不已。佛斯特到訪印度兩次：從西元一九一二年十月到一九一三年四月，以及一九二二年一整年，當時他擔任德瓦斯大君的私人秘書。他的第一趟旅行包括了在班基布爾的短暫停留，那是帕特納的一個郊區；其後，此處成爲《印度之旅》中虛構城市昌德拉波爾的雛型。福斯特也參觀了六十四公里之外的婆羅巴山洞穴。他寫道：

---

⑲ A. K. Coomaraswamy, *History of Indian and Indonesian Art* (New Delhi, 1972), pp. 13–14.

⑳ Falk, *Aśokan Sites and Monuments*, p. 255.

> 它們是陰暗的洞穴，即使入口朝太陽敞開，鮮少光線能穿透入口通道、進入圓形的內室。幾乎沒有什麼可看的、也什麼都看不見，直到訪客在他的五分鐘參觀時間中劃了一根火柴；緊接著，另一團火焰從岩石深處出現，宛如被囚禁的靈魂般往表面移動，圓形內室的牆壁被打磨到光滑至極、令人驚異。
>
> 馬拉巴爾洞穴中的回聲……完全沒有區別。不論說了什麼，回應的都是同樣單調的聲響，在牆壁上下震盪、顫抖，直到爲屋頂所吸收。嘣（Boum），是人類字母表所能表達的聲音……極度沉悶。[21]

哈里．福克也寫到他到此處一遊的感受：「如今，很難在洞穴中感到自在；拋光的牆壁會反射所有的聲音並加以強化，就連相機快門的咔噠聲聽起來都像雷鳴。傾聽也很困難。住在洞穴裡，要不以完全安靜爲前提，要不就得有某種可吸收部分聲音的家具。」[22]當導演大衛．連在爲他的電影版《印度之旅》（西元一九八四年）物色拍攝地點時，他到訪了巴拉巴山的洞穴，並發現這些洞穴「平淡無奇且缺乏吸引力」，也對該地區的納薩爾派（一個武裝的革命團體）活動表示憂心。因此，洞穴場景是在班加羅爾附近的尼爾吉里丘陵拍攝的；事實上，電影中其餘的場景大部分都在這

㉑ E. M. Forster, *A Passage to India* (New York, 1952), pp. 124–5, 147.

㉒ Falk, *Aśokan Sites and Monuments*, p. 256.

洛馬斯里希（Lomas Rishi）洞穴入口，比哈爾邦廣嚴城。

正命論僧侶洞穴外的拱門，比哈爾邦廣嚴城。

裡拍攝。製作公司雕鑿出洞穴的入口，但實際的內室是建蓋在倫敦的一座攝影棚中，牆面無拋光的光澤，與真正的洞穴截然不同。

當我在西元二〇一八年十二月到訪這些洞穴時，我也體驗到和阿德拉·奎斯特德、哈里·福克一樣的怪異感受，但周遭的環境卻與電影中截然不同。電影中的山坡上布滿了大片的岩石，實際的山丘上卻是散落了看起來十分駭人的巨大圓石，看起來彷彿是從外星掉落到地球上。這顯然是一個思忖存在意義的理想所在。

最知名的洞穴被稱爲洛馬斯里希，在巴拉巴山上發現。這個洞穴有一道雕刻精美的門，門上裝飾有面朝向中央風格獨具的佛塔、左右列隊的大象帶狀雕刻；洞穴由兩個內室組成：長方形的內室大小約爲十乘以五公尺，以及圓形的半球狀內室，直徑爲五公尺；兩個房間以一條狹窄的通道相連。這個洞穴沒有任何銘文。

左側是被稱爲蘇達瑪的洞穴，這裡的婆羅米銘文指出，「國王普萊亞達西尼在位的第二十年，將這個洞穴獻給了正命論的僧侶」。往北則是卡蘭喬帕爾洞穴，有一個內室以及一則銘文，述明阿育王在位的第十九年將該洞穴獻給修行者；但其中並未提及正命論僧侶，而只說到該洞穴是爲了作爲他們雨季時的遮蔽與庇護所。這意味著，洞穴可能也是爲了給佛教徒或耆那教徒使用。最近，考古學家指出洞穴是正命論僧侶履行禁食至死的自殺儀式之處；[23]在該洞穴的一端，有一張岩石切割出來的長凳。

最後一個洞穴毘首羯磨始終未完成。該洞穴位於東方一百公尺處，經由所謂的「阿育王之階」

即可到達。這些洞穴曾俯瞰一條穿透岩石的季節性溪流，亦曾爲年度節慶的舉辦地點。

巴拉巴山洞穴以東一・六公里處、龍樹山上的三個洞穴是在幾十年後建成，由阿育王的孫子達沙拉沙・孔雀獻給正命論僧侶。最大的哥皮卡洞穴有一個六乘以十五公尺的內室，銘文寫道：「哥皮卡洞穴，一個如日月之恆的庇護所，由眾神摯愛的達沙拉沙在登基期間所建，作爲最虔誠的正命論僧侶隱居之所。」洞穴可以經由法蘭西斯・布坎南在西元一八一一年所述的「一道由花崗岩與灰泥製成、極爲簡陋的階梯，在零散分布的花崗岩塊中蜿蜒上升約一百五十碼（編按：約一百三十七公尺），直到一塊東西走向、堅硬的凸面岩石躍然眼前」，即可抵達。[24]個人經驗證實了攀爬這道階梯的確深具挑戰性。位置略高一些的兩個較小洞穴，也是達沙拉沙獻給正命論僧侶的處所。

後來，在所有的這些洞穴被其他宗教團體接管之後，「正命論教派」這個詞就被他們從洞穴中刮除掉了。在西元第五或第六世紀時，一位名叫阿難多伐彈那的印度教國王在其中三個洞穴供奉印度教神祇圖像，並添加上以梵文寫成的銘文。

㉓ Piyush Kumar Tripathi, ‘Light of Facts on Cave of Death: Bengal Research Team Deciphers Engravings, Reveals Sect Rituals’, *The Telegraph* (9 September 2013).

㉔ V. H. Jackson, ed., *Journal of Francis Buchanan, 1811–1812: Patna and Gaya* (New Delhi, 1989), p. 14.

佛塔

佛塔是在佛教遺跡或佛教聖地上，以黏土、磚塊或石頭所建造的未經裝飾之土堆，從西元前四世紀末開始在印度建造。據佛教傳述，阿育王從更古老的地方取回了佛陀的舍利，並在印度各地建造了八萬四千座佛塔來存放它們；到底實際建造了多少座佛塔雖屬未知，但八萬四千這個數字成了文獻資料中反覆出現的主題。位於安得拉邦阿姆勞蒂、北方邦迦毗羅衛、比哈爾邦凱薩里亞，以及中央邦毘盧的佛塔，曾經被認爲由阿育王所建造，但如今已不再歸功於他。

中央邦的桑奇大佛塔，確定是阿育王下令建造的一座佛塔。桑奇離毗底沙不遠，根據斯里蘭卡佛教編年史，毗底沙是阿育王的妻子或配偶的家鄉，她是摩哂陀與僧伽蜜多之母。這點是否影響了佛塔設立的位置，仍屬臆測。佛塔的核心由阿育王所建，是建蓋在遺跡之上的半球形磚造結構；人們認爲，佛塔的底部曾經有凸起的平臺，圍繞以木製欄楯，頂部立有石傘蓋。阿育王崩殂了大約五十年後的巽伽時期，這座佛塔使用當地的砂岩進行了擴建。精心雕刻的門戶，是後來在西元前一世紀添加上去的。還有一根阿育王的石柱，刻有對佛教僧伽團體分裂的嚴厲警告，亦即三大所謂的「分裂詔令」之一。

西元前一世紀，桑奇成了百乘王朝／案達羅王朝統治下的轄地，統治者遂對佛塔進行了重大的修復，並委託製作了四道雕刻精美的門戶以及一道圍繞整座建築的欄楯。門戶上的若干淺浮雕描繪了佛陀生平的場景，而被描述爲對阿育王致敬的南門，則有兩根帶有獅子柱頭與其他裝飾的石柱。

巴基斯坦呾叉始羅的達摩吉卡（Dharmarajika）佛塔建於西元二世紀，保存並供奉佛陀遺骨。這座佛塔可能建造在另一座由阿育王所建的較古老佛塔之上。

位於中央邦毗底沙的佛塔。

西元前／西元一世紀的桑奇浮雕，展示阿育王駕著戰車探訪拉瑪格拉瑪（Ramagrama）的那加人。

中央邦桑吉佛塔南門的雕刻，呈現阿育王探訪拉瑪格拉瑪佛塔的場景。

淺浮雕也描繪了阿育王生平的場景。其中一面描繪的是國王在隨從的保護下，乘坐戰車去取回佛陀的舍利；另一面，一群那加人（或許是一個土著部落）保衛著佛塔。還有另一面，阿育王正爲被王后帝舍羅叉毒害的垂死菩提樹感到悲傷，那是佛教編年史中的另一個故事。他看來很虛弱，由兩位后妃扶持著；上述的浮雕展示出菩提樹在新寺廟中欣欣向榮，這座寺廟是由阿育王在菩提伽耶所建造。根據納楊佐特・拉希里（Nayanjot Lahiri）所述，這些描繪激發了人們的同情，顯示出皇帝的權力並不足以讓他得到想要的一切，無論多麼虔誠，他仍然無法比擬佛陀。[25]

在西門，幾幅壁畫描繪了阿育王前往佛教聖地朝聖的情景。奇怪的是，這些雕刻將阿育王刻畫成又矮又胖、還有一顆瓜似的大頭；查爾斯・艾倫（Charles Allen）認爲，由於該地區的人民對阿育王的記憶猶新，而且這些雕刻作品是附近毗底沙鎮的雕刻工匠之作，是故，這些形象可能是基於他的眞實外貌——與寶萊塢電影中所描繪的阿育王相去甚遠。[26]

儘管阿育王建造了這麼多的紀念碑柱，他卻沒有自己的皇陵。事實上，我們連他溘然長逝的地點都不得而知，儘管有些人宣稱他被埋葬在卡納塔卡邦的桑納提，一個古老的佛教遺址；[27]因爲，在那裡發現了阿育王的雕像。

㉕ Nayanjot Lahiri, 'Ashoka: History and Memory', Kanwaan Distinguished Lecture series, 17 January 2021.

㉖ Charles Allen, *Ashoka: The Search for India's Lost Emperor* (New York, 2012), p. 343.

㉗ K. N. Reddy, 'Sunday Story: At Sannati, Where Asoka Died, No One Cares for His Legacy!' (17 September 2017), www.deccanchronicle.com.

關於阿育王的生平，儘管銘文提供的資訊極其有限，另一個來源卻佔據了大眾的想像空間，並鮮活了許多人對阿育王至今的印象；那就是，佛教的記敘故事。

6 阿育王的正法訊息

阿育王的大部分銘文，都是爲了定義並傳播他稱之爲「正法」的倫理規範與道德哲學，確保其得以永續留存而撰刻；幾乎他所有的銘文中都提到了「正法」這個用語，有時候甚至多次提及。其他銘文也會涉及他與佛教團體的關係、邊境地區的管理與司法審判體系，以及來自他家庭成員的捐贈與奉獻。

古印度俗語的 *dhamma*（即梵語的 *dharma*，源自 *dhri* 這個字根，意思是「支撐」，固定且穩固）一字並不容易翻譯或定義，被解釋爲宗教法、道德規範或哲學、正確的行爲與責任。在傳統的印度教思想中，人生有四個目標：法（*dharma*），即道德的行爲；利（*artha*），即世俗的成功；欲（*kama*），即愛慾與歡愉；以及解脫（*moksha*），即救贖，或說從塵世的束縛中解放出來而終獲自由。從西元前三世紀開始，婆羅門用梵文創作出大量文獻，稱爲《法論》（*Dharmashastra*）；這些作品爲個人與團體制定了規範、規則、規章以及法規守則，在飲食、性以及婚姻方面甚爲明確，特別是每個種姓應有的正確作爲。《摩奴法論》即爲最知名之例，俗稱《摩奴法典》，撰寫於西元前一〇〇年之後。

這種正統的「法」的概念，與阿育王的正法有著根本上的差異。阿育王的正法，是超越種姓與宗教教義，全體適用的倫理規範；在他的銘文翻譯成希臘語以及阿拉姆語的版本中，他使用了來自這些傳統之中的用語：虔敬（*eusebeia*），可翻譯爲「美德」；以及眞相（*qsyt*），可翻譯爲「法則」。他的正法並非受到天啓，雖然他向實踐正法的人應許他們得升天界。阿育王從未提及種姓等級，亦不曾爲特定的個人或團體規定過任何法規；相反地，他建議的是每個人都可以、也應該遵循的行爲與態度——不僅適用於他的帝國之內，亦適用於帝國的邊界之外；因爲，他所建議的是一種全體適用的普遍行爲規範。阿育王的正法也不同於佛法傳統中的意涵，後者所指的法，是佛陀的「宇宙法則與秩序」教旨。阿育王並未給予「正法」精確的定義，但其特性可從銘文中看出，其要點概括如下：

- 慈悲善待一切眾生
- 寬容所有的宗教團體
- 順從父母及長者
- 對待婆羅門與沙門同樣有禮而慷慨
- 公平對待僕人、奴隸以及窮人
- 對待親友與他人慷慨寬大
- 只說眞話
- 純淨思想

- 言論限制與自制
- 尊敬教師
- 節制開支
- 廢止儀式與慶典
- 公平對待囚犯

這些勸誡既具正面意義（人們應該培養某些美德）、亦具反面意義（避免某些惡習），阿育王將自己比作父親，視人民爲其子，只希望他們能得到最好的事物。他也把自己當成一個值得仿效的榜樣。

阿育王在位二十七年時所刻的第七則石柱詔令上，他說明了他推行正法志業的方法。他並不像其他統治者般主張採行高壓或征服的方式，而是採取了有法規支持的勸說政策。大部分銘文都以這句話開頭：「眾神摯愛的毗耶達西王如是說。」但爲了讓銘文更貼近我們的時代，我在本書中以「我」或「王」來取代這句話。①

① 我使用數個來源對書中銘文的翻譯進行了縮短、改寫，並在某些情況下進行了釋義：(1) 由E．霍爾奇（E. Hultzsch，一八五七至一九二七）進行的原始翻譯，於一九二五年首次出版，可在 https://archive.org 找到；(2) Romila Thapar, *Aśoka and the Decline of the Mauryas*, 3rd edn (New Delhi, 2015), Appendix v, pp. 376–94，改編自霍爾奇的作品；(3) Ven S. Dhammika, *The Edicts of King Asoka*, 可在 www.cs.colostate.edu 找到；以及 (4) *The Ashoka Project on the Bibliotheca Polyglotta* by the University of Texas at Austin and the University of Oslo, www2.hf.uio.no (all accessed 19 October 2021).

摘錄自石柱詔令第七則

在過去，國王試圖藉由弘揚正法來使人民成長，但徒勞無功。那麼，我自問，我該如何鼓勵人民遵循正法並藉由虔敬正法之心而成長？我該如何藉由弘揚正法來做到這一點？……我決定要頒布關於正法的宣言與指示，並且指派官員來鼓勵他們、爲他們解釋正法，也命令成千上萬名被任命的司直官〔農村官員〕負責弘法。考慮到這一點，我豎立了法柱，任命了正法大臣〔高階督察官〕並發布了正法的宣言。

……

正法的推動可以用兩種方式來弘揚：藉由道德約束〔有時翻譯爲法規〕以及藉由勸說。在這兩者中，道德約束的效果比不上勸說。舉例來說，我已下令不得殺害某些動物；但勸說能更有效地弘揚正法，因爲它能使人們不再傷害人類與動物。

……

凡有石柱或石板之處，皆應刻有此銘文，使其得以永續留存。

阿育王可能在他在位第八年經歷了毀滅性的羯陵伽戰爭之後，開始構想正法。他的祖父與父親都避免入侵他們強大的鄰國，但阿育王可能是在尚未登基的空位期就展開了征戰，因爲他的銘文中曾提及其他統治者的名字，卻完全未提及羯陵伽國王。羯陵伽的征戰是一場人民的戰爭，可能有高達四十萬名百姓被屠殺或被驅逐，或許占了該國人口的四分之一。阿育王在摩崖詔令第十三則中，表達了他對這場戰爭的痛悔之情。這是他最為人所知、也是最長的一則銘文，在他在位第十二年或其後銘刻於十處所在；但值得注意的是，他並未刻在羯陵伽附近的岩石上〔道里（Dhauli）與賈加達〕，或許是因為他不想在羯陵伽人的傷口上撒鹽。另一個解釋是，他希望對他們維持穩定的立場，不排除使用暴力的可能性。

由於這段銘文對於理解阿育王的哲學至關緊要，在此提供全文如下：

摩崖詔令第十三則（羯陵伽詔令）

我在位的第八年征服了羯陵伽，十五萬人被驅逐流放，十萬人被殺，還有更多人因其他原因而死亡。

羯陵伽征戰之後，我開始熱切於法之遵循、敬愛，並教飭人民奉行。我對於人民因征戰而被殺、死亡、流離失所，深感痛悔，然此為國家陷入征戰時無可避免之結果。但更令我懊悔萬分的是，此舉危及了羯陵伽的居民：不論是住在那裡的婆羅門、沙門或屬於其他團體者，服從長輩的一家之主，父母、師長，以及對朋友、同伴、舊識、同僚、親人、奴僕以禮相待者，亦皆蒙受傷害、喪生，或不得不與其摯愛之人生離死別。

即使是那些倖免於難之人……仍須蒙受其朋友、知交、同僚以及親人遭遇災禍之苦。我對此深感悲痛。沒有一個國家（除了希臘，該國沒有婆羅門與沙門）的人民不信奉任何宗教，因此，哪怕只有百分之一或千分之一的人被殺、死亡，或是被逐出家園，我都爲此深感遺憾與痛心。

我盡力安撫帝國之中的叢林部落，並試圖以理服之，規勸其等正確行事。但我告誡他們，儘管滿懷痛悔之情，我仍握有權力；我亦要求他們悔改，否則可能被處以刑殺、嚴懲不貸。因爲我希望所有人皆能戒絕傷害眾生、自制克己、沉著平和。

我所弘揚之正法已大獲全勝，不僅在我的帝國之內、更擴及邊遠領地……遠至希臘國王安條克統治的國家，甚至遠及托勒密、安提柯、馬加斯，以及亞歷山大等國王所統治之地；往南更延伸至朱羅人、潘地亞人所屬之地，甚至遠至坦拉帕尼河。而在我的帝國之中，希臘人、柬埔寨人、內布哈喀人、內布哈帕吉特人、菩闍人、比提尼迦、安得拉人，以及帕利達人，普天之下、率土之濱，人民無不遵循我的法教。即便是在我的〔正法〕使臣未能到訪之所，人民亦得聞法、遵循法教並奉行不懈。這場征服所到之處戰無不勝、攻無不克，使我深感快意；這種快意與滿足感，僅能源自正法的勝利。但即便是這種歡快的喜悅，亦無關緊要，因爲只有彼岸的法果才是最重要的勝利。

我讓人寫下這段正法的銘文，以便我的子孫、曾孫們不會認爲他們必得進行新的軍事征戰才行，又或者如果他們眞的進行了，也應該樂於慈悲、憐憫、寬容以及從輕發落的懲罰，並且將正法之勝利視爲唯一眞正的勝利；因爲，這是一場此生與來世皆成果豐碩的勝利。同時，也讓他們樂於致力於此。

這則銘文揭示了阿育王採行正法政策的動機之一：他對於羯陵伽人民所蒙受的苦難深感痛悔。他不僅對戰士的死亡與流放感到懊悔，也承認了對平民百姓的附帶傷害，包括過著良善生活的人。世界歷史上鮮少（如果有的話）有統治者展現出如此的幡然悔悟之情，相反地，大多的統治者都像阿契美尼德國王，誇耀吹噓著他們的功績。在此，勝利代表的是一場災難。正如歷史學家納楊佐特・拉希里所述：「皇帝在應該趾高氣揚時，卻哀嘆悲泣了……〔此爲〕王權概念令人難以相信地逆轉。」②阿育王也表達出他的熱望，期盼他的子孫能遵循他的政策；這樣的熱望，也在其他的阿育王銘文當中表達了出來。

然而，阿育王的寬容並非毫無限度，他還是必須正視來自叢林民族的內部威脅，亦即在數個世紀前被驅逐到森林之中的次大陸原住民；他們始終頑強地抵抗外來的統治。這個民族必然爲數眾多，因爲孔雀王朝的帝國版圖中，大部分地區仍爲深具經濟價值與重要性的森林所覆蓋，這些森林供應著大象、木材以及其他產物。阿育王說，如果他們能夠規矩行事，就會受到善待；否則，他們

② Nayanjot Lahiri, *Ashoka in Ancient India* (Cambridge, ma, and London, 2015), p. 117.

將會感受到帝王的怒火並被處死。在石柱詔令第五則中，阿育王禁止燒山林木、將動物燻趕出森林之舉，以及把地上的草木燒成灰做肥料的刀耕火種法，並限制哪些動物可以宰殺——針對叢林住民的更多告誡與警示。

阿育王還是忍不住自我誇耀了一番。他指出，他的哲學被弘揚至遠遠超出他的王國邊界範疇，並列出五位同時期的希臘統治者，他們統治著亞歷山大大帝的帝國中各個地區：安條克二世（統治時期於西元前二六一至二四六年），比鄰阿育王並統治著塞琉古帝國東部；昔蘭尼的馬加斯（統治時期於西元前二七六至二五○年）；埃及的托勒密二世．費拉德爾弗斯（統治時期於西元前二八五至二四六年）；馬其頓的安提柯二世（統治時期於西元前二七八至二三九年）；以及伊庇魯斯的亞歷山大二世，統治希臘西北方的一區（統治時期於西元前二七二至二五八年）。這段文字幫助歷史學家確定了阿育王的統治年代。阿育王指出，他的正法訊息也傳到了朱羅王國與潘地亞王國，往南遠至南印度的坦拉帕尼河（也是斯里蘭卡的古名）；其他族群則居住於今日屬於阿富汗與伊朗南部地區，包括希臘人（臾那國），他們可能在亞歷山大大帝之前就已然定居於該地區；以及柬埔寨人，源自中亞的一個民族，銘文的阿拉姆語版本可能就是爲他們而寫；[3]西北方的部落可能是內布哈喀人與納布卡帕吉特人，西方是菩闍人，東方與/或南方則是安得拉人與帕利達人。

關於阿育王的正法使臣是否遠征至希臘世界，由於沒有任何第一手資料的記載，我們不得而知，但西北方的希臘聚落族群必然與他們的希臘同胞保持聯繫。位於坎達哈的阿育王銘文都是以純古典希臘語寫成，暗示了該地與其希臘祖國的緊密聯繫。歷史學家托勒密（西元一○○至約一七○

年）自稱，他是從亞歷山大港的印度人那裡獲得關於印度的知識；希臘羅馬作家「金嘴」狄翁．克里梭坦（Dio Chrysostom，西元四〇至一二〇年）也寫到印度人與亞歷山大港居民間互有往來；有些學者甚至聲稱，佛教的寺院修道生活方式成了古猶太教戒行派與艾賽尼派團體的典範，這是兩個分別聚居於亞歷山大港附近（西元前二〇年至西元五〇年）以及巴勒斯坦（西元前二〇〇年至西元二〇〇年）的猶太教苦行派。④

阿育王最早提及「法」的概念是在位的第十年，儘管他並未使用古印度俗語；這些銘文是用希臘語與阿拉姆語寫在阿富汗中部的坎達哈岩石上，可能是從古印度俗語的原始版本翻譯過來。以下即為希臘語版本改寫過的翻譯，阿拉姆語版本的銘文內容亦大同小異。

坎達哈岩石雙語銘文

我登基十年之後，向人們宣說正法之教義〔虔敬〕；從其時起，人們變得更加虔誠可嘉，世界萬物也愈發欣欣向榮。我自己已不再殺生，而包括國王的獵人與漁

③ 這些臾那人（梵語 yavana）的身分極具爭議。有些學者將他們視為波斯人或一般的外國人，有些則視其為塞琉古割讓給旃陀羅笈多的領土上之居民。阿里安提到一處位於喀布爾與印度河之間的希臘殖民地，甚至在亞歷山大征戰之前即已建立。柬埔寨人的位置與身分同樣深具爭議，曾被歸屬至西藏、興都庫什山脈、帕米爾高原、喀什米爾、喀布爾附近等不同的所在地。

④ André Dupont-Sommer, 'Essenisme et Bouddhisme', *Comptes rendus des séances de l'Académie des inscriptions et belles-lettres*, cxx iv/4 (1980), pp. 698–715.

夫在內的其他人，也同樣停止了狩獵與捕魚之舉。原本毫無自制力的人們開始有了自制力，並進展到足以逐漸服從父母師長的程度，與以前的情況大相逕庭。藉由這樣的作爲，他們未來將過上更美好、更幸福的生活。

這些銘文包括了正法的若干基本教義，像是服從父母師長、戒絕殺生、培養自制力，但並未像後來的版本般，提及遵循這些指示的人將享有幸福美滿的來生。

「正法」一詞，首次出現於阿育王在位第十一年所撰刻的第二則小摩崖詔令之中。

摘錄自小摩崖詔令第二則

司直官應先鳴鼓召集鄉里百姓以及地方首長，然後諭示他們順從父母師長、慈悲善待眾生、說眞話不欺瞞。這些正法的美德應被如實遵循。

司直官也應該確保馴象師、文牘書記、戰車駕馭者以及婆羅門，都能根據古老傳統，藉由尊崇他們的主人來指導他們的學徒。在一個家庭之中，親人必須相待以敬。這是長壽的古老習俗慣例，因此，必須被貫徹執行。

由雕刻匠卡帕達（Capada）刻成〔雕刻工匠留下名字的唯一一則銘文〕。

爲什麼阿育王要挑揀出如此一個迥然不同的學徒團體來接受他的教飭？或許他想起某個所在，

在那裡，教師與學生分屬不同的家族或種姓（雖然種姓這個詞從未在銘文中被提及），而這種情況只會產生不和諧與分歧。

石柱詔令第二則與大摩崖詔令第十一則中，提供了正法的其他定義：

石柱詔令第二則

正法爲善，但此爲何意？意指少過錯、行眾善、懷慈悲、捨布施、眞誠純淨。我被賦予了各種靈性洞察的天賦，也對人民、動物、鳥類、魚類廣施種種恩澤，甚至拯救其性命，亦奉行其他諸多善行。我下令撰刻這則關於正法的銘文，以便人民據以奉行，並使其得以永續留存。遵奉正法而行者，亦將奉行諸善。

大摩崖詔令第十一則

沒有任何贈禮能與法之布施、法之宣說以及法之情誼相比擬，這意味著以下準則：對奴僕有禮，對父母順服，對朋友、知交、至親、沙門、婆羅門慷慨布施，戒絕殺害動物。對此，不論父子、兄弟、師長、朋友知交，甚至鄰人都應該如是說：「此舉甚佳，正爲我們理應奉行之善舉。」如此一來，藉由法之布施，他們不僅現世得享幸福喜樂，來生亦擁有無量功德。

阿育王並不天眞，他很清楚人性會如何阻礙正法的實現，尤其對富有或有權勢的人來說，更是如此。

摩崖詔令第十則

我不認爲名聲或榮耀能爲我帶來多大好處，除非它們能勸誘人們服從正法並遵循正法之道。無論我做了什麼樣的努力，全是爲了來生，爲的是讓人們不會因（無法實現這一目標）而遭遇危禍。但是，倘若並未付出極大的努力並且放棄一切，無論是身分卑微或是位居高位者，都很難做到這一點；尤其對地位尊貴者來說，更是困難。

大石柱詔令第三則

人們只會注意自己的善行，心想著：「我做了好些善事。」但他們並未注意到自己的惡行並對自己說：「我做了壞事。」或「這眞的是罪過」。現在，要意識到這一點著實困難，但儘管如此，人們還是應該意識到並做如是想：「殘忍、瞋怒、傲慢、妒忌都是罪，別讓它們成爲我崩毀的禍因。」人們應該特別注意自己的行爲，並且作是思惟：「這將爲我帶來現世安樂、來生喜福。」

宗教寬容

關於阿育王的道德規範與準則，最令人欽佩的特點之一就是他對宗教自由與寬容的捍衛與弘揚。在摩崖詔令第七則與摩崖詔令第八則中，他寫道：「王希望所有的宗教派別都能普及各地，因爲所有的宗派全都尋求自我控制與純淨心靈。」當他繼續他的正法之旅——取代狩獵聚會（皇族最喜愛的消遣），「會見苦行僧（尼揵，經常用以指稱耆那教徒）以及婆羅門〔並〕贈予他們禮物」。

摩崖詔令第十二則對他的宗教寬容政策做了最清楚的闡述。要淬鍊自身信仰的最好方法就是傾聽他人的信仰，這樣的觀念展現出阿育王的心理意識；諾貝爾獎得主阿馬蒂亞·森寫道，阿育王「試圖有系統地編纂並推廣最早的公眾討論之規則制定，宛如某種古代版本的《羅伯特議事規則》」。⑤

摩崖詔令第十二則

王以禮物與各種榮耀來尊崇所有宗教團體的苦行僧與在家眾，但他並不認爲這比弘揚各宗教的基本教義來得更重要；這一點可以藉由許多方式來達成，但根本之

⑤ Amartya Sen, *The Argumentative Indian* (New York, 2005), p. 16.

法在於控制個人的言論，即不在不適當的場合稱揚自己的宗教或輕貶他人的宗教，或至少適度地節制。如此一來，一個人不但能弘揚自己的宗教，也能同時光大他人的宗教；在提升自己的宗教影響力之餘，也裨益了他人的宗教。反其道而行，則會對自己與他人的宗教皆造成傷害……因此，唯有和睦相處值得稱許，使人們能交流彼此的信念並聞其道而行。這是我的願望：所有的宗教都應彼此互通、教義純正，他們的信徒應該要被告知「王並不認爲禮物或榮耀比弘揚各宗教的基本教義來得更重要」。許多官員爲達此目的而被任命，包括正法官員、婦女官員、農事官員以及其他官員。

阿育王並未定義何謂「所有宗教的基本教義」，但想必他指的是正法的教義。近兩千年後，另一位偉大的印度統治者呼應了阿育王對宗教寬容的主張；蒙兀兒皇帝阿克巴（統治期間於西元一五五六至一六〇五年）呼籲國家應保持宗教中立，包括保證「任何人都不應該因爲宗教而被干涉，應該被允許改信合乎其心意的宗教」。[6] 阿克巴邀請所有的宗教代表（包括屬於無神論者的順世論教派）到他的宮廷一起交流、分享他的觀點，甚至試圖發起一種新的宗教，亦即丁伊拉賀聖

---

⑥ Vincent Smith, *Akbar: The Great Mogul* (Oxford, 1917), p. 257.

蒙兀兒皇帝阿克巴坐在一棵樹下的大石上，告訴他的朝臣們應該停止屠殺動物。《阿克巴之書》（*Akbar-nama*，約於西元一五九〇年）中的插畫，不透明水彩（畫紙）。

教，來結合所有宗教的優點。⑦

儘管阿育王對遵循其正法教誨的人承諾了天界的存在，他對來生以及神祇的相關描述並不明確，只是順帶一提。舉例來說，在被銘刻於阿富汗、奧里薩邦、喜馬拉雅山谷以及安得拉邦的摩崖詔令第四則中，他寫道：

摘錄自摩崖詔令第四則

過去數百年來，屠殺動物、傷害眾生、不敬親人、對待沙門與婆羅門粗魯無禮之舉始終有增無減。然而今日，由於我的正法修習與實踐，鼓聲已成為法音，示現予人們天界的馬車、大象、火球以及其他的神聖形象。經由我在正法上的教飭，戒除殺生、傷害眾生，禮敬親人、婆羅門、沙門僧眾，服從父母與師長的善行，皆已日漸增長。

這段相當撲朔迷離的文字始終有著各種不同的詮釋。阿育王可能意指自他實施正法政策以來，眾神已然降臨印度。霍爾奇引用了班達卡與其他人為證，並指出鼓聲總是在戰鬥、公開展示或戲劇表演宣布之前響起；然而，由於阿育王已然展開了正法生涯，鼓不再用來召喚戰鬥，而是用以邀請人民前來見證這些旨在培養合乎正道的公開展演；或許是某些宗教表演節目，而他在這些表演中展示了眾神的肖像，讓人民知道，他們可以去到這些神祇的住所。⑧

樂活學習，越活越有趣！

幽默看人生 × 輕鬆學英文，生活更有料！

我老了絕不會做的「蠢」事（才怪！）

——該來的總會來，躲也躲不掉！

作者／史蒂芬·彼德洛、羅絲恩·弗利·亨利
（Steven Petrow, Roseann Foley Henry）
譯者／葉琦玲　定價／430元

**看看這份「我老了絕不會做的蠢事」清單！
它會讓你大笑、哭泣、審視自己的人生，
還會讓你理解你的長輩。**

所謂的「變老」就是這樣嗎？
囤積物品、向親友和陌生人發牢騷、從不道歉……
作者以犀利又自嘲的筆觸，寫下年歲漸長帶來的考驗，讓子女可以嘗試面對年邁父母的變化，也讓年長者能有審視自己內在的機會。
不論您處於什麼年齡階段，都能從中獲得啟發！

圖像記憶×英文慣用語

——100句超實用Idioms
讓你一看就會說！一開口就道地！

作者／林佩樺　定價／480元

- 圖像記憶學習＋情境對話：將慣用語融入生活場景，搭配生動圖像，學習更輕鬆、不易忘！
- 簡單清晰的解釋與例句：不只告訴你意思，還教你正確用法，學了就能靈活運用！
- 適合各種程度學習者：無論初學或進階，都能掌握最道地的英語表達！

精選100句母語人士最常用的英語慣用語，按主題分類，
搭配情境對話、易懂解釋，讓你用最直觀的方式學習！

光之手
—— 人體能量場療癒全書

作者／芭芭拉·安·布藍能（Barbara Ann Brennan）
譯者／呂忻潔、黃詩欣　定價／899元

為能量療癒「聖經」，
是照護人員、治療師、身心靈療癒師，
以及渴望獲得身心靈健康的人必備好書。

以一位物理學家的理智清晰、具有天賦療癒師的仁心仁術，及其超過十五年、對五千多位以上個案與學生的觀察，為想要尋求幸福、健康及身心靈潛能者，呈現「人體能量場」的第一手研究。

昆達里尼瑜伽
—— 永恆的力量之流

作者／莎克蒂·帕瓦·考爾·卡爾薩（Shakti Parwha Kaur Khalsa）
譯者／林資香　定價／599元

「昆達里尼的體驗並非意味著你會進入一種喘不過氣來、深沉的狂喜狀態，超越這個世界之外……，而是讓你能更完整地與現實結合，帶給你更寬廣的視野與敏感度，讓你能更有效地採取行動。」
——尤吉巴贊大師

昆達里尼瑜伽能幫助你面對壓力、改善健康、克服憂鬱，讓你更有活力、享受生活，並且更愛自己。

希塔療癒
—— 找到你的靈魂伴侶

作者／維安娜·斯蒂博（Vianna Stibal）
譯者／安老師（陳育齡）　定價／500元

希塔療癒最浪漫的真愛之書——
有助於鞏固或維繫現有的關係，也能顯現未來的伴侶。

「我有辦法找到我的靈魂伴侶嗎？」
本書以維安娜自己的經驗為基礎，解釋如何使用希塔療癒將你的靈魂伴侶帶入生命中。書中詳細介紹靈魂伴侶的七大類型，以及如何找到人生Soulmate的指引。如果你已經找到了，此書還能維繫、增進你們之間的感情。

覺照在當下

—— 泰國二十世紀最傑出女修行者的禪修指導

作者／優婆夷紀．那那蓉 (Upasika Kee Nanayon)
譯者／釋見諦　定價／350元

不論發生什麼事，只要專注地加以覺照，
心便停下來，不再黏著，獲得自由。

優婆夷紀．那那蓉老師自一九四五年開始在泰國的皇園山禪修，深受泰國高僧阿姜查的啟發，是泰國二十世紀指導佛法修學最了不起的女教師。本書內容取自紀老師自一九五四年至一九七七年間的即席開示，強調一切事物不過是在生起、持續和消滅中循環，唯有專注向內觀察自己的心，以調伏並放下因貪心、驕慢而生的煩惱。

一行禪師　活在正念的愛裡

—— 從慈悲喜捨的練習中，學會愛自己也愛他人

作者／一行禪師 (Thich Nhat Hanh)
譯者／鄭維儀　定價／350元

愛是一切幸福的門檻，也是幸福大道上的鋪路石。
但，要學會愛，不是件容易的事，
還好，我們有一行禪師。

禪師用仔細且實用的步驟，帶著我們以正念、頂禮、說愛語，甚至觀想等方式來修行四無量心，即刻運用就能處在愛的境界，擁有強大的內心力量。

馬哈希大師　內觀手冊

作者／馬哈希大師 (Mahāsi Sayadaw)
譯者／溫宗堃、何孟玲　定價／800元

正念運動的源頭——馬哈希念處內觀禪法，
是通往解脫的原始佛陀教法，內觀修習者的必讀之書。

本書是內觀禪修傳統的「祖父」——馬哈希大師的鉅著。大師兼備廣博的巴利佛典知識及源自深刻禪修而得的智慧，在當代上座部佛教中最具權威。本書中，大師清晰地呈現能令人解脫的佛陀八支聖道的實踐方法，整合了最深奧的理論知識和最直接易行的實修教導，是修行者通往解脫的直捷道路。

保護動物

再次重述，阿育王的寬容亦有其限度，他反對某些節慶與儀典，尤其是涉及動物獻祭的活動。

摩崖詔令第一則

在此不殺生獻祭、不舉辦祭祀慶典。因爲我在這些慶典中看到諸多弊病，雖然其中有些亦是經過我同意而舉辦的活動。以前在我的廚房裡，每天總有成千上百頭動物被宰殺來讓人們取用其肉；但是現在，我寫下這則銘文，明令只能宰殺三頭動物，亦即兩頭孔雀與一頭鹿，而且鹿也不是每天宰殺。在未來，就連這三頭動物都不會被宰殺。

阿育王在另一則銘文中，重申了他對節慶的禁令。

---

⑦ 阿克巴死後，伊斯蘭神學家阿卜杜勒．哈克（Abdul Haq）得出的結論是，儘管阿克巴在宗教上有所創新，他始終是一名虔誠的穆斯林。引自 Sen, *The Argumentative Indian*, p. 289.

⑧ E. Hultzsch, 'Ashoka's Fourth Rock-Edict and His Minor Rock-Edicts', *Journal of the Royal Asiatic Society of Great Britain and Ireland* (July 1913), pp. 651–3.

摘錄自摩崖詔令第九則

人們在生病時、子女婚禮上、兒子出生時，以及動身遠遊之前，都會舉行各種儀式典禮（集會），其中許多儀典主要由婦女舉行，但這些儀式瑣碎且毫無用處……正法的儀典才是唯一深具價值的儀典，包括了善待奴僕、敬重師長、善待動物，以及對沙門與婆羅門的慷慨解囊。

阿育王反對宰殺動物，是反對為了食物而宰殺，亦或只是反對為了獻祭而宰殺？禁止節慶聚會似乎支持了第二項理論，因為動物獻祭往往是在佛教之前的教派以及婆羅門的儀式中施行。禁止這些獻祭的做法，可能是藉由削弱婆羅門的掌控力來強化國王領導權的一項政治舉措。另一方面，阿育王完全未顯示出要將婆羅門與這些儀式連結在一起的意圖，甚至連提都沒提及婆羅門之名，不像他還提到了婦女。⑨ D．D．科桑比（D. D. Kosambi）認為，由於社會已從農業經濟轉變成鄉村經濟，使得獻祭與儀式已然過時；因此，阿育王只是認可並支持這種現有的趨勢。⑩

阿育王資助其他教派的最明顯跡象之一，就是他採行並主張善待動物以及戒除吃肉的政策，雖然這項禁令並非全面施行。這個想法並非前所未見：耆那教徒與佛教徒強烈譴責吠陀的獻祭，並在不同程度上禁止吃肉。獻祭也是昂貴而有害的，最好的動物被挑選為犧牲的祭品，這將對牲畜產生不利影響、並為被期望捐出動物作為獻祭的農人造成負擔。有些獻祭可能會持續數天，對於管理祭祀的婆羅門來說，這些活動代表了一項重要的收入來源。

在摩崖詔令第一則中，阿育王談到他的個人承諾，並宣稱他已停止在宮廷中宰殺動物作爲肉食——除了兩頭孔雀與一頭鹿；而隨著他採行這種看似吃素的飲食之後，很快將不再宰殺任何動物。爲什麼他要將這兩種動物暫時免除在外呢？阿育王可能一直在強化這樣的訊息：他正在以正法之旅取代狩獵探險。又或者，也可能是阿育王特別喜愛孔雀肉：一項根據佛教典籍而來的解釋，主張這是中部國家（阿育王的故鄉）人民最喜愛的食物。⑪

石柱詔令第五則中提供了更詳盡的烹煮指示：

石柱詔令第五則

在我在位的第二十六年，我禁止捕殺下列動物與鳥類：鸚鵡、八哥、紅頭鴨、野雁、天鵝、南迪穆克依、鴿子、蝙蝠、螞蟻、陸龜、無骨魚、維達維亞卡、恆河的普普薩斯、鰩魚、豪豬、松鼠、蜥蜴、家禽家畜、犀牛、白鴿、家鴿，以及所有既無用亦不可食用的動物。不得宰殺懷著幼崽或是正在給牠們餵奶的母山羊、母

⑨ Timothy Lubin, 'Aśoka's Disparagement of Domestic Ritual and Its Validation by the Brahmins', *Journal of Indian Philosophy*, xli/1 (February 2013), p. 39.

⑩ D. D. Kosambi, *An Introduction to the Study of Indian History* (Bombay, 2004), p. 166.

⑪ D. R. Bhandarkar, *Aśoka* [1925] (New Delhi, 2000), p. 16.

羊、母豬，亦不得宰殺未滿六個月大的動物。公雞不得被閹割。不得焚燒裡頭有生物存活的稻草禾桿，不應為了趕殺動物或無充分理由而焚燒森林，也不得以一種動物來餵食另一種動物。

在某些日子不得撈捕或販售魚類：包括三季（一季為四個月）中每一季的第一個滿月日，滿月落在弗沙星[12]當值的三天，明月期（上弦月）的第十四天與第十五天、以及暗月期（下弦月）的第一天，以及所有的齋戒日。在同樣的這些日子裡，不該宰殺任何在象園與漁場的動物，以及其他種類的動物，包括兩週的第八、十四、十五天，弗沙星與不奈婆修星當值之日，三季中每一季的第一個滿月日，以及節日與齋戒日。公牛、山羊、公羊、野豬以及其他通常要被閹割的動物，不得在這些日子進行閹割；在弗沙星與不奈婆修星當值的日子，每一季的第一個滿月日，以及接下來的兩週，都不得給牛馬打上烙印。

有些禁令要求採行人道的做法。舉例來說，禁止宰殺正在懷胎或哺乳幼崽的雌性動物、幼小動物、家禽家畜（或許是寵物狗或寵物貓？），以及既無用又不可食用的動物。他還限制了某些動物可以被閹割或烙印的天數，伊爾凡·哈比卜（Irfan Habib）指出，家中馴養的動物、在農村與城市聚落中為食用而屠宰的動物，以及在阿育王試圖掌控的叢林部落中為食用或皮毛而宰殺的動物之間，顯然存在著明確的區別。[13]

銘文中也特別提及刀耕火種法以及燒毀森林將野生動物燻出的做法，這兩項禁令都是良好的保護措施。阿育王告誡有生物存活的稻草禾桿不得焚燒，或許反映出他採行耆那教的道德標準。

限制捕魚可能是調節魚類供應的一種方法，因爲魚類是孔雀王朝時期的重要商品與食物來源。有人認爲，詔令中提及的魚類在今日是不可食用的，或許在西元前第三世紀時也是如此；然而，頒布其他禁令的原因尚不清楚，尤其是詔令的第一句所指名的若干鳥類、魚類以及各種野生動物；其中有許多涉及了蜥蜴與鬣蜥各身體部位的使用，因此，這些生物可能因其在製作毒藥方面的用途而被宣稱是不可侵犯、不得捕殺的動物。

《政事論》也包含了主張保護動物的若干段落。對於受到法律保護並棲居於國王擁有的保護區內之鹿隻、獵物、鳥類或魚類，屠宰場主管可對綑綁、殺害或傷害牠們的人處以最高罰金。若是家戶違反了禁令，罰金較低，或許是因爲他們宰殺動物只是爲了自行食用（II.26.1）。一長串受到保護的動物與魚類，包括了看起來像其他動物或人類的海魚、湖魚或河魚，爲娛樂目的而殺害的鳥類（鵝、鴨、雉雞、鷓鴣等供狩獵的鳥類，以及八哥、鸚鵡等會說話的鳥類），以及其他被視爲吉利幸運的生物。正在懷胎或哺乳幼崽的母山羊、母羊、母豬，以及未滿六個月大的幼崽，皆不得被宰殺。

⑫ 弗沙星被視為是巨蟹座中的一顆恆星，也是吠陀與古印度文獻中的一顆重要恆星。在這段時間禁止宰殺某些動物，可能是因為此時正好是以大規模獻祭為慣例的冬至節日之開端。

⑬ Irfan Habib and Vivekanand Jha, *Mauryan India* (Aligarh, 2013), p. 78.

在另一則銘文中，阿育王在確保動物的健康與福祉方面扮演了更加積極的角色。

摩崖詔令第二則

在我的領土各地、甚至邊界地區，包括朱羅、潘地亞、薩蒂亞普特拉、喀拉拉普特拉，甚至坦拉帕尼河等地以及希臘國王安條克二世與其鄰國國王之領土，我皆爲人民與動物提供兩種醫療服務。在沒有藥用植物可用之處，我讓人引進這些植物並連同根、果一起栽種；路邊也順帶種植了路樹，還挖掘了水井供人與動物使用。

這個想法或許是從耆那教徒處借鑒而來，他們爲動物與鳥類開設了醫院，並且延續至今。六個世紀後，來自中國的旅人法顯觀察到華氏城開設了一間獸醫院。

阿育王爲動物開設的醫院與藥房，是目前所知全世界最早的獸醫院。⑭受過阿育吠陀醫學訓練的獸醫，不但陪同軍隊行軍以治療馬匹與大象，也在阿育王設立的動物醫院中任職；他們對動物解剖學的知識或許比對人類解剖學更爲精準，這得歸功於在祭祀與戰爭中對動物屍體的觀察。⑮

阿育王善待動物的政策有其政治優勢，因這項政策對他的許多臣民深具吸引力。再次，他成爲近兩千年後阿克巴大帝所採行政策的先驅；阿克巴的編年史家兼首相阿布爾．法茲如此描述他：

國王陛下幾乎不在意肉食，並且經常表達他的這項想法與意旨。確實，出於無知與殘忍，儘管人們可以輕易取得各式各樣的食物，卻仍熱衷於傷害生物，並隨時準備宰殺並食用牠們；似乎沒有人能看出阻止殘酷虐行本身所隱含之美好，而任由自己成爲動物的墳墓。如果國王陛下的肩上毋須承擔世間的重擔，他必將立刻、完全地戒除肉食。但如今，他打算逐步戒除，隨順時代的風氣與潮流。⑯

阿育王的佛教

阿育王首次提及佛教是在小摩崖詔令第一則中，該詔令是他最早的銘文之一，也是以婆羅米文字寫成的第一則銘文。

⑭ 有關印度獸醫學的討論，請參見 G. Mazars, 'La médecine vétérinaire traditionnelle en Inde', *Revue scientifique et technique de l'Office international des Epizooties*, xiii/2 (1994), pp. 433–42. 另可參見 Calvin W. Schwabe, *Cattle, Priests and Progress in Medicine* (Minneapolis, mn, 1978), pp. 146–7.

⑮ 獸醫將與人類相同的阿育吠陀類別應用於動物身上。預防很重要，尤其是保持馬廄清潔以及適度餵食動物；藥物主要以植物為基礎，給藥方式與人類醫學相同。即便至今，印度實驗室仍根據傳統的阿育吠陀處方來為家禽家畜製造藥物。印度獸醫委員會採用桑奇石柱上的公牛塑像作為其標誌，並採用這則銘文的部分內容作為其座右銘。

⑯ Allami Abu'l-Fazl, *A'in-i-Akbari*, trans. H. Blochmann (New Delhi, 1989), vol. i, p. 64.

小摩崖詔令第一則（合併版本）

我成爲佛陀的在家弟子〔優婆塞〕已經兩年半多，但始終未能勇猛精進；如今，我親近僧伽一年有餘，變得愈發積極而精勤。南贍部洲〔印度〕的人民尚未與諸天眾神爲伍者，如今有機會這麼做了；這不僅是地位崇高者可以獲得的尊榮，身分低下者只要足夠熱誠眞切，也能得升天界。

頒布這一宣言書的原因如下：讓偉大與卑微之人皆能精勤虔敬，甚至讓邊陲之人也知道這種精勤之心得以久住，如此一來，他們的虔敬奉獻遂可與日俱增……

這件事必須被銘刻於此處以及山上的其他地方，哪裡有石柱、就該銘刻於該石柱上，你必須讓此文遍布你所在的地區各地。這份宣告是我在經歷了共計兩百五十六個夜晚的旅途中所頒布。

這項聲明可能意味著他與僧伽一起生活了一年，或者更可能的是，他正式拜訪了僧伽；而在此期間，他對自己的信仰做出宣誓。班達卡認爲，阿育王身爲君主的職責使他無法成爲佛教僧侶（比丘），但他可能已經成爲一名比丘持執者（bhikku-gatika），亦即「虔誠篤信、厭離世俗的幸福，但因切實的個人理由尚無法放棄家庭生活」的人。⑰他指出，七世紀時有位中國的朝聖者義淨看到一座阿育王的雕像，即雕出了他穿著僧袍的模樣。然而，《大史》中描述阿育王皈依佛教的記載並未得到證實，其中指出阿育王直到受僧侶尼瞿陀（Nigrodha）感化之後，才成爲一名佛教徒。

阿育王在至少七處銘文中提及遵循他的榜樣（在這一則中爲佛教，後來則爲正法）即可得升天界，而這則銘文即爲其中之一。他的建議中提到諸天眾神如今將與人們爲伍之意，引發了好些爭論：它可以從字面上來解釋，意指上天亦認可他的政策；或從隱喻上來解釋，意指人們將幸福地臻至人間天堂。不過，阿育王從未在任何地方提過佛教的涅槃概念。

在另一則銘文中，阿育王提到法的朝聖，亦即他在位第十年時巡遊佛教聖地的一趟旅程，以及他向臣民廣宣正法之舉。

摩崖詔令第八則

在過去，國王會享受狩獵以及其他消遣等各種尋歡作樂的出遊行程，但我在位的第十年到訪了三菩提〔菩提伽耶，佛陀悟道之地〕；從其時起，我開始到訪與正法有關之所。在這些巡遊的旅途中，我會見了苦行僧、婆羅門以及年長者並贈予他們禮物；我也會見了鄉間的村民、指導他們正法，並回答相關的問題。我從其中所獲得的樂趣，遠大於從事任何其他的活動。

⑰ Bhandarkar, *Aśoka*, p. 80.

阿育王在位的第二十年到訪了釋迦牟尼佛的出生地藍毗尼，並寫出了下列銘文（但這則銘文的眞實性受到了質疑）。[18]

羅門蒂（藍毗尼）石柱上的銘文

在位第二十年，我親自來此禮敬釋迦牟尼佛的誕生地。在此，我豎立了石頭圍欄與石柱。由於世尊誕生於此，因此，我豁免了藍毗尼村莊的稅金，並將其糧食貢獻定爲八分之一。

另一則關於阿育王參與佛教的銘文只在一處被發現，也就是在拉賈斯坦邦拜拉特山區僧院遺址的一塊岩石上（如今是在加爾各答的亞洲學會博物館中）。可能還有如今已然佚失的其他版本，被送往全國各地的僧院寺廟中；在這則銘文中，阿育王直接向佛教僧伽團體喊話：

拜拉特的小摩崖詔令

摩揭陀國王普萊亞達西尼曾經禮敬僧伽，希望他們一切安康。你們知道我是多麼尊重並深信佛、法、僧。各位，一切佛世尊所言皆爲善語，但讓我告訴你們，什麼才是我認爲有助於佛法永續留存的事。我希望僧尼皆可經常傾聽並反思下列佛陀所說之法（他在此列出了七大佛陀所說之法[19]），在家男眾與女眾亦應如是。

根據班達卡所述，阿育王引用的典籍顯示出他是一個什麼樣的佛教徒：⑳他感興趣的並非宗教的儀式或形而上的抽象元素，或其規則與規定，而是有助於內在成長並同時適用於出家眾與在家眾的特色。舉例來說，他列出其中一部《聖居經》，制定了僧尼的簡單行為規則：他或她應該滿足於簡樸衣物、以正確方式取得的清淡飲食、簡陋居所，亦應以沉思默想為樂。在他所引用的經典中（《牟尼偈》與《寂默行經》），有些內容基本上說的是同一件事；另一部經典（《當來佈畏經》）對可能會阻礙靈性提升的事提出警告，譬如疾病與宗派分裂。

最後，在他在位的第二十六年，阿育王寫下三則所謂的「分裂詔令」，旨在維繫僧伽的團結。這三則銘文被刻在桑奇、鹿野苑以及安拉阿巴德（原在憍賞彌）的石柱上，可能還有其他地方；內

---

⑱在文體上，這則銘文與其他銘文的不同之處在於它是以第三人稱寫成，而非以國王之名寫成；此外，這則銘文的狀況保持得相當良好，宛如最近才被刻寫上去。因此，有些學者推測它可能是在幾個世紀後才被刻寫而成，或甚至是由西元一八九六年發現它的考古學家安東．A．費洛（Anton A. Fuhrer）所刻，他是知名的贗品偽造者以及古董商。參見 Charles Allen, *The Buddha and Dr Fuhrer: An Archaeological Scandal* (New Delhi, 2010). 有關艾倫作品的評論，請參見 the review by E. Ciurtin, *Archaeus*, xv /3 (2011), pp. 542–6.

⑲這些說法的文本包括了：《毗奈耶的最勝法教》（*Vinaya-Samukasa / The Exaltation of Discipline*）、《聖居經》（*Ariyavamsa / The Ideal Mode of Life*）、《當來佈畏經》（*Anagata-bhayas / Fears to Come*）、《牟尼偈》（*Muni-gathas / Songs of the Hermit*）、《寂默行經》（*Moneya-suta / Discourse on the Hermit Life*）、《優婆帝沙問經》〔*Upatisa-pasina / The Questions of Upatishya*（佛陀的弟子之一）〕、《教羅睺羅經》〔*Laghulovada / The Sermon to Rahula*（佛陀的獨子）〕。

⑳Bhandarkar, *Aśoka*, pp. 88–9.

容儘管相當零散不全，卻極爲相似。以下即爲桑奇石柱的內容：

小石柱詔令（桑奇）

任何人都不該在僧伽中挑起爭端與不和。只要我的子子孫孫在位、只要日月交相輝映，僧伽團體中的僧尼當始終保持團結，也應該保持團結。分裂僧伽的僧尼必須穿上白色袈裟，並與其他僧尼分開、離群索居。[21]因爲我希望僧團能保持團結並永存。

……

你必須保留本文的副本，放在你的集會廳中並分發給在家眾。在家眾必須在每個齋戒日前來〔每月四次〕，接受這項詔令的激勵與啓示；當日必須出席的官員，亦應如是。你必須如實遵照這項詔令所寫之內容，在你所在的整個地區以及周遭的要塞區域發送。

在此，阿育王的語氣是嚴肅、幾乎可說是嚴厲的，他對可能發生的分裂顯然極爲憂心。然而，我們並不清楚究竟是什麼樣的分裂威脅著僧伽團體。根據斯里蘭卡編年史記載，阿育王在位第十八年時，華氏城舉行了一場佛教的結集，當時僧伽已經分裂成兩個團體，這表示佛教僧團內部已然有分歧存在。遺憾的是，鹿野苑所刻銘文的開頭部分已然被磨除；否則，它或可爲這個問題以及官員們如何確定某人是否爲叛教者提供若干線索。

阿育王是在弘揚佛教嗎？

對於阿育王的正法與佛教的關係，學者們的看法分歧。有些歷史學家認爲，阿育王從未特別提及涅槃或其他重要的佛教概念，他的正法本質上只是一種國家的意識形態，旨在促進孔雀王朝的社會和諧與統一。舉例來說，帕爾寫道：

> 他並未將〔正法〕稱爲佛陀的教誨，而更像是試圖普及一種注重社會道德並包容神聖觀點的規範。他的正法並非源自神聖的啓發——儘管奉行正法者得到了上天堂的承諾。[22]

約翰・史壯（John Strong）認爲，阿育王與佛教的關係是矛盾的：「他充其量只是一位滿懷同

㉑ 佛教袈裟的標準色是棕色，後來逐漸變成略帶紅色、黃色或說橘棕色。佛陀允許六種染料：根染料、莖（木）染料、樹皮染料、葉染料、花染料以及果實染料。白色是俗家弟子的衣飾顏色，因此，穿白色衣服象徵著被逐出了僧團。

㉒ Romila Thapar, 'Ashoka: A Retrospective', in *Reimagining Aśoka: Memory and History*, ed. Janice Leoshko and Himanshu Prabha Ray (New Delhi, 2012), p. 19.

情心的半資助、庇護者，他對佛教的關心，不過是出於他對帝國宗教狀態的更大興趣。」㉓

另一方面，佛教學者理查德・貢布里奇（Richard Gombrich）認為，佛教的影響體現於阿育王銘文的要義與風格上。㉔阿育王銘文中的許多用語，在早期的南傳巴利大藏經中都有極為相似的措辭；八聖諦的精神與阿育王的正法戒律類似，並且反映了佛教對仁慈、慈悲、寬容、布施的重視。佛陀與阿育王都採用了當時通行的用語，譬如佛法／正法，並修改成符合其目的的說法。在羯陵伽詔令中，阿育王告訴他的官員要遵循中道，貢布里奇說：「這幾乎毫無疑問地呼應了佛教的用語。」

從本質上來說，佛教最初是一種無神論的形式，旨在讓我們更能承受人世間的生活。儘管這是阿育王的正法所欲達成的主要目的，他仍在幾則銘文中述及，遵循他的訓誡將享有更幸福的生活以及來生的豐厚回報。這或許更像是鼓勵人們遵循正法的一種獎勵，而不是在反映他自身的信仰。

這些銘文並未顯示出在佛教的影響下，阿育王突然從「邪惡的阿育王」轉變成「良善的阿育王」——如同在下一章將討論到的佛教典籍中所述。然而，阿育王在羯陵伽戰爭之後感受到的痛悔以及摒棄暴力之舉，亦可能顯示出某種改變信仰的跡象，或至少是靈性上的轉變。有些作者認為，是他的佛教信仰讓他深感悔恨，但也有些人說，是戰爭的恐怖慘狀讓他皈依了佛教。

或許阿育王是否為佛教徒，這個問題其實無關緊要。佛教中並無類似於，比方說，基督教洗禮般的複雜皈依儀式。當時，宗教間的分野並非嚴謹而固定；即便是婆羅門教，也毋須任何公開的信仰聲明，只需接受婆羅門權威並遵守種姓規則與規定即可。阿育王的許多想法，譬如善待動物與戒除肉食，在當時「風行一時」並且亦為其他宗教團體所認同，尤其是耆那教。阿育王堅持主張尊重所有教派以及寬容的必要，顯示他並非狹隘、偏執的宗派主義者，他對正命論等其他教派的支持亦是如此。

正法的廣宣流布

阿育王透過被稱爲高階督察官（梵語的大風紀官）的官員來管理他的王國，這個官職似乎是被用來泛稱地位較高的官員。在他在位的第十四年，阿育王設立了一種新的高階督察官，亦即正法大臣；這些大臣必須監督正法的傳播與施行，確保銘文有被如實銘刻並對地方百姓廣爲宣達。阿育王在摩崖詔令第五則中詳細闡述了他們的職責。

摘錄自摩崖詔令第五則

過去並無正法大臣〔高階督察官〕一職，但我於在位的第十三年，開始任命這些大臣。如今，他們忙於樹立所有宗教的正法、並關注致力於正法者的福祉與安樂，甚至亦包括了希臘人、柬埔寨人、犍陀羅人、里斯提卡斯人、皮蒂納卡

㉓ John Strong, 'Images of Ashoka', in *King Ashoka and Buddhism: Historical and Literary Studies*, ed. Anuradha Seneviratna (Kandy, Sri Lanka, 2007), p. 161.

㉔ Richard Gombrich, 'Ashoka – the Great *Upasaka*', in *King Asoka and Buddhism*, p. 3.

（Pitinaka）人，以及其他西方邊境的人民；他們忙於對僕人與主人、婆羅門與商人、窮人與長者弘揚正法，並致力於獻身正法者的福祉與安樂，使其得以免受侵擾；他們忙於援助囚犯並釋放有孩子、被蠱惑了或是上了年紀的囚犯。他們奔波各地，在華氏城與邊遠地區、在我兄弟的後宮、在我姊妹與其他親人家中。他們活躍於我的國土各地，確定人們是否熱切於修習正法並適當地奉獻布施。

在道里（剛被征服的羯陵伽首都）的銘文中，阿育王敦促參與司法審判的官員要保持公平與仁善；文中強調了他希望保持慈悲寬容，但也警告他們不得濫用自己的權力：

道里詔令

你們官員們必須知道，我試圖以各種方式來完成我認為是正確的事，要做到這一點，主要的方法就是給予你們指示。你們監督著成千上萬的人民且必須贏得他們的敬愛；我視民如子，正如我希望自己的孩子能在此生與來世繁榮昌盛、幸福安樂，我也希望我的每個人民皆能如此。

但是，你們並不明白我的深意。或許你們有人意識到了，但即便如此，也並未全盤了解。因此，請注意，即便你們自己可能衣食豐足……最重要的是在工作上保持性情平和、沉著冷靜、不輕率行事亦不魯莽急躁。在司法體系中，經常會發生的情況是有人被監禁並遭受酷刑折磨，有時會被意外地釋放出獄，但還有許多其他人繼續受苦。在這種情況下，你們應該努力保持公正；但若是妒忌、瞋怒、殘忍、剛愎、頑固、怠惰、缺乏活力，便無法保持不偏不倚。一個在司法體系中怠忽職守的人不會有所作爲，你們應該努力、行動、履行你們的職責，確定你們償還了自己欠王的債。遵循這項指示會讓你們成果豐碩，忽視它則會帶來巨大的傷害，因爲如此一來，你既無法升上天界、也無法得到王的青睞……

顯然有些官員並不總是能奉行阿育王所設定的高標準。後來的銘文（在此未引用）中，阿育王的告誡強調了這項警告的重要性：銘文必須在固定的間隔時間被大聲宣讀出來，即便只有一人在場。爲了確保人民不會被無故囚禁或遭受酷刑折磨，他宣布每隔五年，他就會派出一名性情溫和仁善的官員前往視察，以確保其他官員們對他的指示都能奉行不悖。鄔闍衍那的管轄者應該每隔至多三年，就派出一批類似的官員；呾叉始羅的官員們出巡時，也應該盡忠職守地調查此事。

我們不清楚阿育王的臣民奉行他的告誡到什麼程度，又或者他的子子孫孫是否繼續弘揚他的正法，並以正法的精神來治國，因爲後來的文獻典籍並未提及正法，而銘文在將近兩千年中亦始終未被譯解。然而，阿育王之名在印度境外、在佛教編年史與文獻典籍中仍然留存並流傳至今。我們將在下一章中加以細述。

7 傳說中的阿育王：佛教故事

阿育王的故事在佛教盛行之地極受歡迎，並出現在多種語言版本之中，包括巴利語、漢語、藏語、日語、緬甸語、泰語以及僧迦羅語；事實上，很長一段時間以來，阿育王在斯里蘭卡與東南亞人民的記憶中始終鮮活，反倒是在印度幾乎被遺忘了。正如約翰．史壯所述：「從歷史觀點來說，全世界的佛教徒對於阿育王的詔令幾乎一無所知，他們對阿育王的熱情，反倒幾乎全是來自圍繞著他所衍生的佛教傳說。」①這些作品中所講述的故事，至今仍影響著印度以及印度以外的地區對阿育王的普遍看法，亦是無數小說、電視劇、電影的靈感來源。

這些敘事反映出佛教的觀點，並且必須被當成佛教的道德故事來閱讀，其目的是展現出佛教轉變人心的力量：將一位統治者從一個折磨並殘殺了成千上萬人的怪物（暴虐阿育王），轉變成寬容與仁慈的典範、佛教信仰的捍衛者，以及佛教王權的範式（正法的阿育王）。

這些敘事可以如何從字面上來理解，學者們看法不一。文森．史密斯（Vincent Smith）等早期的歷史學家認爲，唯有銘文才具備歷史價值，斯里蘭卡的編年史不過是「滿口謊言的和尚所編造的愚蠢小說或浪漫故事」。②其他的歷史學家，諸如B．M．巴魯阿（B. M. Barua）與里斯．戴維斯（Rhys Davids），則極爲重視佛教的編年史並傾向於低估銘文的重要性；儘管如此，卻又主張應以銘文來證實編年史。而知名的斯里蘭卡學者阿南達・W・P・古魯格（Ananda W. P. Guruge）在他所著的《正義之士阿育王：權威傳記最終章》（*Ashoka the Righteous: A Definitive Biography*）一書中，強調了敘事的歷史準確性。③巴利文學者威廉・蓋革（Wilhelm Geiger，西元一八五六至一九四三年）將《大史》翻譯成德文、其後又譯成英文，對此則抱持著中立態度：

---

① John S. Strong, ed. and trans., *The Legend of King Ashoka: A Study and Translation of the Aśokavadana* (Princeton, nj, 1982), p. 5.

② Vincent Smith, *Ashoka: The Buddhist Emperor of India* (Oxford, 1901), pp. 15ff.

③ Ananda W. P. Guruge, *Ashoka the Righteous: A Definitive Biography* (Colombo, Sri Lanka, 1993). 該書由一位傑出的斯里蘭卡外交官為紀念佛教傳入斯里蘭卡兩千三百週年而撰寫，並由斯里蘭卡共和國總統拉納辛格・普雷馬達薩為其寫序。古魯格寫道，本書旨在反駁以前學者的「公然偏見與不當歧視」；不只是文森・史密斯等歐洲人，還有「關注於盲目的愛國考量勝過學術客觀性」的印度人。古魯格認為，斯里蘭卡巴利文資料來源的歷史價值遠大於其他現存的文獻資料來源，學者們亦過度低估前者的歷史可信度；他主張其可信度的論點之一是，近兩千年來所撰寫的作品內容皆具備了一致性——雖然佛教學者理查德・貢布里奇指出，這是由於這些作品互相抄襲所致。然而，古魯格並未輕貶阿育王銘文的價值，並同時放入了翻譯的版本與古印度俗語的原文。但貢布里奇在讚揚這部作品鉅細靡遺的全面性之餘，也說它「既是學術著述，亦為文化政治之作」。Richard Gombrich, 'Reviewed Work: *Ashoka, the Righteous: A Definitive Biography* by Ananda W. P. Guruge', *Journal of the Royal Asiatic Society* (Third Series), vi/1 (April 1996), pp. 117–19; B. M. Barua, *Ashoka and His Inscriptions* (Calcutta, 1946), vol. I, p. 1; and T. W. Rhys Davids, *Buddhist India* [1930] (Calcutta, 1959), quoted in Strong, *The Legend of King Ashoka*, p. 12.

> 《島史》與《大史》的編纂者並非隨意虛構出這些敘事，而是從包含了傳說與神話，以及流傳於印度的可信歷史傳統等來源取得他們的資訊。如果我們在重建印度從佛陀入滅到阿育王之間這段時期的歷史時，忽略了錫蘭〔斯里蘭卡〕的編年史，我們就會因爲不可信的部分而把可信的部分一併丟棄了。④

如今，學者們普遍接受的方法是相信傳說中看似可信，並且在某種程度上可以得到銘文證實的部分。

這些敘事有兩個主要版本：北印度梵語版本的《阿育王傳》以及斯里蘭卡巴利語版本的《島史》與《大史》。這些作品反映了佛教的兩大傳統：斯里蘭卡的上座部佛教以及北方的大乘佛教。⑤數個世紀之後所出現的其他作品，有部分亦是以這些敘事爲基礎；包括了十二世紀喀什米爾編年史《王河》（*Rajatarangini*）以及西藏喇嘛多羅那他於十七世紀初所著的《印度佛教史》，還有許多中文版本的敘事。

據法國學者讓．普里呂斯基（Jean Przyluski，西元一八八五至一九四四年）所言，⑥前兩個敘事可能都是來自阿育王傳說的傳統，源自於華氏城、甚至可能是阿育王還在世時。這些故事流傳至佛教文化的重鎮憍賞彌，然後又傳至另一個佛教中心秣菟羅，並在此被翻譯成梵文；其後，再經由印度中部的毗底沙弘揚至斯里蘭卡。有些傳說被刻繪在桑奇佛塔周圍的淺浮雕上，這座佛塔是在西元一世紀時由巽伽王朝的皇帝們委任建造而成。

這兩大傳統之間的主要差別在於，斯里蘭卡的典籍是由僧侶在斯里蘭卡國王的贊助下寫成，內容凸顯了阿育王作爲佛教界領袖的角色；他們宣稱是阿育王在華氏城召集了佛教的第三次結集，派遣使節前往世界各地，包括他自己的兒子摩哂陀，將佛教傳往斯里蘭卡。然而，這些事件在北印度的《阿育王傳》或銘文中皆未提及；銘文提到了派遣正法的使節、而非佛教的使節，且並未提及摩哂陀或佛教的第三次結集。兩者的敘述中都出現了若干相同的故事，但結果與詮釋則略有差異，尤其是砍伐菩提樹以及建造八萬四千座佛塔的故事，這兩個事件在銘文中都沒有被提及。

在這些敘事中，阿育王被稱爲轉輪王，意指一位正義的君王，相當於佛陀本人在世間化身的佛教概念，他轉動了正法之輪並統治著南瞻部洲（在古代典籍中，印度次大陸被稱爲南瞻部洲，亦即閻浮島、玫瑰蘋果樹）。在佛教時代，法輪是君權的七大象徵之一，其涵意爲，當法輪向四面八方轉動時，宛如佛法征服的力量無遠弗屆。⑦

④ Wilhelm H. Geiger, 'The Trustworthiness of the *Mahavamsa*', *Indian Historical Quarterly*, vi/2 (June 1930), p. 209.

⑤ 上座部佛教從南傳巴利大藏經中汲取其經文的靈感，並聲稱這部經典最貼近且遵循佛陀所持之原始教誨與實踐方法。上座部佛教的宗派可回溯至「長老」（the Elders，巴利語：theras（上座）），他們遵循著首批佛教僧伽中資深僧侶的傳統；許多上座部的佛教徒，都是遵循佛陀教誨而開悟並解脫生死輪迴的僧尼。大乘佛教則是西藏、日本以及中國各種佛教派別的總稱；有些大乘佛教徒的目標是成為留在生死輪迴中幫助他人開悟的「菩薩」。'The Buddhist Schools', www.buddhanet.net, accessed 19 October 2021.

⑥ *Légende de l'empereur Açoka* (Paris, 1923), quoted in Strong, *The Legend of King Ashoka*, p. 27.

⑦ Strong, *The Legend of King Ashoka*, pp. 49–56.

《阿育王傳》

《阿育王傳》最初可能是在西元前二世紀以口語形式匯編、收集而成，直至西元二世紀才首次有書面文字的出現。

在這個版本中，佛陀親自預言了阿育王將成爲國王。話說有一天，佛陀行經羅閱祇時，遇見一個叫闍耶（Jaya，幼年時期的阿育王）的小男孩在泥土中玩耍。男孩將一把泥土扔入佛陀化緣的缽中，說憑他這項施捨的功德，他將成爲國王；等到他將這片大地納入單一君權的保護傘下，他將向神聖的佛陀謁拜禮敬。佛陀於是接受了這把泥土，同時預言他的願望將會成眞。

一位佛教統治者（轉輪王）的石灰岩浮雕，可能是阿育王。

阿育王的父親是賓頭娑羅王，母親是住在比哈爾邦東邊占婆的婆羅門美女（未提及姓名）。她生了個兒子並給他取名叫阿育王，意思是「無憂」，因為她生他時無憂無慮；她的第二個兒子叫維塔輸迦（Vitashoka），意思是「止憂」。賓頭娑羅厭惡他的兒子阿育王，因為他很醜陋而且皮膚粗糙——這是他給佛陀一把泥土的業果，也是他邪惡本性的象徵。有一天，賓頭娑羅決定要考驗他所有的兒子，以決定哪一個可成為他的繼任者；同時，他要求一名正命論的苦行僧來檢視他的王子們。這名僧人告訴國王，擁有「最好的坐騎、座椅、飲品、器皿、食物」的人，將會成為下一任國王；阿育王則回答：「象背是我的坐騎，大地是我的座椅；我的器皿以黏土做成，米飯與酸奶是我的食物，清水是我的飲品。因此，我知道我會成為國王。」

賓頭娑羅王派阿育王率領一支大軍去鎮壓呾叉始羅城的叛亂，但並未提供他任何武器；由於呾叉始羅過去曾是獨立的國家，可能對孔雀王朝的統治深感不滿。因此，這裡所指的可能是真實的事件。據說阿育王曾如此宣稱：「如果我的功德足以成為國王，願戰爭的武器出現在我面前！」於是，大地裂開，出現了眾神為他創造的武器。人民熱烈歡迎他，聲稱他們並非反對國王，而是反對壓迫他們的邪惡大臣。其後，位於北印度犍陀羅國附近的迦剎部落，亦以類似的方式歡迎阿育王的到來。

當呾叉始羅的人民再次叛亂時，賓頭娑羅王改派阿育王的兄長修師摩去鎮壓他們。但國王隨即生了重病，便打算召回修師摩；此時，憎惡修師摩的大臣們要求國王讓阿育王繼承王位，但國王拒絕了。於是阿育王說：「如果王位理應屬於我，就讓眾神為我戴上王冠吧。」結果，眾神真的為阿育王戴上了王冠。當賓頭娑羅王看見這一幕，便吐血而亡了。聽到了父王崩殂的消息，修師摩趕回華氏城要殺他這位同父異母的兄弟，卻在途中落入一道溝渠之中，裡頭滿是燒得火紅的木炭；原來是後來成爲阿育王輔相的考底利耶爲阻止修師摩而挖了這道溝渠的陷阱。歷史事實是，阿育王的確是直到賓頭娑羅王崩殂一段時間之後才登上王位；這或許暗示了來自皇室成員的強力反對以及根除他們所耗費的時間精力——儘管我們無法確定這一點。

但阿育王登基之後，他的大臣與嬪妃們開始對他顯露出輕蔑之意，後者甚至砍掉了一棵阿育王樹（以他的名字來命名的樹）的枝椏。⑧這種惡意的對待把阿育王變成了殘酷的暴君，被稱爲暴虐的阿育王；他在華氏城建蓋起一座監獄與酷刑室，被稱爲「阿育王的地獄」，成千上萬人在此遭受酷刑折磨並被處死。《阿育王傳》對這些酷刑有詳細的描述。

有一天，阿育王看到他的嬪妃們充滿愛慕之情地望著薩摩陀羅，一位英俊而年輕的佛教僧人。於是，他滿懷著妒忌的怒火，用鐵臼將這些嬪妃們碾得粉身碎骨，並下令把這名僧人

阿育王樹的葉子，繪於十九世紀上半葉。

扔進裝滿滾沸的血水、糞尿、骨髓的大鍋之中；但是，火卻燒不起來、水也無法煮沸。當阿育王問薩摩陀羅此等能力從何而來，薩摩陀羅回答，這是出於他對佛陀的虔敬之心。薩摩陀羅告訴阿育王，佛陀曾經預言在他入滅一百年之後，華氏城將會出現一位國王，名叫阿育王；阿育王是一位轉輪王，將統治四大洲之中的一洲。同時，這位正義的統治者將會建蓋八萬四千座佛塔來供奉佛陀的舍利。阿育王在薩摩陀羅的描述中赫然認清了自己並醒悟到以往的惡行，他乞求薩摩陀羅的寬恕，承諾從此皈依佛法、摧毀監獄、剷除大劊子手，並誓言確保一切眾生的安全。

是否眞有這樣的建築存在？中國的朝聖者玄奘聲稱，他曾經看過標記該地點的石柱。一八九〇年代，英國探險家勞倫斯．沃德爾（Laurence Waddell）鑑識出帕特納的阿甘關（「深不可測之井」）就是「阿育王的地獄」所在位置。如今，該處已成爲極受歡迎的觀光勝地。

將阿育王描繪成殘酷無情的統治者，顯示出《阿育王傳》意識形態上的偏見。史壯寫道，「在佛教的聖徒傳中，殘酷成性的行爲事實上是一種文學比喻，目的在呈現出主人翁皈依之後性情與人格上的根本、重大轉變。」⑨阿育王後來成爲佛教王權與奉獻精神的典範，這需要他早期被描繪得極端邪惡以形成反差。說來古怪的是，《阿育王傳》中遺漏了一個重要故事，關於被今日的佛教徒

⑧ 無憂樹以其美麗的葉子與芬芳的黃色花朵（會變成紅色）而備受珍視；整個次大陸都將該樹視為神聖之樹，據說佛陀即誕生於藍毗尼的一棵阿育王樹下。

⑨ Strong, *The Legend of King Ashoka*, p. 107.

視為他最重要的成就之一：派遣他的兒子與女兒擔任弘法使節前往斯里蘭卡；同時，其中也並未提到羯陵伽戰爭。無論如何，由於他在這場戰爭之前已經成為佛教徒好一段時間了，因此，佛教無法被視為他心態轉變的唯一原因。

此後，這位君王即被稱為「佛法阿育王」——正義的阿育王。他最初的功績之一就是收集佛陀的舍利，然後將它們交給夜叉（超自然生物）去安置在每一個居民超過十萬人的城鎮。有三百六十萬居民的呾叉始羅想取得三十六箱舍利，但由於這個做法並不可行，阿育王告訴他們，他將代之以處決其中的三百五十萬居民；因此，他們迅速地撤回了這項請求。這或許又暗示了呾叉始羅人民有著不受管控、難以駕馭的本性。

阿育王要求華氏城的雞園寺〔另名阿育王園（Ashokarama）〕的住持保證，八萬四千座佛塔將會在同一天、同一時間建造完成；於是，住持以手遮日，使所有佛塔得以在一天之中建蓋完成。⑩根據《阿育王傳》所述，阿育王的妻子帕德瑪瓦蒂（別的文獻資料中皆未提及她）在同一天生下了鳩那羅。

儘管皈依了佛教，阿育王有時還是不免重蹈惡行。當他看到一幅描繪了佛陀在異教徒領袖畫像前俯首禮敬的圖，便下令處決該地區所有的異教徒，宣布任何人只要給他帶來異教徒的頭顱，都會得到豐厚的獎賞——這個事件顯然與真正的阿育王在銘文中所提倡的宗教寬容大相逕庭。後來成為托缽僧的阿育王之弟維塔輸迦，有天晚上投宿於一名牧牛人的家中，而牧牛人急於獲得報酬，便砍下了維塔輸迦的頭帶去給阿育王；當阿育王看到這顆頭顱時，發誓永遠不再判處任何人死刑。史丹利．坦比亞（Stanley Tambiah）認爲，《阿育王傳》中會納入這些描述，反映出佛教徒對於王權制度極易採取這類作爲的傾向，隱含著憂慮與戒心。⑪

《阿育王傳》描述阿育王對佛教僧侶躬身行禮，並親吻他們的腳以示崇敬。當他的大臣們以佛教僧侶來自各個種姓爲由而加以反對時，阿育王訓斥他們說，在邀請人們來參加婚禮或用餐時才需考慮種姓（迦提），此外則毋須考慮。「因爲佛法是品質的問題，品質無法反映種姓」，他告訴他們，「皮、肉、骨、頭、肝……是每個人都有的……使一個身體『優於』另一個身體的，只是那些可移除的裝飾品」。⑫

位於比哈爾邦帕特納的古井阿甘關，曾經被認為是阿育王的酷刑室。

⑩歷史學家設法確認這次日蝕，並利用它來確定阿育王生平大事的發生日期。阿育王統治期間共發生了三次日蝕，根據帕爾推斷，這次日蝕最可能發生的日期是在西元前二四九年五月四日。Romila Thapar, *Aśoka and the Decline of the Mauryas*, 3rd edn (New Delhi, 2015), p. 65.

⑪ Stanley J. Tambiah, *World Conqueror and World Renouncer* (Cambridge, 1976), p. 32.

⑫ Strong, *The Legend of King Ashoka*, pp. 236, 238.

阿育王對佛陀過去的居所進行了一場盛大的朝聖之旅，包括藍毗尼、迦毗羅衛、菩提伽耶、鹿野苑、羅閱祇、僧伽施、舍衛城以及庫桑尼伽里，並在這些地方都建造了紀念碑；這些紀念碑有些是石柱、有些是佛塔，但只有桑奇的遺跡留存至今。阿育王尤其深受佛陀悟道之處的菩提樹所感動，因此以珍貴的珠寶來供養這棵樹；然而，他那嫉妒成性的皇后帝舍羅叉以爲菩提是某個女人，便要求一位女術士去殺了她。結果，阿育王因菩提樹的枯死而悲痛欲絕，這時帝舍羅叉才明白自己鑄下大錯，又要求女術士將菩提樹救活。阿育王渾然不知是誰差點害死這棵樹，遂用四千壺的牛奶來灌洗它；之後，這棵樹才開始冒出綠葉與新芽。這種說法或許有相當的根據，因爲在阿育王在位第十年時所撰刻的摩崖詔令第八則銘文當中，即述說了他遊歷兩百五十六個地點，以及拜訪三菩提的故事；有些作者認爲三菩提即等同於菩提樹。不過，沒有任何銘文中曾經提及這棵樹被摧毀，或是皇后帝舍羅叉的相關事蹟。

阿育王與王后帕德瑪瓦蒂之子鳩那羅以美麗明亮的雙眸聞名。當皇后帝舍羅叉向鳩那羅示愛卻被拒絕時，便開始策劃復仇。阿育王病倒之後，指示鳩那羅成爲他的繼承人；由於擔心鳩那羅成爲國王之後會對她不利，帝舍羅叉找到一個與阿育王罹患相同疾病的人，並把這個人開膛剖肚，發現裡頭有一條大蟲。在嘗試了各種香料之後，她給這條蟲餵了洋蔥、從而殺死了牠。因此，帝舍羅叉也給阿育王吃了洋蔥，阿育王的病就痊癒了。這可能表示，阿育王在晚年時罹患了癌症或某種內科疾病。

阿育王在晚年成了虔誠的佛教徒，捐贈衣物與食物給僧院寺廟，甚至親手施食給僧侶。隨著他的贈予愈來愈慷慨，他驚懼的大臣們說服鳩那羅之子、阿育王的王位繼承人三缽羅底

（Sambradin，也拼爲 Samprati）禁止國庫支付阿育王的捐獻。因此，阿育王只得以他個人財產作爲捐獻，直到他變得一貧如洗，只剩下半顆阿摩勒果。阿育王遂將這半顆阿摩勒果送至華氏城的雞園寺，作爲他最後的供養；於是，阿摩勒果被搗碎放入湯中，分送給整個僧團。此外，阿育王亦將整片土地捐贈給僧伽團體。

阿育王最後的話語，可被視爲堅定了自身的佛教信仰並摒棄了婆羅門教：

有了這份禮物，我不再尋求回報，
無論是重生於因陀羅之所或梵天之界：
我更不冀求王權的榮耀，
那就如同波濤洶湧的大海般起伏不定。
但因爲我對其懷抱信心，
我將獲取這份禮物之成果，
那是無法被偷走的事物，
也是雅利安〔靈性的英雄〕所崇敬的事物，
更能免於一切煩擾不安：
心智的主權。⑬

⑬ Ibid., pp. 291–2.

僧伽的長老則告訴比丘們：

偉大施主、人民之王，
顯赫的孔雀阿育王，
從南贍部洲之王
變成了半顆阿摩勒果之主。
如今，這位大地之君王，
君權為他的臣僕所竊取，
只能呈上半顆阿摩勒果的贈禮。
宛如應受斥責的平民百姓，
臣僕們的心吹捧自滿、驕傲自大，
熱切於享受壯麗與輝煌。⑭

這些段落的一種可能解釋是，在阿育王的生命接近尾聲時，他的權力被大臣們奪取，而這些大臣寧可過著奢侈的生活，也不願追隨他的道路。

故事隨著孔雀王朝的傳承結束而畫下了句點。三缽羅底的兒子是毗訶跋提，他的後代則是弗里沙娑、菩沙達曼以及菩沙密多羅（不同於《往世書》中所列出的人名）。菩沙密多羅有一位婆羅門顧問，一個「卑劣不忠之人」；他告訴菩沙密多羅如果想要留名千古，就應該摧毀阿育王建蓋的八萬四千座佛塔並且剷除、消滅佛教。他詢問僧團的僧侶想保住哪一樣：佛塔？還是他們的佛寺？他們選擇了佛塔。於是，菩沙密多羅剷平了佛寺並殺光了僧侶。後來，菩沙密多羅命喪一個想保護佛教的夜叉（一種自然神靈）之手。《阿育王傳》的結尾是這樣一句話：「隨著菩沙密多羅的死，孔雀王朝的血脈傳承也就到此結束。」

這個故事有些謬誤之處。菩沙密多羅並非孔雀皇室的成員，而是推翻孔雀王朝最後一位統治者巨車王的將軍，也是建立巽伽王朝的開國君王。菩沙密多羅並非以公然迫害佛教徒聞名，雖然佛教寺院在巽伽王朝統治期間的處境比在孔雀王朝時略爲艱難；但阿育王所建造的毘盧佛塔群，在這個時期甚至還進行了擴建。

《島史》與《大史》

早在西元前三世紀，斯里蘭卡就已經是重要的佛教文化中心了。《大史》是斯里蘭卡僧尼於西元五世紀末或六世紀初時，以巴利語撰寫而成；其中有若干部分，是源自早期的作品《島史》。這些作品講述了斯里蘭卡的歷史：斯里蘭卡的前身是創立於西元前六世紀的檀巴潘尼王國、統治者的家譜、佛陀到訪該島的傳奇故事，以及斯里蘭卡佛教界的歷史——據說源頭正是阿育王派至斯里蘭

⑭ Ibid., p. 291.

卡的使節。

這些作品的中心要旨，是讓阿育王與其同時代的斯里蘭卡國王天愛帝須（西元前三〇七至二六七年）、並與現今在斯里蘭卡與東南亞占主導地位的上座部佛教學派產生關聯性。在《阿育王傳》中，阿育王與佛教界的接觸主要是透過個別的僧侶，但斯里蘭卡的作品則強調他對整個僧伽團體的恭敬與順服。不同之點在於，《阿育王傳》強調並詳述阿育王皈依前的殘酷作爲，而《大史》則關注的不是他的惡行，而是他對靈性指引的渴求。

在這個故事中，婆羅門的查納卡（查納基亞，也稱考底利耶）爲一位來自高貴的摩利耶氏族、名叫旃陀羅笈多的光榮青年塗油並立他爲王，統治整個南贍部洲。「滿懷苦澀仇恨」的查納基亞利用這名青年作爲他的工具，殺了曾經羞辱他的達那難陀。從其時起，旃陀羅笈多在位二十四年，他的兒子賓頭娑羅也在位長達二十八年。包括阿育王在內，賓頭娑羅有一百〇一個兒子，皆由不同母親所生；然而，這裡所描述的阿育王不但不像《阿育王傳》中所述般外貌醜陋不堪，他的「勇猛、光彩、威力、神通」甚至超越了每個人。阿育王在殺光除了他最年幼的弟弟帝須之外的每個兄弟之後，成功地奪得了整個南贍部洲的完整統治權。從佛陀涅槃到阿育王接受灌頂，又過了兩百一十八年。阿育王將他唯一倖存的兄弟帝須擢升爲副攝政王，《阿育王傳》中也提到了帝須，這表示他可能是一位眞實的歷史人物。⑮

---

⑮ Wilhelm Geiger, trans., *The Mahavamsa; or, The Great Chronicle of Ceylon* (London, 1912).

阿巴寧德拉納特．泰戈爾，《帝舍羅叉，阿育王之後》，約於西元一九一〇年，彩色木刻畫。

阿育王原本仿效他父親賓頭娑羅的作法，養了六萬名婆羅門學者長達三年的時間；然而，當他看到他們是多麼地貪婪時，他趕走了他們，並轉而邀請不同教派的信徒來到他面前用餐。但在詢問過這些信徒的信仰之後，阿育王也把他們打發走。不久之後，阿育王觀察到有一名舉止安詳、面容英俊，名叫尼瞿陀的托鉢僧在街上托鉢，阿育王不自覺地深受尼瞿陀吸引。原來，尼瞿陀是阿育王的侄子，也是被阿育王所殺害的修摩那王子之子。阿育王深為尼瞿陀沉靜自若的風範所折服，遂請他教導自己關於他的信仰。尼瞿陀回答：「無逸不死道，放逸趣死路。」（譯按：引自《法句經》第二：不放逸品）自此之後，阿育王開始弘揚佛法。

在這段關於阿育王前生的敘述中說他是一位蜂蜜商人，曾經布施一位遊方僧一碗蜂蜜；當這位僧人問他想要什麼回報時，他回答「南贍部洲的完整統治權」。這位僧人就是尼瞿陀的前生。一個名叫阿珊帝密答的女人在旁看到了這一幕，她也希望在來世能成為阿育王的王后。於是，憑藉著她的業力，她果真如願了；而且根據後來的佛教文獻記載，她還成了阿育王最喜愛的妻子。

在這次會晤之後，阿育王酬謝了尼瞿陀與一小群僧侶，而且最終決定永久布施物品與食物給六萬名僧侶。當被問及佛陀教法的內容有多廣時，一位年長的僧人回答有八萬四千部；阿育王遂為八萬四千座城鎮提供錢財，下令國土各地的統治者建蓋大佛舍（寺院），他自己也在華氏城蓋了一座寺院。據故事所述，阿育王的皈依即發生在這座寺院的一場盛大節慶活動中；當時，他向數十萬名僧尼頂禮致敬。此後，「暴虐阿育王」搖身一變，成了眾所周知的「有德阿育王」。

阿育王成為國王之前曾出行至鄔闍衍那擔任總督，當時他曾短暫停留毗底沙，一個位於現今博帕爾（曾為佛教的主要中心之一）附近的繁榮城鎮。他在毗底沙遇到一位名叫蒂薇的美麗女孩，一位信奉佛教的大商賈之女；我們並不清楚他們是否結了婚，因為當阿育王登基時，她並未陪同他前往華氏城。有人認為，阿育王在他的王國各地都保留有妻妾與家人居住的行宮，作為統一政治聯盟的網絡。⑯

不論他們的婚姻是否具備法律地位，他們生了兩個孩子：兒子摩哂陀以及女兒僧伽蜜多，兩人都跟阿育王一起回到了華氏城。在阿育王的皈依儀式上，主持長老告訴國王，光是施捨財物給僧伽並不夠，真正虔誠的佛教徒會讓他的孩子亦出家為僧尼；於是，阿育王詢問他當時已二十歲的兒子摩哂陀與十八歲的女兒僧伽蜜多是否願意出家，兩人都同意了。雖然阿育王原本希望摩哂陀繼任他的王位，最後還是同意讓摩哂陀出家為僧。於是在阿育王在位的第六年，他們兩人都出家受戒，並擔任佛教使節被派往蘭卡島；摩哂陀與其他六名佛教長老一起，讓國王天愛帝須與其他貴族成員都皈依了佛教。

在阿育王的銘文中，他並未提及他的兒女也跟其他使節一起被派至外邦之地，雖然他的確提到斯里蘭卡是他派遣使節前往的國家之一，但這些使節是正法、而非佛法的使節。關於摩哂陀的唯一證據是斯里蘭卡的一則銘文，上頭寫道：「這是伊地卡長老與摩哂陀長老的佛塔，他們承最大的福

---

⑯ B. M. Barua, *Ashoka and His Inscriptions* (Calcutta, 1967), vol. i, pp. 52–3.

德威神之力來到此島。」[17]

由於阿育王在佛教界享譽極高、威望素著，對於這些典籍的編撰者來說，將這座島嶼皈依佛教的成果歸功於阿育王的子女，並利用王室家譜將他們的敘事與這位偉大的統治者連結起來、從而間接地與佛陀產生連結，有百利而無一害。在這之前，《大史》亦提及摩哂陀與斯里蘭卡國王天愛帝須之間曾有聯繫；故事是說，斯里蘭卡國王與阿育王長期交好，雖然未曾謀面，但會互相交換贈禮。天愛帝須王請阿育王將菩提樹的分枝送來斯里蘭卡，而阿育王在位的第十二年也促成了這樁美事。在移送分枝的過程中，同時發生了許多不可思議的奇

坐落於斯里蘭卡阿㝹羅陀城大眉伽林園中的菩提樹，源自西元前二八六年阿育王送來的菩提母樹之一段分枝，成功地在此落地生根。

蹟；斯里蘭卡國王賦予這棵樹形同君王的地位，並舉行了一場盛大的慶典來向它致敬。一段分枝遂被種在阿㝹羅陀城（斯里蘭卡古都）的大眉伽林園中。今日，此處仍是佛教寺院所在地以及佛教研究中心之一。阿育王在位第十三年時，他鍾愛的妻子阿珊帝密答去世了；她是一位虔誠的佛教徒。數年之後，阿育王將美麗但邪惡的帝舍羅叉（《阿育王傳》中亦曾提及）擢升爲后；帝舍羅叉嫉妒阿育王對菩提樹的虔誠摯愛，遂用毒刺毒死了菩提樹。然而此時，這棵樹的分枝已

阿育王與他的兩位王后以及枯萎的菩提樹。位於中央邦的桑奇佛塔南門，西元前一〇〇年至西元一〇〇年。

⑰ S. Paranavitana, *Inscriptions of Ceylon* (1970), vol. i, p. 35. ins. 468, quoted in Daya Dissanayake, *Ashoka and Buddhism*, www.academia.edu, accessed 19 October 2021.

經被移植到斯里蘭卡，並且繁茂茁壯、開枝散葉了。歷史學家史壯指出，這個故事代表了「頌讚斯里蘭卡作為印度佛教傳統的唯一且正統承繼者」的嘗試。⑱

《王河》

五百年之後，《王河》的原稿中將阿育王名列為喀什米爾的第一位國王。⑲這部史詩著作是印度最重要的歷史文獻之一，由歷史學家迦爾訶納（Kalhana）在西元十二世紀時以梵文寫成。儘管其中大部分記載並不可信，但文中確實指出，當地傳統仍然保留了關於阿育王的鮮活記憶。在這部作品當中，阿育王據說活躍於西元前兩千年，並且為斯里那加（坐落於現今斯里納加爾附近的古都）的建都奠立了基礎。迦爾訶納寫道，阿育王在兩個地方建造了佛塔，並在喀什米爾蓋起兩座濕婆神廟。根據這部作品，阿育王的繼任者是他的兒子伽羅卡，不過其他所有的資料都不曾提及伽羅卡。

阿布爾．法茲的《艾因阿克巴里》曾提到，這份文稿是為阿克巴皇帝翻譯的；在其中，阿育王被稱為「廢除婆羅門教、建立耆那教」的國王。「耆那」（Jain）這個字可能是征服者（*jina*）的誤譯，後者是佛陀的另一個稱號。

多羅那他喇嘛的《印度佛教史》（*The Origins of Dharma in India*）

在《印度佛教史》（西元一六〇八年）一書中，西藏喇嘛多羅那他（西元一五七五年至一六三四年）寫道，阿育王在佛陀涅槃後統治了一百年，活到一百五十歲，並禮佛長達七十六年。[20]大部分素材似乎都來自佛教故事，並且將阿育王描述爲虔誠的佛教徒。

在這個故事中，阿育王是北印度坎帕拉納國王與一名商人之女所生下的私生子，長大之後成了一名才華洋溢的青年，「精通六十項技藝」。當占星師詢問有關誰吃的食物最好等問題時，阿育王的回答與《阿育王傳》中的敘述如出一轍。而當尼泊爾人民起來反抗坎帕拉納王時，阿育王鎮壓了這場叛亂，從而獲得華氏城作爲他的封邑與回報；五百座花園被建造起來，「還有一千名演奏樂器的女孩日夜圍繞著他，滿足他的慾望」。當摩揭陀國王崩殂時，地方的達官顯要想起占星師的預言，遂將阿育王拱上了王位。在此之際，他的兄弟們分別統治著各自的城市並奉行著各自的宗教信仰；國王的長子信奉順世論的祕密教義，次子信奉大天，三子信奉毗濕奴，四子信奉吠檀多，五子屬於耆那教的天衣派，六子信奉婆羅門教的憍屍迦。經過統治權的漫長爭奪戰，阿育王擊敗了他的兄弟們並殺了五百名大臣。「隨著他愈來愈傲慢自大、殘忍無情，他變得不採取暴行就無法安心、甚至失去胃口」。

---

⑱ John Strong, 'Asoka's Wives and the Ambiguities of Buddhist Kingship', *Cahiers d'Extrême-Asie*, xiii (2002), p. 47.

⑲ Jogesh Chunder Dutt, *Rajatarangini of Kalhana*, vols i and ii, found at https://archive.org, accessed 19 October 2021.

⑳ *Taranatha's History of Buddhism in India*, trans. Lama Chimpa Alaka, ed. Debiprasad C Chattopadhyaya (Delhi, 1990), found at https://archive.org, accessed 19 October 2021.

在婆羅門的影響下，他決定進行獻祭；他被告知，如果他能獻祭一萬條人命，他的帝國就能擴展領土，他也能獲得解脫。最後，他找到一個願意擔任劊子手的人，於是他蓋了一間獻祭之屋，命令這名劊子手處決每個踏進屋子的人，直到人數達到一萬；因此當時，阿育王被稱爲「暴虐阿育王」。而當一名托缽僧走進屋子時，劊子手決定把他放進油鍋烹煮；豈知，被放進油鍋裡的這名僧人不但毫髮無傷，還示現出種種不可思議的奇蹟。目睹這一幕的國王與劊子手瞬間拜倒在他的腳下，「開悟的種子在他們的內心萌芽了」。在一位知名的聖僧前來王宮講經說法之後，阿育王開始日夜虔敬佛法並禮拜了三萬名僧侶。

阿育王養了一支由超自然神靈組成的大軍，讓他得以不流一滴血地征服整個南贍部洲——從喜馬拉雅山脈以北到溫迪亞山脈以南地區。他的上師告訴他，要讓保存有佛陀舍利的寺廟遍布王土，因此他大舉尋找佛陀的舍利，並建起八萬四千座佛塔來保存、安放這些舍利。在華氏城的三個月中，他禮拜了六萬名阿羅漢並將他們供奉於尊貴的上座，最後還送給每位僧侶昂貴的袈裟。這種慷慨布施之舉，使他贏得了「美德阿育王」的稱號。

中國的朝聖者

另一個關於阿育王與孔雀王朝的資訊來源是來自勇敢無畏的中國佛教僧侶，他們在西元第一千年前往印度，希望找到佛教典籍並帶回中國進行翻譯。其中最重要的一位是法顯（西元三三七？至四二二年）以及玄奘（西元六〇二？至六六四年）。直到十九世紀末，這些典籍才爲中國以外的人所得知，也才被翻譯成西方語言，並被探險家與考古學家用來作爲尋找阿育王紀念碑的指南。

這些朝聖者從他們所知的中國佛教敘事角度來解讀銘文，而這些敘事大多將阿育王描繪爲佛教僧伽的支持者以及佛塔的建造者。法顯與玄奘所知的銘文內容，都是出自當地僧侶之口；這些僧侶可能自行發揮或編造了銘文的譯解（就像現在有些導遊也會這麼做），因爲到那時候，已經沒有人看得懂婆羅米文了。兩位朝聖者都沒提到摩崖詔令，但他們確實記載了石柱的存在；有些石柱從未被發現，包括舍衛城的兩根石柱以及華氏城的另外兩根石柱。他們將這些石柱解讀爲阿育王豎立的

日本畫作，描繪了十四世紀中國僧人玄奘前往印度的旅程。

標示牌，紀念佛陀的生平大事。然而，自十二、十三世紀佛教在印度式微之後，就連這項關聯性都被遺忘了。

法顯據說從中國一路徒步，穿越冰封的沙漠與崎嶇的山隘，來到當時已成斷壁殘垣的華氏城；城牆與城門仍然聳立，上頭鑲嵌的是「世界上沒有任何人的雙手可以完成」的雕塑。他所描述的

不知名藝術家，法顯（西元三三七至大約四二二年）。

旅途見聞，說明了在阿育王死後六百年，印度人對他的記憶仍然十分鮮明。法顯描述了幾乎每個與阿育王傳說有關的地方，並且以一整章的篇幅來講述阿育王（在中文被稱爲「無憂」，意思是「不感憂傷」）的歷史。在華氏城，法顯看到兩根阿育王豎立的石柱，一根的柱頂有一頭獅子，另一根則刻有銘文，由當地人翻譯的內容是「無憂王將南贍部洲贈予僧伽，再以金錢將其贖回，如是者三」。由於當時已無人可解讀婆羅米文，這些翻譯內容有可能是想像出來的，或是幾世紀來始終保留在大眾記憶中的印象。

在阿育王宮殿遺址的法顯。

大約兩百年後，玄奘耗費了十七年時間周遊印度各地。[21]到那時候，佛教已然式微，紀念碑也

㉑他十七年旅途見聞的記載被收錄在《大唐西域記》一書中，是明代吳承恩創作小說《西遊記》的靈感來源（該書在西方被稱為《美猴王》（*Monkey*）），由亞瑟·偉利翻譯。

已成爲廢墟了；儘管如此，在提及阿育王對佛塔與寺院的干預時，他持續的影響力顯而易見。在華氏城，玄奘偶然發現了一根石柱（其後從未被發現），上面有著殘缺不全的銘文；據他描述的內容是：「阿育王以堅定的信仰原則，三度以南瞻部洲供養佛、法、僧。」[22]他也描述在其他地方發現了阿育王的石柱，包括舍衛城、瓦拉納西、尼格里哈瓦以及藍毗尼，藍毗尼的石柱據說被一條龍折斷成兩半。玄奘讚賞瓦拉納西附近一根石柱的閃亮飾面，他將其描述爲「像鏡子一樣明亮且閃閃發光，表面平滑如冰」。他宣稱發現了一座佛塔，標示出鳩那羅失明的地點；當盲人向佛塔祈禱時，就會重見光明。還有一根石柱，標示出阿育王酷刑室的地點。

雖然這些資料來源的可靠性有待商榷，數個世紀之後，它們仍爲試圖發現阿育王歷史遺跡的考古學家們提供了寶貴的指引。

㉒ Ibid., p. 305.

8 孔雀王朝的治理與施政

在西元前二五〇年的鼎盛時期，孔雀帝國是世界上最強大的國家之一，國土綿亙五百萬平方公里，人口數據估達五千萬到六千萬。①帝國以喜馬拉雅山脈與東亞爲界，並以興都庫什山脈與西亞相隔，版圖橫跨如今被劃分成巴基斯坦、阿富汗、伊朗東南部、孟加拉、尼泊爾南部以及整個印度的地區——除了次大陸最南端之外的每個地方。②阿育王的銘文，往往被解讀爲標誌出孔雀王朝邊界的記號。

在採行帝國中央集權的難陀王朝之前，印度是由小王國與共和國拼湊而成的一片大地。這些國家逐漸喪失了各自的獨立性，同時接受了華氏城統治者的集中統治；因此，整個帝國中住有眾多語言、風俗、傳統截然不同的種族與部落，以及形形色色的宗教團體。

① Paul George Demeny and Geoffrey McNicoll, *Encyclopedia of Population* (New York, 1983).

② 有關孔雀帝國地理版圖的詳細討論，請參見 Irfan Habib and Faiz Habib, 'Mapping the Maurya Empire', *Proceedings of the Indian History Congress* (1989), vol. I, pp. 57–79.

旃陀羅笈多

孔雀王朝的統治者採用簡單的「羅闍」頭銜，避免較早吠陀時期廣泛使用的「沙姆羅闍」（*samrajya*）或「摩訶羅闍」等頭銜，或是波斯統治者自稱的「萬王之王」（*maharajadhiraja*）。即使在帝國版圖大幅擴張之後，孔雀王朝的統治者也只是將他們自己視為摩揭陀的國王，而並未試圖自我神化——這項做法反倒在後來的王朝更為普遍。

麥加斯梯尼的《印地卡》一書提供了有關國家組織與國王職責的資訊，包括在戰時統領軍隊、主持案件審理以及進行獻祭。麥加斯梯尼寫道：

> 國王不僅在戰時會離開宮殿，也會為了審理案件而離開宮殿。然而，他會整天待在法庭中並且不允許自己受到干擾，儘管他必須照料自己的時間到了——也就是，他要以圓柱狀的木頭來進行按摩時。他甚至會在四名侍從為他按摩時，繼續聽取這些案件。他離開宮殿的另一個目的是為了進行獻祭，第三個目的則是為了狩獵……③

旃陀羅笈多與他的繼任者似乎都設有大臣會議或顧問委員會。麥加斯梯尼將印度人分成七個群體，最後一個、也是最小的群體就是在王國中擔任最高職務的顧問與估稅員，譬如軍隊首長與國庫總管。關於行政管理，麥加斯梯尼寫道：

> 至於國家的重要官員，有些掌管市場、有些掌管城市、有些掌管士兵。就像埃及的做法，還有些負責監看河流、測量土地、視察水閘，讓河水得以藉由水閘從主要運河排入支流，如此一來，每個人都能得到均等的供水。掌管獵人的官員，也被賦予了獎勵或懲罰他們的權力——根據他們應得的賞罰；這些官員負責徵收稅金並監管與土地有關的工作，譬如樵夫、木匠、鐵匠、礦工。他們也負責修築道路，每隔十個斯塔德〔約一千八百公尺〕就豎立一根柱子以標示支道與距離。④

這段話顯示出一套組織良好的行政管理體系，跟考底利耶的《政事論》中所述如出一轍。監督灌溉系統並確保水資源的公平分配，表示對農業的重視與關注，因爲農業是孔雀帝國的財富基礎。麥加斯梯尼指出，普天之下皆爲王土，因此農民必須向國王繳納土地貢賦（可能是一種租金）以及四分之一的農產品（有些歷史學家對這一點頗有爭議）。⑤因此，一種有效的徵稅方式必然已經存在，或許是以難陀王朝所制定的方法爲基礎。

---

③ Quoted in John Watson McCrindle, ed., *Ancient India as Described by Megasthenes and Arrian* (Calcutta, 1877), p. 72.

④ Ibid., p. 36.

⑤ Romila Thapar, *Aśoka and the Decline of the Mauryas*, 3rd edn (New Delhi, 2015), pp. 84–5.

城市（或許是華氏城）的行政管理系統更爲精巧複雜。根據麥加斯梯尼所述，官員分成六個五人組成的委會員，⑥第一個委員會負責督管工藝，第二個委員會負責照看外國人，爲他們分配住所、提供悉心照顧他們的助手、在他們離開國境時陪同護送、生病時提供照護、過世時提供殯葬。這表示，必定有相當數量的希臘人與其他外國人居住在首都。

第三個委員會紀錄人們的出生與死亡，旨在徵稅並提供政府人口規模的估計值。據麥加斯梯尼所述，牧人、獵人、工匠、店主必須提供特定的公共服務，並繳納相當於其勞動產出價值的十分之一或二十分之一的稅金。逃稅可被判處死刑。殘疾者以及婆羅門可免稅，除非後者未能履行他們的主要職責——學習吠陀經。剎帝利薪俸極高而且免稅，尤其是擔任職業戰士的剎帝利。麥加斯梯尼還提到一群負責徵稅的地政官（*agronomoi*），可能相當於阿育王的司直官。根據《政事論》的判斷，稅收是由地方村里以及地區的官員負責，後者得向大稅吏彙報。

第四個委員會負責監督貿易與商業，包括確認度量衡的準確性，並確保產品是經由公告進行販售；商賈不得販售一種以上的商品，除非他們也對額外的商品繳稅。第五個委員會負責監督製造出來的商品，確保所有二手品項與新品項分開出售；新舊商品混在一起銷售將會被處以罰金。第六個委員會負責徵收出售商品售價十分之一的稅金，未繳稅金者將被判處死刑。這些委員會共同監督所有影響公眾利益的事務，包括維修公共建築、調節價格，以及督管市場、港口、寺廟。

阿育王的治國之道

阿育王是一位負責盡職、孜孜不倦的統治者。在摩崖詔令第六則中，他指示他的官員們務必告知他所有重要事件，隨時隨地、不分晝夜。

摩崖詔令第六則

在過去，處理業務與呈遞報告並不總是及時而有效率，所以我做了如下的安排。我在各地都布有提供情報者，他們接受的指示是要持續地向我呈報正在發生的事情——不論我是否正在用餐、在妻妾的房室、在我自己的內室、在我的農場、在我的轎中，或是在我的花園裡。不論我身在何處，我都會處理公務。若是大臣會議中出現爭議，或是我所下令的任何捐贈或公告，亦或委派給大臣們的其他事務有若干變更被提出，都必須立即、隨時隨地向我呈報。

因爲我並不滿足於只是辛勤工作、有效率地處理公務，我認爲我的職責是促進所有人民的福祉，而爲達此目的需要辛勤工作與效率。因爲，再沒有任何事情比促進全世界的福祉更重要了；我所做的一切努力，都是爲了償還我虧欠眾生的一切，

⑥ McCrindle, *Ancient India as Described by Megasthenes and Arrian*, pp. 86–8.

讓他們在現世得享安樂、來生得升天界。刻寫這則正法銘文的目的在於使其長久流傳，使我的子孫、妻妾們也能秉持相同的熱忱，致力於促進全世界的福祉。

阿育王的銘文指出他的帝國分成了四個行省與邦國，但可能還有更多個行政區域。這些地區的首府包括了羯陵伽的都城睹舍離、中央邦西部的鄔闍衍那（舊阿槃提國的都城）、犍陀羅國的都城呾叉始羅，以及卡納塔卡邦的蘇伐剌城。古老阿契美尼德帝國的官僚體制或許仍殘留於西北方的行省中，在這些地區，阿育王的銘文是以佉盧文撰寫而成。難陀王朝與孔雀王朝在架構它們的官僚體系時，可能也借鑒或採行了阿契美尼德帝國的若干要素。

上述三個行省中的第一個受鳩摩羅統治，意指皇室親王，因爲代表國王進行治理，有時翻譯成「總督」。根據帕爾所述，總督有他們自己的大臣與議會，並被賦予權力任命自己的官員進行視察並監督司法行政與管理體系。⑦第四個行省由雅利安波多羅（*aryaputra*）負責治理，他或許是國王的長子及其法定繼承人。根據佛教典籍，賓頭娑羅任命其子修師摩擔任呾叉始羅的總督、阿育王擔任鄔闍衍那的總督，而阿育王之子鳩那羅據說也擔任了呾叉始羅的總督。潘古拉里亞（**Pangurariya**）的摩崖詔令提到另一位稱爲薩姆巴的皇室親王，擔任中央邦馬內馬德薩的總督，該地可能是第五個行省。在索拉什特拉的卡提瓦甚至可能有第六個行省，後來的銘文中曾提及那裡的兩位非皇室管理者。根據摩崖詔令，鄔闍衍那與呾叉始羅的總督每三年可以派遣官員至各地出巡視察。睹舍離的親王並未進行視察，反之，是阿育王親自進行視察；或許因爲羯陵伽是一個新近征服的地區，必須施以更強有力的控制。

在某些情況下，這些領地的前任統治者會被任命爲總督。位於古吉拉特邦朱納格特的一則銘文，是西元二世紀時由塞迦王盧陀羅達摩在一塊本刻有早期阿育王銘文的岩石上所刻，上頭寫道，旃陀羅笈多王的一位行省總督普什笈多在那裡建造了湖泊與水壩，並於其後「由臾那〔希臘〕王塔夏斯帕在統治期間爲阿育王．孔雀飾以噴泉」。

摩崖詔令第三則與第四則都提到參議會的存在，它可能是一個可向國王提供建議，但無眞正立法權的審議機構。阿育王的顧問可能是有各自支持者的地方領袖，而議會的權力則是基於他們支持國王施政的角色。在摩崖詔令第六則中，阿育王說到他的信使應該向他呈報議會中所有不同的意見，這意味著他不必親自出席審議，但他確實鄭重地聽取了他們的建議。《八章書》（*Ashtadhyayi*）或許是在西元前四世紀中葉寫成，作者是語言學家帕尼尼，他使用參議會領導（意思爲被議員所圍繞）一詞作爲國王的另一種說法，並且提到幾種類型的參議會，包括一個處理緊急事務的祕密議會。

一群由阿育王任命的官員被指派來協助國王與總督。第一個層級由派駐於帝國各大城市與地區的大風紀官所組成。對這一群政治體系中的重要官員來說，大風紀官似乎有些像是一種統稱；事實上，他們與正法大臣（負責傳播阿育王正法訊息的官員）是不同但平行的官職，而他們會被冠上這

⑦ Thapar, *Aśoka and the Decline of the Mauryas*, p. 129.

樣的官銜，顯示出阿育王賦予這項角色的重要性。其他亦有掌管外國人、婦女事務、邊疆地區與城市的大風紀官。據阿育王的銘文顯示，當時的行政流程並未標準化，有些官員是每五年出巡一次，有些則是每三年一次。

在大風紀官之下還有司直官或地方官，督管著地方村落（*janapada*）。*Janapada* 一詞曾經意指獨立王國，後來才演變爲代表相對於城市的農村地區。帕尼尼與佛教典籍皆指出，這些官員也是文化（也許還有語言）單位，他們可能就是麥加斯梯尼所說的「負責監看河流、測量土地，也被賦予了獎勵或懲罰人民的權力——根據他們應得的賞罰」。《本生經》（關於佛陀前世的故事）曾提到一位被稱爲司直官的官員，他負責丈量農民的土地以決定他們該呈繳多少賦稅。在阿育王時代，這些官員可行使判決的權力，阿育王在石柱詔令第四則中描述了他們的職責。力求公平（*samata*，也被翻譯爲「統一」）的判決，或許意味著懲罰不該因違法者的種姓而異，或只是意味著懲罰的執行應該具備一致性。

摘錄自石柱詔令第四則

我所指派的地方官員〔司直官〕多達數十萬人，我將獎勵與懲罰留予他們自行斟酌評判，讓他們得以自信、無畏地履行職責，促進鄉間地方村民的福祉與幸福，使其受益。他們會知道，使他們快樂與不快樂的事物是什麼；同時經由虔信佛法者的勸誡，他們在現世與來生皆得享安樂。地方官必須服從我以及我的官員，因爲我的官員深知我之所欲，他們也會鼓勵並支持地方官，確保地方官的表現能使我滿意。

就像我們把自己的孩子託付給明智的褓姆，認爲「這位褓姆一定能讓我的孩子保持平安健康」，地方官之所以被委派，也是爲了讓農村人民享有福祉與幸福。爲了讓地方官能夠無畏、自信、心無旁騖地履行其職責，我已下令將獎勵與懲罰留予他們自行斟酌評判，他們必須在審判的程序與懲處上保持公正無私。我亦同意給予被判死刑的囚犯們三天的緩刑，讓他們的親友能趁此時機去勸服地方官，使其同意讓囚犯活命；如果沒有任何親友能做這件事，就讓囚犯在此時進行布施或齋戒，使其來生得享安樂。

下一個層級是稅吏（這個詞只在摩崖詔令第三則中出現過一次），有時被翻譯成「轄區官」或「收稅官」，必須出巡視察並執行審判與財政職責。他們可能與《政事論》中所描述的民政官一樣，主要職能爲徵收賦稅、管理刑罰以及追蹤竊賊。往下一個更低的層級是書記官，似乎是高級官員的助理，並且須陪同他們出巡。（《政事論》中將這個官職稱爲會計人員）此外，一定還有官員專職於照看公共建設工程，包括修築道路、栽種芒果園、開辦醫院、治療病患與傷病的動物。

摩崖詔令第三則

我在位的第十二年，下令我帝國各地的書記官、司直官以及稅吏，爲了教導人民正法並達成其他目的，必須每五年出巡一次。順從父母、慷慨對待親朋好友、布施婆羅門與沙門、不殺動物、花費適度、擁有適量財物，皆深具功德福報。大臣會議將指示書記官記下這些規定並解釋原因。

這些官員如何挑選與任命？當時似乎並不存在任何文官體制或是需要通過競爭激烈的考試，例如中國早在漢朝（西元前二〇六至二〇〇年）即建立起來的科舉考試，或是後來英國在印度加以採用並修訂後自行創建的公職制度。

行省被劃分成各行政轄區，轄區又被細分爲村莊群落。最小的行政單位是村，至今仍是如此。一個村有一百到五百戶人家，稅務官員負責管理五或十個村莊，他們的職責包括了土地登記，以及對人口、田地、牲口、其他利潤生產單位進行普查。每個村莊都有一名村長或長老，負責向這些官員呈報。銘文指出有兩種城市：一種位於核心地帶之內，由中央政府治理；另一種位於行省之內，譬如呾叉始羅，享有更大的自治權，甚至能鑄造自己的硬幣。

帕爾指出了三種不同的治理模式。⑧核心地帶是宗主國摩揭陀以及印度恆河平原（大約位於阿育王石柱詔令的所在地），也是「最高度集權管理」之區；摩揭陀國控制了經濟並征服了其他領地。第二個核心地帶是以前的共和國與君主國，它們的經濟經過重組以符合宗主國的經濟架構，並由總督與高級官員進行管理。第三種模式盛行於相對孤立且人口稀少的周邊地區，這些周邊地區往往有茂密的森林，帝國的行政機構並未試圖重組這些地區的經濟，但的確運用了這些地區的現有資源，諸如木材、大象以及半寶石。爲達此目的，帝國必須利用當地人的專業知識與技能。這些叢林中的居民給阿育王帶來了不少困擾。

《政事論》

在孔雀帝國整體的治理與生活方面，歷史學家亦致力探討另一個資訊來源：考底利耶的《政事論》。該書名有多種翻譯，包括：《治國手冊》（*A Manual of Statecraft*）、《治國論》（*Treatise on Statecraft*）、《政體論》（*A Treatise on Polity*）、《物質利益學》（*The Science of Material Gain*）、以及《政治學/政治經濟學》（*The Science of Politics/Political Economy*），而且只存在幾份手稿之中，最古老的一份可回溯至十二世紀。《政事論》屬於一種被稱爲論典的著作類別，也就是關於各種知識領域中各種主題——包括宗教、醫學、哲學，甚至獸醫學——的論文、書籍、手冊或是概要，以梵文寫成，通常以詩句的形式呈現，反映傳統經驗，而且不一定會提及同時代的人事物。派崔克．奧利維爾與馬克．麥克利斯寫道：「它是特意在不提及任何歷史背景的情況下寫成，因爲倘

⑧ Ibid., p. 196.

若提及特定歷史背景，可能就會限制了它對不同情況的適用性。」[9]對考底利耶來說，人生最重要的目標並非佛法，而是世俗的功成名就；更具體地說，是國王的權力與成功。《政事論》基本上是一部世俗的論著，宗教在其中扮演著次要的角色，經濟發展才是重點，因爲後者可強化國王的財富與權力。

將《政事論》的作者認定爲考底利耶，是因爲每個章節結尾的聲明都將其列名爲作者；正文文末的詩句確認其作者爲毗溼奴笈多，有些學者認爲這是考底利耶的個人姓名。然而，這部著作的源頭也被歸屬爲查納基亞，一位據說幫助旃陀羅笈多打敗難陀人的婆羅門；這項假設是基於該書結尾的一段話：「出於義憤而迅速挽救了這部論述、武器，以及落入難陀人手中的土地，這個人就是這部論述的作者。」（XV.I-73）[10]

傳統觀點認爲，查納基亞在西元前四世紀末、從旃陀羅笈多的首輔一職引退之後，寫成了這部作品；這一觀點得到了R．P．康勒（R. P. Kangle）等知名歷史學家與翻譯家的支持，他在西元一九六五年寫道：「沒有任何令人信服的理由，可以證明這部著作不該被視爲考底利耶的作品，他幫助旃陀羅笈多在摩揭陀登上了王座。」[11]

然而，《政事論》於西元一九一三年被發現並出版後不久，就有人對它的來源與日期提出了質疑。西元一九二三年，歷史學家J．N．薩馬達爾（J. N. Samaddar）寫道：「《政事論》不該再被當成西元前三〇〇年這段時期看似證據確鑿的權威之作。」[12]捍衛此一觀點的人指出，書中並未提及旃陀羅笈多、孔雀帝國或華氏城，而且其中所討論的王國只是一個規模適中的國家，並非龐大的帝國。

根據內文與統計分析，印度學家湯瑪士・特洛曼得出的結論是，《政事論》並非單一作者之作，而是彙編自以前多位導師的作品，由某人將其分章、在各章結尾添增詩句、撰寫開頭與結尾之篇章，並且可能添加了其他的原始素材。[13]從這一點來看，《政事論》類似其他諸如《遮羅迦本集》或《愛經》等古印度論著，皆是經過長時間彙編而成之作；而將考底利耶與查納基亞畫上等號的段落，也是後來才增添的段落之一。

馬克・麥克利斯也同意這項說法，[14]認爲考底利耶是本書的編修者而非原作者，他只是努力讓這本汲取自前人撰述的作品顯得更加完善或精煉。大約在西元前一世紀，一位不知名的專家從數個不同來源匯聚了關於治國的資料，加上他自己的材料與創見，遂編成一部內容包羅萬象的論述，

---

⑨ Mark McClish and Patrick Olivelle, *The Arthaśāstra: Selections from the Classic Indian Work on Statecraft*, xxxv i (Indianapolis, in, 2012). 參見 also Mark McClish, *The History of the Arthaśāstra: Sovereignty and Sacred Law in Ancient India* (Cambridge, 2019).

⑩ 所有參考文獻均出自以下著作中所列的書籍、章節、文句編號：Patrick Olivelle, trans., *King, Governance and Law in Ancient India: Kautilya's Arthaśāstra* (New York, 2013).

⑪ R. P. Kangle, *The Arthashastra of Kautilya: The Work* (Bombay, 1954), p. 35.

⑫ 參見 J. N. Sammaddar, *The Glories of Magadha* [1927] (Delhi, 2018), vol. i, p. 57ff, 是早在西元一九一六年即已提出的反對意見之摘要。

⑬ Thomas R. Trautmann, *Kautilya and the Arthaśāstra* (Leiden, 1971), p. 175.

⑭ McClish, *The History of the Arthaśāstra*, pp. 152–3.

也成了其他作品的來源。大約在西元三世紀，一個自稱爲考底利耶的人編校了這部作品，又加入更多新的內容，將書名更改爲《考底利耶的政事論》(*Arthashatra of Kautilya*)。在笈多王朝（西元三一九至四六七年）統治期間，這部著作被歸功爲傳奇政治家查納基亞之作；由於笈多王朝試圖強化與孔雀王朝的連結以提升其統治地位，前述做法可能也是達成這項目標的方式之一。

爲了確定其撰寫日期，歷史學家檢視了內文的證據。舉例來說，內文提到來自亞歷山大港的紅珊瑚與來自羅馬的珍珠，是當時印度極爲珍視的奢侈品；然而，印度與羅馬之間的貿易往來，一直到西元前一世紀中葉才展開。此外，文中只提到帶有打孔標記的銅幣與銀幣，而並未提及在西元一世紀或二世紀初取代了它們的壓鑄金幣；因此，這部著作的撰寫必然早於這個時期。很難判定考底利耶原始素材的特定章節是在何時寫成——不論是由他自己或他人撰寫，但由於內文皆取自較早期的資料，奧利維爾的結論是：「從理論上來說，有些部分可能是在孔雀王朝前不久、或是在該時期寫成。」[15]同時，儘管大部分內容是在描述一個理想的國家，但整體而言，這部著作「爲我們提供了有關印度社會的寶貴資料，尤其是它的物質文化」。[16]

考底利耶並未思考最好的政府形式，因爲對他來說，「國王與其統治涵蓋國家所有的組成」是理所當然、無須驗證的公理（VIII.2.1）。倘若沒有強大的國王，人生的其他目標——尤其是佛法——就無法被實現，因爲少了威權的存在，弱肉強食的結果就是無政府狀態。法律與秩序必須被維持，行政管理架構必須被設立，刑罰政治就是他的核心概念，藉由罰金與懲罰制度來執行法律，包括監禁與肉體刑罰。考底利耶寫道：「施以過重刑罰者，會使人民心生恐懼；施以過輕刑罰者，則使人民心生輕蔑。唯有施以適當刑罰者，才會使人民待之以敬。在明察事實之後所施加的懲罰，會使其臣民欣然接受法律、擁抱成功與歡愉。」（I.4.10–11）遺憾的是，對於作者的聲譽來說，最常被引用的段落卻是涉及他建議利用間諜、雙面間諜、外國特務組織來保衛王權的段落，這讓考底利耶贏得「印度的馬基維利」稱號（雖然他們的目標與方法有著截然不同的重點）。⑰

考底利耶所設想的政體是一個地區性的小王國，具備了各種自然特徵，包括山脈、溪谷、平原、叢林、湖泊以及河流；邊境地區若非山脈、即是叢林，爲部落所占據，但這些部落不完全受國王控制。主要城市建蓋在近水源處，規劃完善、防禦森嚴；另外，至少有四座城鎮發揮著行省首府的功能。道路不但連結了國內的城鎮，也與鄰國相連。因此，《政事論》並未說明如何統治一個宛如孔雀帝國般、橫跨區域的龐大帝國。

---

⑮ Olivelle, *King, Governance and Law*, p. 28.

⑯ Ibid., p. 39.

⑰ 兩者皆主張現實政治政策，亦即基於實際考量，而非道德或意識形態考量的政治體系或原則；然而，兩者雖都優先考慮建立一個強有力統治者領導下的統一國家，仍有相異之處。在《君主論》（西元一五三二年）中，馬基維利建議的政策是針對特定地理區域中的特定統治者，而考底利耶提供的則是不受時空影響的一般性指引。此外，馬基維利大體上對宗教抱持著懷疑態度，認為宗教會對人民產生腐敗、墮落的影響；然而，考底利耶支持傳統的婆羅門信仰。參見 Stuart Gray, 'Reexamining Kautilya and Machiavelli: Flexibility and the Problem of Legitimacy in Brahmanical and Secular Realism', *Political Theory*, xlii/6 (2014) pp. 635–57.

《政事論》中論施政

麥克利斯認爲，當我們對《政事論》中所描述的施政加以概念化時，必須謹記的是，國王與他的臣民對於王國的理解，並非以我們所謂民族國家的方式去理解。他寫道：「《政事論》中的中央行政管理，與其說是官僚機構與辦公室的聚集，不如說是由國王任命的一群人，負責監督對國家成功運作關鍵的活動。」⑱國王積極地參與國家事務的運作。在一段呼應麥加斯梯尼對旃陀羅笈多日常事務的描述，以及阿育王的摩崖詔令第六則的文字中，考底利耶爲身在都城的國王制定了嚴格的日常作息（I.19–24）。國王的晝夜被細分成十六個時段：

日

1. 聽取國防與預算報告
2. 聽取臣民提出的案件
3. 沐浴、進食、誦讀吠陀經
4. 會見各部門的督察長並察看帳目
5. 諮詢他的顧問委員會並聽取他的間諜與特務報告
6. 參加娛樂活動或聽取審議
7. 檢閱大象、馬匹、戰車以及軍隊
8. 與軍隊首長討論軍事策略

白天結束時進行黃昏禮拜。

夜

1. 會見密探
2. 沐浴、進食、誦讀吠陀經
3. 在音樂聲中準備就寢
4. 睡眠
5. 睡眠
6. 在音樂聲中醒來，思考《政事論》以及待辦的事項
7. 會見他的顧問並派出間諜刺探情報
8. 接受傳信大臣的祝福，會見他的醫生、廚師、占星師。之後，前往大會堂。

上述並無分配給國王的妻妾或龐大後宮，或是其他家族成員的時段，又或許這些時間已被涵蓋在娛樂活動之中。此外，國王也應該遵循婆羅門儀典，包括閱讀吠陀經以及會見他的祭司。

---

⑱ McClish and Olivelle, *The Arthaśāstra*, p. 37.

考底利耶極爲重視高階官員〔被稱爲阿摩耶（*amatya*）〕的任命。雖然《政事論》中並無確切的官銜描述與劃分，這個類別或許包括了地方行政官與法官；雖然他列出了身爲一位阿摩耶必須具備的一長串特質，但他並未設定種姓的限制，只指出這類高官應該「出身高貴」。要了解潛在的被任命者是否具備了合適的特質，必須詢問他親近的熟人與相同領域的專家，同時還要進行直接的觀察。但任命最高階官員需要用更迂迴的方法來測試他們的品格操守；舉例來說，派出密探去賄賂這些大臣，看他們會不會接受賄賂而推翻國王（I.10.6）。

反之，阿摩耶也必須審查並任命其他官員，包括司庫、收稅官、市政官、法官、地方行政官、宮廷侍衛長以及使節。日常職務則由階級較低的官員來執行，亦即總管（*adhyaksha*，監管者或督導者），負責監督有關經濟的特定領域並向收稅官員呈報。據《政事論》卷二中描述，他們的活動範圍涵蓋了採礦、黃金、商品、林產、軍械、天平與度量器具、海關、紗線、農業、酒類、屠宰場、藝妓、航運、牛、馬、大象、戰車、步兵、通行證（爲了移動於兩地之間）以及畜牧場地；每一位督察長會被分配到一筆年度預算，並預期要讓利潤回到國庫之中。然而，我們無法確定這樣的責任分工是否如實地運作於孔雀王朝時期或者其他任何時期，又或者它主要只是一種理想。

就像在旃陀羅笈多的時代一樣，國王的安全是考底利耶最關心的一個問題。關於國王日常作息的十六個時段中，就有三個專門討論安全的問題；《政事論》的十五卷中，也有三卷論及祕密活動。暗殺的威脅是主要的恐懼，無論是用毒藥、還是用祕密武器暗殺，國王的眾多隨扈奴僕，包括理髮師、按摩師、音樂家、藝妓，必須由國王的侍衛仔細檢查、搜查、監督，而這些侍衛多爲女性：「當他起床時，應該由手持弓箭的女侍衛隊負責護送；在第二進的庭院中，由穿著長袍與纏頭巾的內侍管家陪同；第三進，由駝背、侏儒以及克拉底人〔叢林居民？〕；第四進，則由顧問、親屬，以及手持長矛的大門警衛。」（1.21.1）食物必須在安全的所在準備，並由食物品嘗師多次品嘗。關於如何辨識食物是否中毒，《政事論》提供了好些相當可疑的解釋；舉例來說，有毒的米飯會變得乾燥，並冒出孔雀脖子顏色的蒸氣；燉煮的食物會很快脫水變乾，同時不斷冒泡；有毒的果汁中間會出現藍色條紋，有毒的牛奶則會出現淡紅色條紋，諸如此類。（這些似乎更像是食物變質腐壞的跡象，而非真的中毒）同時，專門治療中毒症狀的醫生必須始終待在國王附近，扮演著安全護衛的角色。

在潛在危險人物的名單中名列前茅者，就是皇后、後宮成員以及宮廷中的其他女子。考底利耶舉出過去皇后謀殺國王丈夫等故事為例（呼應了佛教典籍中有關阿育王的邪惡王后故事）；另一類危險則是來自苦行僧，他們被認為擁有超自然力量，甚至被禁止會見國王。

經濟架構

對考底利耶來說，對於加強國王的權力並使其能藉由征服來擴展領土，建立並維持強大的經濟架構至關緊要。因此，他建議國王向他的官員們學習經濟，《政事論》中所設想的國家實行混合經濟，各部份經濟都有國營企業與私營企業的參與，各督察長會督管其管轄範圍內的私營與國營企業。國家藉由鼓勵至新地區殖民、清除林地、提供農夫工具與種子、賦予免稅優惠的方式，介入農業的領域。農場中有皇家的牧群，也有私人的牧群。國家為了大象、木材、蜂蜜，以及其他林產而保有森林保護區，並為了皇家狩獵設立野生動物保護區。礦藏是皇家壟斷的資源，但可以被釋出給私營個體。貿易由設有私營貿易部門的政府管理，也由私營商進行，但亦由國家負責確保其貿易路線的安全。政府實行嚴格控管，確保貿易商不會在繳納消費稅時作假；商人也會受到嚴密監督，以確保他們不會欺瞞民眾。國家不僅壟斷鹽、酒專賣，似乎還提供資金設立妓院。

然而，這個設想的王國還具備了代表福利國家的幾項要素：因公殉職者的妻兒仍可配給糧食與薪酬，兒童、老人以及病人也能獲得援助。考底利耶建議，遭受戰爭、疾病或饑荒摧殘地區的居民，應該享有免稅福利。

賦稅

考底利耶寫道，監管國庫是國王的首要職責（I.11.8）。稅金是國王保護臣民的報酬。在一段知名的文字中，考底利耶寫道：「人民，服膺於魚的法則〔大魚吃小魚〕之下，創造出摩奴……他們的國王。他們分配了六分之一的糧食、十分之一的商品，以及金錢作為國王的份額，國王藉此奉養，為其臣民帶來福祉與安全。」（I.13.5）。阿育王的銘文提到兩種稅：巴利與薄伽，薄伽相當於六分之一的農產，這也正是阿育王免除藍毗尼居民的賦稅。標準的稅金似乎是農作的六分之一，但亦可能根據土壤品質而調整。

《政事論》花了一整章的篇幅說明城市督察長的規定（II.36），也驗證了麥加斯梯尼所提供的若干細節。城市被分成四區，每一區皆有一位主管的官員，負責向城市首長報告。這些官員規範城市生活，並嚴格控制居民與外國人的行動；他們可以搜查房舍、拘留陌生人，並在酒館、賭場、作坊中圍捕罪犯與外國人。每天晚上都會實行宵禁，入夜後任何人皆不得進城。正如麥加斯梯尼所述及的城市第三個委員會，其官員必須對自己區內居民的一切瞭若指掌，包括居民的收入；《政事論》提到另有一位幹部負責監督稅收，未繳納賦稅者將被課以巨額罰款，但正如麥加斯梯尼所稱，不會被處以死刑。城市督察長負責完善維修道路與城市建築，屋主們則負責保持屋舍的整潔；在街道上亂丟垃圾，也會被處以罰款。

由於大部分建築皆為木造，因此夏天禁止點燃爐火，屋主也必須準備好梯子、繩索、水桶以及其他防火物事；同時，街道、十字路口、大門以及王室建築等處皆應備有水桶。

司法與法律體系

麥加斯梯尼寫道，印度是一個誠實的民族，盜竊行為極為罕見，雖然他們並無成文法律——但這個論點可能是建立在錯誤的資訊上。他聲稱，他們鮮少因金錢交易控告對方，不需要使用印章或證人，房舍與財產亦毋須看守或防備。然而，這幅質樸無憂的景象顯然與《政事論》卷三及卷四第四到十三章中論述司法與法律體系的內容相互牴觸；儘管這段時期的法律與規章或許與阿育王統治期間不盡相同，但其中必然存在著連貫性，包括在熙熙攘攘、商業導向、顯然充滿訴訟與爭端的社會中極為普遍的罪行與過錯。法律體系以法教（社會普遍接受的原則）、當代的法律規範、地方與種姓習俗，以及王室法令爲基礎。國王可以自行藉由罰款與更嚴厲的刑罰來懲處貪官汙吏。對於民眾來說，正義是透過法庭來實現，由法官與民政官這些公僕來執行。涉及個人糾紛的民事訴訟，會由三名法官組成的法院加以審理；原告正式提出他的申訴後，原告與被告會出示各自的證據與證人，由書記紀錄下整個訴訟過程。接著，由法官質詢各方當事人，然後做出裁決。

爭議的範圍包括了諸如婚姻、離婚、繼承、債務、誹謗以及人身攻擊（被視爲當事者私人之間的和解協議）等問題。若是下屬侮辱上司，罰款會加倍。在一段有趣的文字中，考底利耶是這麼寫的：「以『獨眼』與『瘸腿』等字眼所施加的人身侮辱，若是所言屬實，須罰以三帕納的罰金；若是所言不實，則須罰以六帕納。對於獨眼、瘸腿等人，若是以『你的眼睛眞美』之類的嘲諷言詞來表達蔑視之意，須罰以十二帕納。」（III.18.1-5）法庭極爲倚重證人的證詞，但有一大批人被排除在外，不得擔任證人，除非訴訟是發生在他們自己的團體之內。這些人包括了訴訟當事人的特定親屬與仇敵、囚犯、苦行僧、痲瘋病人、賤民、國王、博學多聞的婆羅門，以及從屬於國王的官員或婦女。

至於法庭的所在地、管轄範圍或是審理時程，《政事論》幾乎並未提供任何相關資訊，僅指出法官會在所有規模大於村落的城鎮中審理案件。宣誓的性質也會根據證人的種姓而有所不同。許多糾紛都涉及繼承：財產由家族共同擁有，在父親過世後，平均分配給合法繼承人（通常是兒子），但有時其他家庭成員也可以繼承，視情況而定。《政事論》對不同的群體規定了截然不同的繼承規則。財產的分配亦可視這些兒子的母親地位而定，譬如母親的種姓是婆羅門，兒子可分配到四份；

母親是剎帝利，兒子即分配到三份，以此類推（III.6.17）。

最常發生的案件是債務糾紛。借貸必須在證人面前公開進行，並遵守利率的相關規則。根據《政事論》所述，「正當合理」的利率，一般交易是每月百分之一．二五，商業交易是每月百分之五。但是，對於必須穿越遼闊荒野的商人來說，利率是每月百分之十；對於必須在海上航行的貿易商人來說，利率則是每月百分之二十，或說每年百分之兩百四十。顯而易見的是，這些利率反映了風險程度（III.11.1）。

大部分人身攻擊的案件都會在民事法庭審理，除非涉及死亡。懲罰反映了攻擊者與受害者的相對地位、位置以及傷害的程度。懲罰通常是罰金，而倘若傷勢嚴重，罰金可能會極高；倘若攻擊其他人的妻子，罰款還會加倍。

另一類的犯法行爲是關於賭博，尤其是用骰子下賭注，想必當時非常盛行。考底利耶主張讓賭博成爲國營企業，從贏得的獎金、場地與設備的租金，以及典當個人物品來還債等項目中分得一份利潤（百分之五），從而爲國庫創造財富。監管賭場還可讓當局察覺哪些人事實上入不敷出，而賭博時受騙的一方亦可獲得行騙者的賠償（III.20.1–13）。

諸如謀殺與強暴等更嚴重的罪行，可提交給特別的治安法官，由其自動進行調查；他亦可調查官員犯下的罪行，包括法官。在國王的司法體系中，這個部門被委婉地稱爲「斬刺除根」，運用了眾多保護國王與王國安全的方法，甚至包括許多令現代人聽了都會皺眉蹙眼的方法。《政事論》描述了一個由間諜與密探組成的廣泛網絡，包括了告密者、刺客以及奸細。

卷四與卷五是《政事論》中最知名、或說最惡名昭彰的章節。在這些篇章中，考底利耶描述了各種狡詐的方法，讓國王可以用來追蹤他的王國中正在發生的一切。間諜有兩種：一種是「祕密機構」，包括日常生活中的各種告密者，傳遞他們在扮演社會角色的過程中所獲得的情報；另一種是「行動密探」，遊走各地、居無定所，被派去執行特定任務的間諜。第一種包括了「詭計多端的學生」、放棄信仰的苦行僧、屋主、商人以及普通的苦行僧；這些被招募來的、形形色色的成員資料，就連軍情五處或中央情報局的官員都會深感驕傲。舉例來說，詭計多端的學生「大膽無畏，並且深知他人的弱點」，會因舉報任何可疑行爲而獲得金錢與榮譽表揚。以苦行僧身分爲掩護的密探，應該與城裡其他有剃髮的苦行僧往來，並且每月一次在公眾場合只吃一種蔬菜或一把大麥，但可以在暗地裡吃任何他想吃的食物。

行動密探可以採取諸如音樂家或按摩師等各種僞裝，以便進入戒備森嚴的所在，譬如政府官員的家中，以達蒐集情報或甚至暗殺某個目標的目的；爲達此目的，女性苦行僧尤其備受重視，因爲她們深受信賴。一群特別的核心密探，來自名門望族且身居高位，使他們得以與皇親國戚、高官顯貴來往。刺客與投毒者需要具備的技能則截然不同，對考底利耶來說，刺客是「來自鄉野的勇士，置個人安危於度外，會爲了金錢與大象或猛獸搏鬥」；而投毒者則是「對親人沒有感情、殘忍又懶惰之人」（I.12.1–5）。

密探的主要任務之一，就是測試國王所任命的官員以及皇親國戚的忠誠度，包括王儲、宮廷侍衛長、地方行政官、收稅員、市政官以及顧問群。即使在被任命之前，被任命者也必須接受由值得信賴的官員所進行的祕密測試。舉例來說，一名女性苦行僧可能會告訴一位高官，說皇后愛上了他、想安排一場幽會，並提供他金錢以作爲額外的激勵。

即使官員們通過了這些考驗，國王的間諜仍可繼續根除各種不忠誠的行爲。被捕的不忠誠者可能會被處以罰金、監禁、肉體刑罰，或甚至被處決。然而，倘若這名官員極受民眾愛戴或者深受同僚支持，則可採取祕密懲罰的方式：看是利用密探來陷害他，或是慫恿某個妒忌他或貪圖他遺產的兄弟來殺害他；如此一來，不但可除去這名叛徒，他的兄弟也會因謀殺手足的罪行而被處決。

層級較低的官員們也有自己的間諜網絡，用以檢核村落與地方官員。地方治安官亦有權力可處決罪犯，譬如偷竊珠寶以及其他貴重政府財物的違法者。

謀殺、強暴以及其他重大罪行，都是地方治安官的責任；地方治安官跟其他官員一樣，也會利用間諜網絡。他們的權力不僅在於審理案件，還可決定誰該爲罪行負責，而這需要調查、審問技巧，以及法醫鑑識方面的專業知識。爲了設法問出情報，酷刑拷問是一種可接受的方法；然而，有限制規定哪些人能被施以酷刑、哪些人得以被排除在外，後者包括了輕罪、孩童、老人與病人、瘋子與醉漢、進食過量或過少的人、孕婦等。而在這種情況下，官員應該要設法從認識他們的人當中問出情報。

《政事論》列舉出有趣的診斷指引，預示了現代的法醫技術：舉例來說，把被毒死者吃剩的食物丟進火裡，看看是否會發出爆裂聲或變成藍色，果眞如此，就表示食物中有毒（IV.7.1–14）。地方治安官可以派密探滲入不法幫派，並哄騙他們犯罪；而這些受到懷疑的罪犯團體，通常包括叢林部落在內。

雖然監獄存在，《政事論》並不建議監禁犯罪者，而代之以罰金或個人勞役的補償方式。只有典獄長有權下令對囚犯施以酷刑（IV.9.22），負責掌管監獄的官員理應公平對待囚犯，不得禁止他們睡覺、吃飯、運動，或執行其他身體機能所需的活動。另外，還有在特定日子可以大赦的規定，譬如征服新國家、冊立王儲，或是王子的誕生日。

雖然阿育王的銘文中有些暗示，我們仍不清楚在孔雀王朝時，這樣的制度到底落實到什麼程度。在石柱詔令第四則中，阿育王寫道，司法的施行應掌握於司直官手中，應該「統一執法，統一量刑」。有些囚犯雖被判處死刑，仍被給予三天的緩刑，讓他們的親友能趁此時機上訴求援。阿育王還補充，自他登基二十六年來，囚犯已經獲得二十五次大赦。在摩崖詔令第五則中，他敦促官員應合理對待囚犯，並表示倘若某人必須養家活口、受到蠱惑或是年事已高，那麼，官員應該想辦法讓他們獲釋。

對外政策

在《政事論》的卷八、卷十一、卷十二中，考底利耶花了相當篇幅闡述對外政策。國王會定期與他的顧問商議並派出外交使節，而考底利耶對外政策的核心即為「國王圈」〔羅闍曼荼羅（*rajamandala*）〕的概念。毗鄰且包圍統治者之國的邊境王國，被視為是敵對的國家；而包圍這些邊界王國的國家會形成另一個圈子，可被視為統治者的天然盟友。這裡所秉持的原則是，敵人的敵人即爲我的盟友。以此類推，可以擴及第三個敵人的盟友圈、第四個其盟友的盟友圈等。也有一些不適合這種架構的中間及中立國家。統治者應該設法以犧牲其他國家爲代價來提升自己國家的實力，同時，在可能的情況下去征服或統治這些國家。考底利耶描述了達成這個目標的六種做法，包括締造和平、發動戰爭、無爲而治、準備戰爭、尋求更強大國家的保護，以及締結聯盟；他更主張大量利用密探間諜，將他們派往外國播下煽動叛亂的種子，甚至進行暗殺行動。

阿育王是否同意採行現實政治政策？我們不知道阿育王有哪些敵國，但可能會有一些；我們也沒有任何資訊可以得知他的帝國是多麼團結或和平，亦無從得知各地的統治者是否仍保留了一定程度的獨立性，或甚至是否經常發生叛亂（呾叉始羅似乎就是其中一例）。銘文指出，來自叢林部落的強烈反彈，使得阿育王採取了軟硬兼施的各種策略來應對，包括安撫、贈禮以及暴力威脅。他的正法哲學或可被解釋爲一項努力，試圖去統一一個迥然不同，或甚至暴戾乖張的民族。

願意接受《政事論》作爲有關孔雀王朝重要資訊來源的歷史學家認爲，孔雀帝國是一個高度中央集權的國家，有等級分明的官僚機構、組織嚴密的治安部門與軍隊體系，以及效率極高的稅收機制。[19]然而，這一觀點遭到其他學者反對，尤其是印度學家杰拉德·福斯曼（Gérard Fussman）；福斯曼並不接受把《政事論》當成主要資訊來源的作法，並認爲在孔雀王朝的組織架構中，離心力

⑲ R. S. Sharma, *Aspects of Political Ideas and Institutions in Ancient India*, 4th edn (New Delhi, 1996), p. 373.

十分強大。[20]孔雀王朝國土遼闊，不但使得訊息往來困難，更讓各地代表可在其轄區內行使相當權力。假設一名信使每天可以在印度恆河平原上行進的距離超過一百公里，那麼，從華氏城出發的信使需要三十天才能到達坎達哈；而由於地形與雨季的影響，南北之間的訊息傳達更加緩慢耗時。佉盧文與希臘語在西北地區的使用，可能意味著該地區的官員都是來自波斯與塞琉古。

格里戈里・邦加德—列文（Grigory Bongard-Levin）的觀點則較爲持平：

> 孔雀帝國國家施政的一個特點是，中央當局對國家生活的各個層面施行嚴格管控，旨在使不同的行省機構皆能服從中央。但另一方面，國家機構中央集權與官僚化的程度也不應被過度高估……在行省地區，尤其是偏遠的行省，仍然保有相當強烈的自治傾向。[21]

---

⑳ Gérard Fussman, 'Central and Provincial Administration in Ancient India: The Problem of the Maurya Empire', *Indian Historical Quarterly*, xiv/1–2 (1987).

㉑ G. M. Bongard-Levin, *Mauryan India* (New Delhi, 1985), p. 285.

9 孔雀王朝的經濟與社會

在孔雀王朝的統治下，尤其是在旃陀羅笈多與阿育王時期，印度成爲古代世界中最富足的政體之一。一位經濟歷史學家曾經估計，西元一年時，印度占了全世界國內生產總值的百分之三十二（以及全世界人口的三分之一），① 這個百分比在孔雀王朝時可能更高。這一時期見證了農業的擴展、人口的成長、定居點的規模擴張、工藝的專業化、書寫文字的出現，以及由於廣泛的海陸貿易路線網絡而激增的國內外貿易。

我們對於孔雀王朝社會與經濟的了解有幾個來源：麥加斯梯尼的《印地卡》、阿育王的銘文、佛教與耆那教典籍，以及《政事論》——儘管學者們對後者的史實性意見分歧。馬克・麥克利斯與派崔克・奧利維爾寫道：「儘管《政事論》的學說可能看似脫離情境且理想化，仍可作爲考底利耶時代通行的慣例與習俗之重要紀錄。」②

---

① Angus Maddison, *Contours of the World Economy, 1–2030 ad: Essays in Macro-Economic History* (Oxford, 2007), p. 381.

② Mark McClish and Patrick Olivelle, *The Arthaśāstra: Selections from the Classic Indian Work on Statecraft* (Indianapolis, in, 2012), p. xlv.

另一個極有價值的輔助資料來源是語言學家帕尼尼的《八章書》。③帕尼尼據信出生於犍陀羅國，並在呾叉始羅學習與執教；他的目標是定義梵語的構詞學及語法，從而區分當時口語（古印度俗語）與梵語（菁英與宗教典籍所使用的語言）之間的差別。帕尼尼編纂了一份常用單詞的列表，然後創造出四千多條文法規則，以便對不同的語法現象進行分類；而這些規則反過來，又可以被用來產生其他字詞。自從十九世紀中葉帕尼尼的著作在西方被發現之後，他就有了「現代語言學之父」的稱號。

爲了描述當時使用的語言並創作出一部詞典，帕尼尼走遍印度各地以收集生活與社會各方面的相關詞彙，包括風俗、民情、政府、醫學、農業、食品、運動、衣物、家庭關係等；他也與各種社會階層的人們交談，包括音樂家、獵人、鞋匠、廚師、商人、作家、乞丐、信徒、農民、祭司、顧問等。《八章書》與《政事論》如出一轍，亦是以早期語法學家的著作爲基礎。歷史學家最初以爲帕尼尼的著作是在西元前六世紀寫成，但最近的學術研究則指出，這本著作的編撰時間可能晚至西元前三五〇年，就在亞歷山大大帝入侵之前、或是入侵期間，比之前所設想的時間更接近阿育王的統治時期。④希臘作家提到帕尼尼與一位難陀王朝的國王交好，並說他到訪華氏城參加一場會議，與會的許多哲學家提出各種提高農作物產量與促進公共利益的方法。另一名可能活躍於西元前二世紀的學者巴坦加里，他所著的《大釋》（*Mahabhasya*）是對《八章書》最知名的評論之一，而這部作品也是有關孔雀王朝時期的資訊來源之一。

帕尼尼是否確實寫下了這部作品始終備受爭議。誠然有些學者，尤其是哈里．福克，認爲這些內容其實是透過口語相傳的，但很難想像一部如此複雜的作品，可以在未被書寫成文字的情況下傳播開來。

城市

孔雀王朝的城市熱鬧而繁華，尤其是首都華氏城。佛陀在他的一部經書中曾對城市拘尸那羅有如下的描述：

> 無論晝夜……皇城拘尸那羅（憍薩羅王國的一座城市，位於現今的北方邦）總是回響著十種鼎沸之聲：象鳴，馬嘶，戰車轟隆，大鼓、小鼓、琴聲喧天，歌唱、鐃鈸、鑼聲靡靡，以及最後「及時行樂」的歡聲雷動。⑤

城市居民普遍信仰佛教與耆那教。有些婆羅門典籍中表達了對城市風氣的不贊同，比方說，典籍中宣稱應避免在集鎮中學習吠陀經。

③ V. S. Agrawala, *India as Known to Panini* [1953] (New Delhi, 2017).
④ Johannes Bronkhorst, *How the Brahmins Won: From Alexander to the Guptas* (Boston, ma, and Leiden, 2016), p. 271.
⑤ Quoted in K. M. Shrimali, *The Age of Iron and the Religious Revolution* (Delhi, 2018), p. 37.

若說《政事論》所述人生的目的是獲取世俗的功成名就，而婆羅門典籍所述的目的是實現法教，或說正義，那麼人生的第三個目的則是欲（歡愉），也是另一部知名著作《愛經》的主題。跟《政事論》一樣，《愛經》的作者、編撰時間以及編撰地點也都無法確定；歷史學家認爲它的編撰時間應該是落在西元前四〇〇到二〇〇年間，地點則是位於印度北方的一座城市，或可能是華氏城，同時也是參考眾多古籍而寫成。

《愛經》的第四章描述了一位有教養而富有的上流社會男士（*nagaraka*，有時被翻譯爲「時尚男士」）應採行的生活方式。他寬敞的房舍應坐落於城市或大型城鎮，鄰近水畔，有一座圈圍起來並種滿芬芳花朵的庭園。早晨例行精心修飾、梳洗打扮之後，他可以把這一天剩下的時光花在下列愉快而宜人的消遣上：參加節慶活動；出席社交聚會，與有教養的文人雅士討論藝術、吟詩作賦；沐浴；採花；與情人約會。他應該要同時會說梵語與俗語，表示他既博學多聞又平易近人。正如一首詩文所述：「一位博學多聞者，置身於一個按照人民意願行事、並以歡愉爲其唯一目標的社會中，會受到世人極度的敬重。」⑥

孔雀王朝的首都華氏城，是當時世界上最大的城市之一。考底利耶在《政事論》中所描述的理想城市（II.2），應該位於中心地帶，但鄰近河流或海洋，便於從事貿易與商業活動——這是國王主要的收入來源。城市的形狀可以是圓形、矩形或正方形，端視其地形而定。同時，這座城市應該有三條南北向的道路（稱爲皇家道路）和三條東西向的道路，將其劃分爲十六個分區；主幹道應有十六公尺寬，次幹道則爲八公尺寬。主要街道的盡頭處都是外城牆防禦壁壘的一道大門。考底利耶對於城市規劃的討論中，大部分都與安全考量有關；從三條平行的護城河中所挖掘出來的泥土，被用來建造防禦壁壘，並在其上種植荊棘灌木與有毒植物。防禦壁壘的頂端是一堵高度五至十公尺、寬度爲高度一半的牆，由磚塊或石塊建造而成，每隔五十四公尺就設置有塔樓與城門（II-3）。

國王的宮殿位於首都中心，按順時鐘等級排列的住宅與商家則圍繞著王宮：婆羅門在北邊，店主、技工、剎帝利在東邊，首陀羅在西邊。供奉主神的廟宇位於中央，供奉次要神祇的廟宇則位於城郊；火葬場位於城牆外，是旃荼羅（處理屍體的賤民）的棲身之處。

《政事論》建議制定詳細的住宅法規。在開始開發任何建築地塊之前必須先審慎劃定界限，以避免暴露於潛在的有毒或危險成分當中；同時，對於房屋出入口的位置，以及窗戶的大小與位置也都有規定，雖然鄰居之間的協議可以取代這些法規。

兩棟房子之間的分界須以灌木叢或鐵柱標示出來，此外，基牆應建蓋在距鄰居的牆約四十八公分處；廁所、排水設備或水井不該侵入或靠近鄰居的房舍，除非在分娩之類的緊急情況下，需要使用比平常更多的水量。小推車與動物、壁爐、貯水池以及磨坊，應距離鄰居的地產二十八至四十八公分；兩棟屋舍之間應有一條六十四至八十四公分的通道，屋頂之間也應保留八公分的間隙，雖說屋頂也可以相互重疊。

《政事論》中幾乎沒有任何關於實際建造住宅的資訊，因爲建蓋屋舍不受國家管控。挖掘工作

⑥ Vatsyayana, *Kamasutra*, trans. Wendy Doniger and Sudhir Kakar (Oxford, 2009).

中出土了以燒磚蓋成的屋子，配備了水井，有些是以磚砌成的；還有些屋子有大型的、陶土圈圍起來的井。

饑荒與自然災害

儘管麥加斯梯尼聲稱印度從未發生過饑荒，但這不太可能。當時跟現在一樣，農夫都得靠天吃飯，尤其是雨季時節。大約在旃陀羅笈多崩殂前後，苦行僧巴陀巴帶領大批耆那教徒出走南方，逃離一場即將發生在比哈爾邦的饑荒。阿育王的銘文中並未提到饑荒，但他的確曾警告人民別在森林中放火，也提到刀耕火種法的問題，並且在王國各地種樹植林。

《政事論》卷四的第三章中概述了預防並處理蛇鼠、猛獸、火災、洪水、疫病、饑荒，以及其他自然災害的措施。有些建議很實際：在夏天，村民應該在戶外烹煮食物以預防火災；在雨季，則應該搬離氾濫平原區並隨時備好船隻。為了滅鼠，家戶應該要放出貓鼬跟貓，並且繳納「鼠稅」——可能是每週要上繳一定數量的老鼠（這項措施讓人想起毛澤東的滅蠅運動）。

刻有婆羅米文的索高拉（Sohgaura）銅板銘文，西元三世紀，北方邦。

國王應該要儲備種子與糧食以備饑荒之用，並用以換取堡壘與灌溉工程的建設。或者，他也可以用糧食來換取領土，甚至在非常情況下，與他的人民一起遷徙至另一個地區。北方邦索高拉與孟加拉國瑪哈省的兩則銘文，都提到了儲存糧食以預防饑荒或其他災難的發生；這兩則銘文都可回溯至阿育王時期。⑦

旅行與交通

孔雀王朝時期的人們經常在旅行。商人、苦行僧、賣藝者，以及探親、朝聖、趕集、參加節慶活動的常民，總是四處奔波、遷徙不定。連接主要城市的道路以其終點來命名，而這些道路很可能只是清除叢林後略爲夷平的狹長土地，看不出路面有加以鋪砌。結果是，旅人總得花許多時間在這些道路上辛苦跋涉。

數條海陸的路線連結起印度與希臘世界、中亞以及中國的交通往來。印度商品，尤其是紡織品與香料，被運往遠至歐洲之地。北印度或北路是最重要的道路，由旃陀羅笈多分八個階段修建而成，並由西元十六世紀的舍爾沙、然後是蒙兀兒帝國、最後是英國人加以擴建並重新修整，英國人將這條道路稱爲大幹道（如今，其部分路段已成爲國道十九號的一部分）。這條道路據估全長爲兩

⑦ B. M. Barua, 'The Sohgaura Copper-Plate Inscription', *Annals of the Bhandarkar Oriental Research Institute*, xi/1 (1930), p. 48; and *The Archaeology of Early Historic South Asia: The Emergence of Cities and States* (Cambridge, 1995), p. 212.

千六百公里，從華氏城延伸至呾叉始羅、再繼續往前直到大夏，並在此連結其他貿易路線。在印度恆河平原上，這條道路的路線可能以阿育王石柱的排列爲標記；在旃陀羅笈多統治期間，有一大批官員負責監督道路的維修作業。阿育王則下令在主要道路沿線種樹、掘井，並建蓋旅店，每隔兩千公尺左右就設置路標指示距離。另一條東南向的道路是從北方邦東北方的舍衛城通往羅閱祇，還有一條東西向的路線是沿著恆河與亞穆納河的方向行進。

常民百姓只能靠雙腳步行，較富裕的人可以騎乘動物或乘坐由牛馬等拉的輪車，而商人則用牛與駱駝拉的輪車或船隻來運輸他們的貨物；不過，車匠是將車子各部位的分散零件交付給買家，須由買家自行組裝起來。王親貴族則乘坐由馬匹、駱駝以及驢子拉行的戰車出遊，有些戰車還奢華地飾以來自犍陀羅國的特殊羊毛（可能是羊絨）或者豹皮與虎皮。政府官員與士兵可以騎馬，《政事論》中詳細指明了他們該當行進的距離；普通的馬兒一天的腳程被稱爲一個阿斯維納，相當於六十五公里左右，但更好的馬兒每天的腳程可以到一百公里。

貿易與商業

在孔雀王朝的統治下，商業活動蓬勃發展、欣欣向榮。商人根據其投資在生意上的資金多寡、買賣的商品，以及爲了生意往來到訪的國家而被歸類。佛教典籍提到多達五百輛馬車的商隊，從印度東部駛往西北地區的目的地；商品包括有竹子、柱子、石材、馬匹、甘蔗、家具、香水、絲綢、羊毛、棉花、亞麻布、毛毯、獸皮、靛藍染料、蟲膠、皮革製品、鐵鍊、農具、織布機、陶器、金

馬背上的男子。中央邦毘盧佛塔東門上的雕刻，是巽伽王朝（西元前一八四至一七五年）時期的作品。

銀飾品、珠寶、寶石、武器（矛、標槍、戰斧、弓箭）、鎖子鎧甲、樂器（包括被稱爲七弦琴的弦樂器、鼓、鐃鈸）、馬車、戰車、船隻、母牛、公牛、馬兒，以及蔬菜、印度黑糖（gur，粗糖）、鹽、濃縮糖漿（phanita，糖蜜）、黃油、穀物、豆類等食品。進口的產品則包括了來自歐洲的葡萄酒、來自中國的絲綢，以及來自羅馬帝國的珍珠與珊瑚。

河流運輸是主要的交通運輸方式，尤其是沿著恆河與朱木納河的路線；商人擁有自己的船隻或者共享船隻，有些小型船隊甚至擁有多達五百艘船隻與木筏。印度商人的足跡遍布斯里蘭卡、阿拉伯南部以及非洲東岸，孔雀王朝的政府還設立了一個特別委員會來照顧外國人。早在孔雀王朝之前，印度即已發展出蓬勃興盛的造船業；在亞歷山大大帝征戰期間，旁遮普的一個部落在他們的造船廠爲希臘人建造出單層甲板的大帆船。

在市場上，商品以現金或以物易物的方式出售，後者主要是換取諸如食品、衣物，以及家禽家畜等日常用品。一塊布是一種常見的交換單位，而牛隻則是另一種以物易物的品項以及價值的度量單位。由城市官員組成的委員會負責監督價格的調節，同時照管市場、港口以及廟宇。

貸款十分常見，從借給農夫的小額貸款到借給商人的高額貸款都有。雖然麥加斯梯尼寫道，印度人不借錢給人也不向人借錢，但這似乎並非事實。帕尼尼提到的借貸利率爲百分之六到百分之十（他譴責其爲高利貸），而考底利耶則將非商業交易的合法利率設定爲一年百分之十五，但對於風險較高的事業，利率可能要高得多；貸款帳目通常在收成季節結束時結算，有時人們也會把自己當成貸款的擔保物。

考底利耶不信任商人，認爲商人總是想方設法地欺騙顧客與政府，因此，商品的銷售受到嚴格控管。據《政事論》所述，貿易督察長必須保留所有運輸貨物的記錄並考量商人的利潤，以便對其徵稅。

試圖隱匿交易的商人將被處以死刑。價格與利潤都受到控制，本地商品的利潤上限是百分之五，外國產品則爲百分之十。

商品稅會根據商品種類而不同：某些紡織品會被徵收百分之四的稅，熟食爲百分之五，毛皮、象牙等爲百分之十到十五。關稅爲百分之二十，但可以修改以鼓勵對外貿易。試圖藉由直接在產地購買產品來逃稅，將被處以鉅額罰金。

貨幣、鑄幣、度量衡

印度有好些世界上最早的貨幣。貨幣幣制在西元前第一個千年下半葉的出現，對印度的經濟與社會關係產生了重大影響。弗里德里希·恩格斯寫道，貨幣幣制破壞了部落體制的基礎，而部落體制無力抵抗「金錢的凱旋進軍」。[8] 硬幣是一種可運輸與儲存的商品，統治者可以將其作爲稅收或用作發動戰爭的財政收入。帕尼尼提到一種被稱爲尼什卡的貨幣，被拿來付給歌手作爲表演費用。

---

⑧ Quoted in G. M. Bongard-Levin, 'Development of Trade in Modern India', in *Asoka 2300: Jagajjyoti: Asoka Commemoration Volume*, ed. H. B. Chowdhury (Calcutta, 1997), p. 138.

他也用盧帕亞（*rupya*，「盧比」的起源）這個詞來表示一片壓印的金屬，可以金或銀製成。大約在西元六〇〇年，一種被稱爲卡夏帕納的硬幣在印度東部的大國鑄造。這些標準重量的打孔硬幣由銀與銅製成，起源可能是在犍陀羅國使用的阿契美尼德帝國打孔硬幣，而且印上貓頭鷹標記——雅典的象徵（印度仿造的硬幣有時會印上老鷹標記）。這些形狀不規則的硬幣被壓印上一個或多個標記，譬如公牛或古印度吉祥卍字飾，其後，孔雀王朝時期發行了大量四種面額的硬幣，最常見的設計是太陽、幾何形、輪子、動物、人物、山丘以及樹木；有些歷史學家認爲，這些符號可能與哈拉帕印章有關，雖然證據稀少。

《政事論》提到四種面額的銀帕那，以及被稱爲馬斯卡的銅幣，也有四種面額；但書中並未提及金幣，儘管金幣早已存在。錢幣同時由中央政府機關與私人鑄造，但《政事論》認爲應該停止這種做法（I.12.26）。在孔雀王朝後期，錢幣鑄造量增加，錢幣中的銅含量也提升了，這意味著一種貨幣貶值的現象。

據《政事論》所述，銀帕那是用來繳納稅款、罰金與工資，以及商業用途。支付給政府官員、王室成員、地方行政官、間諜、藝妓、士兵，以及其他工人的薪酬都是以現金支付，傳信大臣、軍事統帥、王儲、皇太后以及皇后的鉅額薪酬，可能是爲了讓他們不起叛變異心；而支付給收稅官、司庫、宮廷侍衛長的豐厚薪酬，則是爲了「讓他們在工作中保持正直」。但這樣的等級不該從字面上來理解，聖典的作者熱愛列表，這樣的幾何級數極具代表性。

遺憾的是，《政事論》中幾乎沒有任何資訊關於食物、衣物、住房、牛隻以及其他物品的成本，讓我們了解當時的購買力。勞動者的工資並未明定須以貨幣的方式支付，未獲取工資或薪酬的農工、牧牛人以及商人，可收取所生產的農作物、黃油或商品的十分之一。在社會下層階級中，大部分的交易可能都是藉由以物易物的方式進行。

帕尼尼與考底利耶都提到一套標準化的度量衡制度。重量似乎是以拉帝（*ratti*，雞母珠／相思豆）種子的重量為基礎，長度則與大麥種子的長度有關。

人物	帕那／年
首席顧問、軍事統帥、王儲、皇太后、皇后	48,000
收稅官、司庫、行政官員	24,000
行省指揮官、親王、顧問等	12,000
地方行政官、軍隊首長	8,000
占星家、吟遊詩人等	1,000
密探	1,000
藝妓	1,000
教師	500-1,000
步兵、會計師等	500
賣藝者	250
工匠	120
僕人、礦工、侍從	60
奴隸與農場僱工	1/4 帕那／月＋食物

農業

孔雀王朝是一個以農業爲主的社會。希臘人對印度一年兩熟的肥沃土壤以及農民的技術印象深刻，農村是社會的基礎，大多數農村皆可自給自足。

帕尼尼提到三類的農民：沒有自己的耕地、擁有自己的優質耕地，以及擁有自己的劣質耕地。耕地是繁榮的標記，由牛來拉犁、由僱工來耕地。作物被混種，譬如芝麻與豆子；耕地被分成幾塊，政府官員會對土地進行勘察並估算其面積。放牧牲口的牧場由村落共有。

帕尼尼提供了與農業相關的廣泛單字表，包括犁地、播種、除草、收割、脫粒，以及不同類型的土地（耕地、牧地、灌溉地、荒地）的不同用語。還有與母牛相關的豐富詞彙，包括母牛的年齡、狀況以及烙印使用的標記。帕尼尼列舉了幾種稻米、大麥、綠豆、小扁豆（紅扁豆）、芝麻、黍稷以及硬皮豆。

佛教典籍提及修建灌溉渠道與水壩。麥加斯梯尼也提到有一群專門官員的工作是檢視灌溉工程，以確保每個人都能公平地獲得供水。考底利耶也認識到灌溉是農作物生長的基礎，並敦促統治者重視這項建設。

農村由一位村長管理，並有一個由地方長老組成的委員會，負責照管廟宇、仲裁糾紛、維護村界碑、管理牧地的使用，並驅逐不受歡迎者。每個人都必須分攤節慶與其他公共事務的費用。

農戶飼養的牲口數量不多，另有私營的大型養牛場會僱用牧人來放牧牛群。阿育王提到有負責管理牧場的官員，而考底利耶也用了一整章的篇幅來敘述牲口督察長（II.29）。

大部分土地皆為森林所覆蓋，這些森林有自然生成、也有人工栽植。有些偏遠地方的森林被偷牛賊用來藏匿他們偷來的動物，也成了各種犯罪活動的天堂。

土地有些屬於私人土地，有些則是國有土地。森林、未開墾田野，以及荒地屬於國有土地，國王可以在這些土地上建立新的村落，並免除耕種者在一段時間內的賦稅。有部佛教典籍中曾提到一名婆羅門地主，他的土地由五百張犁與三千頭牛耕種。最大的地主會向佃戶收取租金，然後繳納稅金給國家；這些稅金是根據土地面積與農作價值而徵收。據考底利耶所述，土地出售的優先順位，先是親屬，然後是鄰人與債權人，最後才是其他人。

行業與職業

孔雀王朝統一印度、建立中央集權政府的結果之一，就是促成了手工藝等行業的蓬勃發展。麥加斯梯尼將工匠與手藝者列為第四類，並指出有些直接為國家服務者可免除賦稅，尤其是武器製造者與造船工匠。據帕尼尼所述，一個村落至少會有五種工匠或手藝者：陶工、鐵匠、木匠、理髮師以及洗衣匠。在自己的作坊、而非在顧主家中工作的木匠享有較高的地位，並可獲得顧客的一部分農作作為報酬。其他行業還包括了弓匠、染布工、礦工、織布工、製毯工（西北地區的毛毯由於色彩鮮艷而備受重視）、皮革工、金匠以及鷹架工。手工赤陶動物、鳥類以及人物塑像的發現，尤其是舞女與童玩，顯示出這些都是由熟練工匠專業化生產的城市工藝品。

紡織品的製造始於哈拉帕文明時期。印度織品在印度國境之外早已頗負盛名，棉布與絲布是出口大宗。據《政事論》所述，用棉花、羊毛、樹皮纖維、大麻纖維，以及亞麻纖維紡紗主要是婦女的工作，尤其是寡婦、無家可歸與傷殘失能者，以及其他需要救助的婦女。而織布的工作則似乎是以男性爲主（II.23.8）。

《政事論》列出了一百二十多種職業。工匠與手藝者包括了畫家、雕刻家、理髮師、編籃者、木匠、技師、金匠、皮革工、陶工、製索匠、鐵匠、裁縫、製帶者、洗衣工、編織工以及寶石匠。專門人員則包括有會計師、書記、占星師、占卜師、醫師以及助產士。珠寶製作、黃金工藝、象牙雕刻以及木雕等技藝的發展，臻至極高的水平；在許多城鎮，從事相同行業的工匠會聚居於相同的街區。

工匠會形成行會（*sreni*，這個字詞意味著種類或類型），由世襲的會長領頭。行會的成員會將這門技藝傳給他們的子女。每個行會都有自己的內規，但必須向當地政府登記；有些行會最終成爲世襲的社會階級（迦提），規模最大的行會則憑藉著近乎壟斷的產量而獲得相當的權力。行會也有銀行的功能，人們可以在行會存錢並獲取利息的回報；有些行會的財力雄厚且權勢顯赫，甚至可發行自己的錢幣並提供宗教組織鉅額捐獻。

賣藝者、私人侍從以及馴象師的分類極爲詳盡，舉例來說，有十六類的賣藝者與十五類的馴象師。然而，這些職業也被間諜與密探當成掩護與僞裝，因此，這可能不是眞正的總數。

礦業

從西元前兩千年初開始，鐵礦開採與鐵加工業即盛行於印度恆河平原與溫迪亞山脈東部；到了西元前三世紀，這些工業已然相當先進。⑨該地區擁有靠近地表的優質鐵礦以及來自森林的豐富木炭，得以生產出純度極高的鐵；運用鐵犁與鐵的技術修建灌溉工程，加上砍伐森林開墾農田，不但強化了農業的根基，更加速壯大了摩揭陀的國力。鋼可能也是在這個時期被製造出來，因爲在西元前五世紀時，希臘作家克特西亞斯聲稱他收到了兩把來自阿契美尼德宮廷的印度鋼劍。

銀、鉛、銅則開採於拉賈斯坦邦的阿拉瓦利嶺。某些豎井有木材橫樑支撐著坑道，甚至可深達一百公尺。最早的黃銅（由銅、鋅、鉛混合製成）是在呾叉始羅出土的一個花瓶中發現。孔雀帝國壟斷了礦藏與礦產的貿易。考底利耶認爲採礦是一切權力之源，因此他呼籲要任命專門的「督察長，分別負責礦藏、開採、金屬以及礦坑」（II.12）。

含有黃金與半寶石的古代礦藏，是在鄰近阿育王銘文所在地的卡納塔卡邦被發現。孔雀帝國南方行省的首府蘇伐剌城（黃金城）之名，可能也是由於鄰近金礦的所在而得名。在《政事論》中，黃金督察長（II.13）負責監督作坊，而金匠長則負責管理作坊。石雕也達到了極高的水平，由阿育王的石柱與柱頭即可得到證明。

---

⑨ Vijay Kumar Thakur, 'Iron Technology and Social Change in Maurya India', *Proceedings of the Indian History Congress*, lvi (1995), pp. 77–87.

教育

帕尼尼列出了許多與教育體系相關的詞語，或許也反映了他本身與呾叉始羅大學的淵源。傳統上，屬於三個較高種姓的男子會經歷人生的下列四個階段：學生、已婚居士、退休者以及遁世者。第一個階段可以持續長達三十七年，但通常沒這麼久；第二個階段始於婚姻，並致力於撫養兒女、賺取財富；在第三個階段，一個人逐漸放下自己的責任；到了第四個階段，他從世間俗務中隱退，準備迎接死亡的到來。

學生與他的教師同住，雖然有些教師負責管理學校。一個學年會分爲幾季，每一季都有特定的學習課程，學習方法也會根據題材的不同而改變。婆羅門學生會藉由背誦的方式來學習吠陀典籍。

存在於西元前六〇〇至西元五〇〇年間的呾叉始羅大學，是當時印度僅有的幾所大學之一，也常被稱爲全世界的第一所大學。在呾叉始羅大學的鼎盛時期，甚至有超過一萬五百名的學生，有些還從巴比倫、希臘、敘利亞以及中國遠道而來。經驗豐富的教師會教授三部吠陀本集、語言、文法、哲學、醫學、外科醫學、政治、戰事、天文學、會計、商業、音樂、舞蹈、其他表演藝術、神祕科學以及數學。呾叉始羅還以其法學院、醫學院和軍事學院而聞名。呾叉始羅大學亦以其法學院、醫學院以及軍事學院聞名，畢業於軍事學的學生可獲得教師贈予專屬於他的寶劍、弓箭、鎧甲以及鑽石。

社會結構

麥加斯梯尼寫道，印度社會分爲七個階級〔希臘語爲「純粹」（*mere*）或「出生」（*gene*）〕。⑩他的這個想法或許是從希羅多德而來，因爲希羅多德將埃及人歸屬於七個社會階層（直至十九世紀，西方作家才找出古埃及與古印度的相似之處）。麥加斯梯尼似乎也用了職業作爲他的分類基礎，而他的類別僅能大致對應印度的種姓制度（瓦爾納）；他寫道，沒有人可以與他的種姓之外的人通婚，或者從事任何非其種姓所能從事的行業或職業。到了孔雀王朝，這似乎已成了一項既定的社會習俗。

儘管數量稀少，但「哲學家、沙門、婆羅門」是最尊貴且享有聲譽的階級；這裡的婆羅門並非祭司，而是某些苦行僧團的成員。麥加斯梯尼寫道，他們是最受尊崇的一群人，因爲從受孕的那一刻起，他們就受到「博學之人」的關照，這些博學多聞者提供他們的母親「審慎的暗示與忠告」；之後，他們會接受連續幾位導師的教導，然後移居到城外的森林裡，並在森林裡過著簡樸的生活：睡在蘆葦或鹿皮鋪成的床上，戒除肉食與性行爲，大部分時間都在聆聽嚴肅的開示。以這樣的方式生活了三十七年之後，他們可以返回自己的家園娶妻生子，想娶幾個妻子就娶幾個，然後生下眾多兒女；由於他們沒有奴隸，所以大部分的工作都須由兒女來承擔。他們可以穿著上好的細綿薄紗、

⑩ John Watson McCrindle, ed., *Ancient India As Described by Megasthenes and Arrian* (Calcutta, 1877), p. 44.

穿金戴銀，也可以吃肉——但不是來自爲人類提供勞役的動物。他們不會與妻子交流自己的哲學思想，可能是因爲如此一來就會將哲學的祕密洩露給世俗的人，又或者是因爲他們的妻子倘若變成比他們更好的哲學家，就會離開他們。雖然可能誇張了些，但這的確是印度禁慾主義的眞實寫照：包括貞潔梵行的教義，或是對於肉食與性的棄絕。就連麥加斯梯尼提到三十七年的學習，也在摩奴的著作中得到了若干證實；摩奴亦建議跟隨上師學習三十六年，「或是三十六年的一半或四分之一時日，直到他學會爲止」。⑪

麥加斯梯尼宣稱，婆羅門對於物理現象的看法極爲原始粗陋，因爲這些看法多基於虛構的傳說或神話，但在某些方面，卻又與希臘人的觀念不謀而合。舉例來說，世界有起始的源頭，也有終結的盡頭，是一個球體，而創造了世界的神更遍布它的每個角落。麥加斯梯尼指出，婆羅門對生育與靈魂的本質，以及許多其他主題的看法與希臘人幾乎如出一轍——儘管他並未明確提到輪迴轉世。

有些婆羅門（他在此指的是祭司）爲死者舉行祭祀與儀式，以換取贈禮與特權之回報。每年年初時，這些祭司會在國王面前齊聚一堂，旨在爲國王提供有關如何改良農作與牲口的建議，並且對旱災、洪水、疾病做出預測；提供可靠建議的人可以免除賦稅，而預測錯誤的人會受到公開譴責的懲罰，並且必須在餘生保持緘默。

在《僞起源哲學》（*Pseudo-Origen Philosophia*，來自西元三或四世紀的一部早期基督教典籍）引用的一段文字中，麥加斯梯尼的敘述被加以引述，有關住在森林裡的一派哲學家，他們不吃肉也不烹煮食物，而是收集掉落地上的果實，同時，他們也只喝塔加貝納河（南印度的棟格珀德拉河）

的河水。他們不結婚，但會與當地婦女生子；他們一絲不掛、光著身子四處走，認爲身體只是靈魂的遮蔽物。所有人都被自己與生俱來的敵人所束縛，亦即肉慾、貪食、憤怒、喜悅、悲傷、渴望，唯有戰勝這些敵人的人才能去到神所。他們輕蔑地漠視死亡，一旦擺脫了這副臭皮囊的束縛，就能見到純淨的陽光，「宛如魚兒跳出水面時所見」。這段文字可能是指耆那教徒，尤其他們不吃肉並赤身露體，正如天衣教派所奉行的方式；但也可能是指正命論僧人，或是光著身子的苦行僧（隱士）。

最受尊崇的團體是海洛比奧伊（Hylobioi），他們住在森林裡，靠著吃樹葉與野果維生，穿著樹皮製成的衣物，戒絕性交與飲酒。國王會派信使向他們詢問萬物之因，並透過他們敬拜、祈求神祇。

其次深受敬重的是醫師，他們過著簡樸的生活，並大多以米飯與大麥爲主食。比起使用藥物，他們更常藉由調節飲食來使治療產生效果；藥膏與敷劑也有幫助。他們的藥學知識（或許是藥用植物的使用）讓他們得以促成婚姻的幸福並決定後代的性別。

麥加斯梯尼指的似乎是奉行古印度醫學阿育吠陀派別的醫生。一個常見的理論是，阿育吠陀源自吠陀經的魔咒與咒文，其後由妙聞與遮羅迦兩位醫生編纂而成；如同其他古印度文獻，他們的作品也是早期權威著作的概要。妙聞概要中的最早內容據估可回溯至西元前二五〇年，遮羅迦概要

⑪ Patrick Olivelle, trans., *The Law Code of Manu* (Oxford, 2009), p. 43.

則可回溯至西元前四〇〇年。妙聞的作品以其對外科手術技巧以及程序的描述聞名，包括白內障摘除、鼻子重建、皮膚移植以及截肢；遮羅迦的作品則是強調飲食。

另一個不同的，或說平行的傳統來自佛教。佛教的「赤腳醫生」居住在村落、也在村落行醫，而且與婆羅門不同的是，他們願意接觸病人與死者，對屍體的觀察讓醫學實踐與理論都得到了大幅的進展；醫生與護士的行為標準是在佛寺生活的背景下發展出來，醫務室也從而發展出來服務僧尼、最終推及俗世之人。⑫或許正是這樣的發展，激發了阿育王在他的王國各地建蓋醫院的舉措。

但奇怪的是，麥加斯梯尼對佛教徒竟然隻字未提。據蒙特斯圖亞特・埃爾芬斯通（Mountstuart Elphinstone）在十九世紀末的觀察，他寫道：

> 儘管佛陀的宗教在亞歷山大大帝之前即已存在了兩個世紀之久，但希臘作家卻從未特別注意到它，這的確是一個值得注意的現象。唯一的解釋是，佛教信徒的外表與舉止，並未奇特到能讓外國人把他們與一般民眾區分開來。⑬

人數最多的階級是農民，他們被視為「神聖不可侵犯」，因為即使在戰爭期間，他們的田野也不會受到戰火波及。雖然在印度社會的種姓制度中，農民屬於吠舍階級；同時在《政事論》中，這個階級被分配為從事農業、畜牧業以及貿易（I.3.7）。但是到了孔雀王朝時期，大部分農事都是由首陀羅包辦，因為有新的土地被分配給他們耕種。麥加斯梯尼寫道，為了全心投入農務工作，農民可免除兵役；他們與家人都住在鄉間並盡量不進城，「爲了免於城鎮的喧囂騷亂，或者是任何其他的目的」——也許是爲了避免受到城市的腐敗影響。

第三個階級是以帳篷爲居所、在鄉野中漂泊不定的牧人與獵人。他們可以飼養牲口，亦可出售或出租役畜。他們會清除把農民田地上的種子吃光的野獸與飛禽，而國王會撥予他們穀物的配額作爲回報。

對於這個群體，《政事論》寫道，「國王應該在無法耕作的大片土地上規劃牧地」（II.2）。牧地上可飼養的動物包括了牛、水牛、山羊、綿羊、驢子以及駱駝（馬與大象另有政府專人督察照料）。牛是最重要的牲畜，也是《政事論》（II.29）中加以詳盡指示的對象——反映一種對牛的福祉與經濟價值的關切。雖然牧牛者不得宰殺牛隻來取肉，但可以在牛隻死後出售牠們的肉或是曬乾的肉。放牧牛與水牛的牧人、擠奶工以及攪乳工，每人可以照顧一百頭牛；牧人應向牛群主人或負責牛群的政府官員要求，支付他每頭牛八瓦拉卡（相當於約十九加侖）酥油以及一帕那的稅。牛群會被平均分配爲老牛、乳牛、懷孕的母牛、初產母牛，以及尚未生產的小母牛；病殘的牛、難以擠奶的牛以及生產後殺死小牛犢的牛，會被分開來飼養在不同的牛群之中。

---

⑫ Kenneth G. Zysk, *Asceticism and Healing in Ancient India: Medicine in the Buddhist Monastery* (New York, 1991). 對其理論的批評，請參見 Rahul Peter Das, 'Kenneth G. Zysk: Asceticism and Healing in Ancient India: Medicine in the Buddhist Monastery', *Traditional South Asian Medicine*, vii (2003), pp. 228–32.

⑬ Mountstuart Elphinstone, *The History of India*, 6th edn (London, 1874), p. 261.

這些動物似乎都被悉心地餵養，牠們的建議飲食包括了份量不一的草料、牧草、油粕、碎穀粒、岩鹽、油、肉、酸奶、大麥、扁豆粥、牛奶、油脂、糖以及生薑（II.29.43）。虐待牛隻會受到嚴厲的處罰。在寒冷季節中每天擠奶超過一次的人，將會被砍斷拇指；任何殺牛或偷牛的人，也會被處以死刑。善待動物，尤其是牛隻，顯然是當時社會普遍的觀念與風氣。

麥加斯梯尼的第四個階層是製造農具、戰爭武器、其他商品的工匠以及出售這些商品的商人，這個團體在某種程度上相當於吠舍。有些人以服務的形式向國家納貢，但製造盔甲與建造船隻的人可以免除賦稅，甚至從國王（他們唯一的雇主）處獲取津貼。

第五個團體是士兵，也是人數第二多的團體，由國王來承擔他們的費用。這些士兵很可能是剎帝利。麥加斯梯尼不贊成地寫道，在不從事現役時，他們會把時間花在賦閒與酗酒上。其他貴族出身的剎帝利則擔任國王的顧問與大臣。

第六個團體是監督一切發生的事，並向國王或地方行政官呈報的監督者。有些負責視察城市，有些則負責檢閱軍隊，而且都會利用藝妓來當間諜。第七個階層由商議公共事務的顧問與估稅員組成，一個包括國王的顧問、將軍、大治安官在內的團體，人數最少、但最受敬重，相當於阿育王的大臣。這些統治階層的成員來自婆羅門與剎帝利。

《政事論》描繪了一個分成兩大群體的社會：雅利安人，意指南亞的「文明」居民；以及非雅利安人，包括了蔑戾車（外國人）、阿迪瓦希（居住在森林中的部落民族），以及旃荼羅或賤民。雅利安人由四個瓦爾納組成，考底利耶相當詳盡地說明了各個瓦爾納的角色與職責，包括通婚的相關指示。然而，種姓制度遠比這複雜得多，因爲過去與現在的許多種姓並不全然符合四重瓦爾納的分類（迦提）；根據帕尼尼所述，迦提這個詞指的是團體或行會；而在《政事論》中，它指的是一個當地社區，甚至包括了外國人。考底利耶列舉出十四個迦提，他將其歸因爲不同種姓之間的通婚（III.7）。另一個詞是氏族，也就是一個人的父系血統。《政事論》列舉出以下類別，認爲這些是市政官應該在其人口普查中列出的類別：「按照種姓、血統、姓名、職業以及收支來統計的男性與女性人數。」（II.36.3）婆羅門與刹帝利往往可以免除賦稅，相形之下，遂給農民與工匠帶來了沉重的負擔。

苦行僧可以屬於任何種姓，並會被分配到森林地區以便進行沉思默想與其他練習。由於嚴重違法而被排除在雅利安之外的人會被排斥，並且必須住在城外或村外。旃陀羅被迫使用自己的水井，並且住在定居區域之外。其他階級最低的團體包括了須瓦帕迦（育狗人）、獵人以及獵禽者，他們都被雇用爲森林守衛；叢林部落有自己的酋長與有價值的士兵，雖然他們被認爲不可靠並且只對掠奪感興趣。

雖然傳統的婆羅門理應研讀吠陀經並舉行儀式，但婆羅門始終是一個相當多元的團體，有些人會參與農業、貿易、手工藝，甚至軍事。政治與經濟權力主要掌握在刹帝利手中，他們之中的許多人擁有大片地產，並在軍隊中擔任最高職位。擔任統治者顧問的婆羅門不但薪酬豐厚，國王還會授予他們土地與金錢，所以有些婆羅門富可敵國。據說佛陀曾經宣稱：「以前，婆羅門住在森林裡，過著有節制的簡樸生活；現在，他們住在有武裝守衛的堡壘宮殿裡。」⑭格里戈里—列文寫道，在孔雀王朝時期，一個人的地位更是取決於財富，而非種姓。⑮有些吠舍變得極為富有，但其他吠舍則淪為首陀羅；他們無法擔任政府高職，但可以在軍隊中擔任士兵。

奴隸制與債役勞工

麥加斯梯尼聲稱印度沒有奴隸制，但這可能是因為印度的奴隸制與希臘的奴隸制截然不同；舉例來說，在斯巴達，奴隸受到的待遇非常嚴厲，甚至可能被雇主殺害。⑯梵語「達薩」有時被翻譯成「奴隸」，指的是享有的權利比其他雇工更少的工人。阿育王有幾則銘文提到奴隸與僕人，都應該被妥善地對待。然而，佛教典籍與《政事論》皆指出，富裕的家戶的確有家奴，奴工被用於採礦、清林、耕地以及其他活動。有大片土地以及中型地塊的地主擁有奴隸，寺院也是如此。一個人可能生而為奴、自願賣身為奴、在戰爭中被俘為奴，或是被法庭判罰為奴。⑰奴隸可以買回自己的自由，如果女奴為她的主人生了兒子，她跟孩子將可合法地獲得自由。奴隸通常不是賤民，因為如果他們是賤民，就不會被允許進入高種姓者的家中；他們也不該去執行賤民的職責，譬如處理屍體、清理糞尿、撿拾剩菜等。

《政事論》卷三的第十三章中提供了管理奴隸與勞工的規定。任何鬻賣雅利安孩童的人都會被處以罰金，然而對於外國人來說，鬻賣或抵押其子女並不犯法。文中描述了某個家庭為貧困所逼，全家人皆抵押給另一個較富裕的家庭為奴的情況；一旦他們存到足夠的錢可以重獲自由時，未成年的孩子應該是第一個恢復自由之身的人。債役勞工是指因無力償還債務而自行、或被他人典當或抵押的人，他或她的奴役身分爲期多久，端視契約而定。女性債役勞工不得被毆打、強暴，或被強迫服侍赤裸的男性入浴，倘若有上述事宜，就必須釋放她們、使其恢復自由之身。

在農場中，大部分的農務工作皆由僱傭勞工負責，尤其在播種與收成時節；即便小型農場也是如此。這些勞工多爲赤貧的首陀羅，沒有自己的土地。他們也在王室作坊、私人作坊以及家務活中製作手工藝品。他們會獲取一部分的農作物（作爲從事農務的報酬）、食物或許還有微薄的薪資。考底利耶詳述了雇主的虐待，譬如拒付工資，並對這些不當對待處以罰金。

飲食

麥加斯梯尼在描述當地的居民時寫道，他們「超越……尋常身材，並以自負的舉止體態著稱；他們也精通技藝，正符合了我們對呼吸純淨空氣、飲用好水的人所抱持的期望」。⑱他對印度人的

---

⑭ Ibid., p. 1.

⑮ G. M. Bongard-Levin, *Mauryan India* (New Delhi, 1985), p. 198.

⑯ 有關印度孔雀王朝奴隸制的詳細討論，請參見 A. A. Vigasin, and A. M. Samozvantsev, *Society, State and Law in Ancient India* (New Delhi, 1985), pp. 108–33.

⑰ Romila Thapar, *Aśoka and the Decline of the Mauryas*, 3rd edn (New Delhi, 2015), p. 186.

⑱ McCrindle, Ancient India As Described by Megasthenes and Arrian, p. 31.

儉樸飲食印象深刻：除了祭祀時，他們從不飲酒，三餐多混合食用米飯與濃稠的燉煮食物——某種扁豆糊或咖哩。然而，他對他們單獨用餐以及不定時進食的習慣十分不以為然。小麥在冬季與夏季播種，稻米與黍稷則在夏季播種；在河岸和沼澤溼地上，水果無須照料即可結實纍纍，蔬菜也繁茂生長。

帕尼尼的《八章書》中列出許多有關食物與烹調的字詞。他將食物分成兩大類：巴克夏（*bhakshya*）與米什拉（*misra*），前者是諸如肉類、扁豆糊、蔬菜等菜餚，後者是可以與其他品項〔譬如酥油、芝麻、印度黑糖（棕櫚糖或甘蔗）〕結合以增添風味的食品。他將後者與必須被添加以增添食物滋味的品項區分開來，包括鹽、酸奶以及酥油。眞理（*samskrita*）這個詞意指從製作地即可直接食用的食物，譬如酪乳、酸奶以及牛奶。

帕尼尼列出六種稻米，並指出種在摩揭陀的薩利米品質特別好。數世紀後，中國朝聖者玄奘形容這種米「粒大味香、口感細膩」、色澤閃亮，使它深受富人喜愛。其他穀物包括大麥、小麥、高粱或是普羅索小米（黍稷），是窮人的主食。常見的煮熟的米飯可以單獨食用，也可以跟肉類一起烹煮，並佐以煮扁豆。大麥可以被做成稀粥、鷹嘴豆泥糊（類似今日的糧粉）或是液狀食物。甘蔗被種植並加工成各種產品，包括坎德（結晶糖）與棕櫚糖。甜食是用酥油、牛奶、棕櫚糖以及麵粉製成。由小麥粉或大麥粉製成的阿普帕（*Apupa*），在酥油中煮熟並浸泡在糖漿或蜂蜜中，是現代小煎餅的前身；另一種由搗碎的芝麻與糖或棕櫚糖製成的甜食，則是深受歡迎的比哈爾邦甜食提拉庫塔（*tilakuta*）的前身。

家僕的食物算是他們的部分工資，他們也有權吃剩菜，雖然誰可以享用哪些剩菜亦經過審慎地規定：盤裡的剩菜是給家中的理髮師享用，鍋裡剩下的食物歸廚子所有，盛米飯的盤中剩下的食物，可以拿去餵食狗、烏鴉或其他食腐動物。

考底利耶規定，督察者必須視察在市場上出售的食物備製狀況，以確保顧客不被欺騙。舉例來說，當大麥被煮成稀粥時，理應膨脹成原來份量的兩倍，小米是三倍，普通稻米是四倍，昂貴的稻米（薩利米）則是五倍。麵粉摻假將被處以罰金。城市必須儲備充足的乾肉、魚乾以及可以保存數年的商品，以備饑荒之需。

考底利耶王國的主食是稻米，他還規定了不同的人可以消耗多少稻米，這或許暗示了一套定量配給制度的存在。雅利安人的主餐應包括一缽他的米飯（一缽他約爲〇．六公斤）、四分之一缽他的扁豆糊，以及十六分之一缽他的脫水黃油或油脂。婦女可分配到上述分量的四分之三，孩童爲一半，低種姓的成員則可分配到六分之一缽他的扁豆糊，以及上述一半的油脂。就連動物也有配額：狗應該被餵食一缽他的米飯，鵝與孔雀則是一半。米飯與扁豆糊還可以佐以其他菜餚，包括肉類與魚類咖哩，但分量並未加以明確說明。《政事論》中甚至包括了一份基本的食譜。

考底利耶的肉類咖哩食譜（II.15.47–9）

二十波羅（pala）的肉（約七百四十公克）

半庫杜巴（kuduba）的油脂（約四十公克）

一波羅的鹽（約四十公克）
一波羅的糖（約四十公克）
兩陀羅尼卡（dharanika）的香料（約八公克）
半鉢他的凝乳（約三百公克）

包括鳥類、獵物以及魚類在內的所有動物，都受到國家的保護。屠夫理應出售無骨的肉，而這些肉只能來自剛被宰殺的動物；如果屠夫出售的肉中包括了骨頭，或是謊報了重量，他就必須以顧客原訂單的八倍重量來補償他們。小牛、公牛以及乳牛不得被宰殺，宰殺這些牛隻的人會被處以可觀的罰金，這指出了屠宰牛隻所設定的部分禁令。（II.26.7–11）

城鎮都有販售熟食的公共食堂，會被定期搜查以追捕不良分子，包括外國人與罪犯。《政事論》中規定，偷獵行爲會被處以極重的罰金。六分之一的野生動物應該要安棲於國營的森林保護區中，不受任何傷害與侵擾（這也可能是一種保護方式，旨在維護統治者的狩獵園林完好）。其他須加以保護以免受「各種侵擾」的動物，包括了大象、馬、「有人類形體」的動物（可能是猴子）、鵝、瀆鳧（Brahminy duck）、鷓鴣、孔雀、鸚鵡以及其他鳥類——呼應了阿育王的限制與禁令。

酒飲

考底利耶描述了五種酒：

- 馬達卡（*Medaka*）。水、發酵米，以及香料粉、草藥、蜂蜜、葡萄汁、薑黃、黑胡椒，以及長胡椒的混合物。
- 普拉薩那（*Prasanna*）。發酵米，以香料、一種被稱爲普特拉卡樹的樹皮與果實調味。
- 阿薩瓦（*Asava*）。木蘋果糖與蜂蜜。也可以用芝麻與甘蔗汁製作，並以肉桂粉以及其他草藥及花朵調味。
- 阿里斯塔（*Aristha*）。水、糖蜜、藥被放入一個陶土鍋中，塗覆上蜂蜜、黃油以及長胡椒粉的混合物，放入大量大麥，發酵至少七晚。
- 迷隸耶（*Maireya*）。由不同成分（包括葡萄）釀製而成的酒，等級根據增甜劑的品質而不同，精製糖是最高的等級。

迷隸耶是如此受歡迎，以至於佛陀明令禁止他的追隨者飲用這款酒品。最著名的葡萄酒迦毗薩亞那，是由迦毗沙（Kapisi，阿富汗東北部省分）種植的葡萄製成。在印度西海岸所發現的雙耳酒瓶碎片，顯示在西元一世紀左右、甚至可能更早，來自羅馬的葡萄酒貿易十分蓬勃興盛。

酒精飲料的生產與銷售屬於國家壟斷的事業，並由酒類監察長加以監控與管理；而對其職責的描述，則讓一幅熱鬧酒館的場景躍然紙上。每個村落都有至少一間在國家監管下的商店，集賣酒執照、酒館以及旅店的功能於一身。這些店家的房間配有床、椅，並以鮮花裝飾。爲了防止逾矩行爲的發生，酒類只能以少量的方式銷售，而且必須在店內飲用——但品行良好的人可以將酒帶出店外。政府的密探會駐守在這些酒館旅店，以確保顧客的消費不至於超出其所能負擔的範圍，或者在這些地方藏匿偷來的贓物；他們也會特別留意外國客人，這些人「舉止像是雅利安人，但跟他們美麗的情婦喝得醉醺醺的，不醒人事地倒在一起」。如果顧客在喝醉酒時丟失了任何物品，店主必須負責賠償損失並繳納罰金。

在某些特殊場合，家庭可以自製特定的酒飲自用，包括以稻米、大麥、葡萄、棕櫚、芒果、木蘋果、甘蔗、麻花樹的花朵、茉莉花，或是某些樹木的樹皮為基底的酒；在節慶、市集以及朝聖時，他們可以釀製足夠供應四天的酒飲份量，同時把一部分贈予國家。

衣飾

麥加斯梯尼評論印度人的外表優雅。他們儘管生活簡樸，但「極重視美，利用一切手段來改善自己的外表……他們的長袍（以棉、亞麻或絲綢製成）以黃金精工細做並飾以寶石，穿著以上好平紋細布製成並帶有花飾的服裝」。⑲

關於印度人的穿著方式，阿里安引用了麥加斯梯尼的下列敘述：

> 印度人穿亞麻布的衣物……以取自亞麻樹的纖維製成……而且這種亞麻比任何其他亞麻的顏色都來得白……他們穿著長達膝蓋與腳踝之間的亞麻罩袍（裹裙或腰布）以及部分披在肩上、部分纏捲在頭上的衣服。極為富有的印度人會戴上象牙耳

> 環……奈阿爾霍斯説，印度人把鬍鬚染成各種顏色：有些可能看起來是最白的雪白色，有些是深藍色，有些是紅色，有些是紫色，有些是綠色。印度人不論是什麼階級，夏天都會在頭上撐一把傘。他們腳上穿著做工精細的白皮鞋，色彩繽紛且加以墊高的鞋底，使他們看起來更高。⑳

常民百姓穿著粗棉衣物，而富裕權貴則穿著絲綢與細滑棉布，有時甚至以金、銀線編織而成。考底利耶描述了數十種紡織品、它們的原產地以及編織與染色方法，包括了亞麻布、羊毛、動物毛、棉、平紋細布以及絲綢。儘管絲綢通常被認爲是中國的發明，哈拉帕文明的出土文物中仍發現了由野生蠶蛾吐的絲所紡成的絲綢；然而，用栽種的桑葉養蠶吐絲紡成絲綢，也可能是從中國人那裡學來的技術。印度亦從中國進口絲綢。

毘盧的雕像描繪了富人的穿著，或許是富裕顯赫的朝臣或腰纏萬貫的商賈；上層階級的男女都穿著三件式的無縫線服飾，一種被稱爲下裝（*antariya*）的布，由白色棉布、亞麻布或平紋細布製成，有時還以金線刺繡，披覆在臀部周圍，然後從腰部垂掛至小腿或腳踝，並用一條帶子繫在腰間。一種被稱爲上裝（*uttariya*）的長披巾以不同款式披搭，覆蓋住上半身。婦女將頭髮中分，紮

---

⑲ Ibid., p.70.

⑳ Arrian, *Arrian's Anabasis of Alexander and Indica* (London 1893), p. 418.

成兩條髮辮或是在腦後紮成一個大髮髻，並經常飾以吊墜與珠寶。

男女都會配戴由黃金與寶石製成的項鍊、耳環、手鐲、臂環以及刺繡腰帶。耳環尤其精緻，而且可以做得相當大。鼻環在這段時期尚未出現。考底利耶在《政事論》中用了好幾節的篇幅說明作坊的監督管理，這些作坊用金、銀、銅、鑽石（印度在西元前三或四世紀開始開採）、珍珠、紅寶石、藍寶石以及其他寶石製作裝飾品（II.13.14）。

有著精美頭飾的女子雕刻，位於中央邦毘盧的佛塔東門處，建於巽伽王朝時期（西元前一八四至一七五年）。

娛樂與休閒活動

狩獵是皇室與富人的消遣，尤其是獵鹿與野豬。有刺的箭會被用來射殺獵物，有時，還會用上成群的獵犬。考底利耶認爲狩獵是四大惡習之一，其他三項則是賭博、酗酒以及沉溺女色。擲骰子早在《梨俱吠陀》中即已被提及，帕尼尼則描述了兩種不同形式的博弈：一種在分成方格的木盤上進行，是帕克兄弟十字戲（Parcheesi，來自梵語的 *Panchavimshati* 以及印地語/烏爾都語的

pacchis，意思是「二十五」）的前身；另一種則是棋戲。下注與賭博十分盛行，下注的對象包括鬥雞、動物賽跑以及類似的競賽。考底利耶主張成立政府經營的賭場，提供誠實不欺的賭具，國家還可對所有賭贏的彩金徵收百分之五的賦稅。

《政事論》列出了專業的賣藝者，包括有演員、舞者、音樂家、說書人、特技演員、雜耍者、魔術師。在被稱爲三摩耶的特別聚會上，表演節目日以繼夜地演出，這類活動遭到阿育王的反對。村落會建蓋特別的房舍給這些賣藝者住，以防止他們與當地人交往過密，同時也可讓他們專注於工作上。運動消遣則包括了摔角、拳擊、射箭，以及騎馬進行長棍比武。在東印度，婦女流行的一項節慶活動是採花，毘盧與桑奇的大門上皆描繪了這幅景象。

婦女的地位

雖然父母可以爲年幼的女兒揀擇對象、安排婚姻，較年長的成熟女孩也可以自由選擇自己的丈夫。有些婦女甚至在吠陀學校學習，還有些人成爲教師、甚至苦行僧，致力於學習與宗教。帕尼尼提到專精於以長矛作戰的女戰士，麥加斯梯尼也講述了武裝女侍衛守衛著國王的內宮，並伴隨他前往狩獵探險。

這個時期的婚姻，比之後來離婚與寡婦再婚皆成禁忌的時期更有彈性、更可變通。考底利耶寫道，只要雙方同意，配偶可以相互憎恨爲理由而離婚（III.3.15–19）。如果一個女人的丈夫長期不在、成爲苦行僧，或是離開了人世，有兒女者一年之內可以改嫁，無兒女者七年之內可以改嫁。

寡婦可以成爲苦行僧，在這樣的情況下，她們可以保有自己剩下的嫁妝。她們也可以改嫁，雖然據考底利耶的說法，她們只能嫁給夫家的男性。然而，倘若一個妻子對其丈夫的慘死表現得過度悲傷，應該要被懷疑是否謀殺了他（IV.7.14）。

佛教徒與耆那教徒都允許女性加入他們的團體爲尼，提供了她們除婚姻之外的另一個選擇。第一位出家受戒的女性（在第一位男性出家受戒五年之後）是佛陀的姨母摩訶波闍波提・瞿曇彌。然而，佛教對女性有著某種程度的矛盾心態；由於擔憂女性會導致她們的男性同修誤入歧途，因此比丘尼必須遵守比比丘更多的戒律。

儘管如此，女性終其一生仍是備受限制。考底利耶寫道，「娶妻的目的是爲了生子。」根據《政事論》所述，女性自始至終都必須臣服於她的父親、丈夫或兒子之下並受其控制。倘若未經丈夫允許，她不得外出旅遊或看戲，也不得在丈夫睡著或喝醉時離家；然而，丈夫的體罰僅限於三巴掌，妻子在受到虐待時可以離家出走。在生病或其他緊急情況下，丈夫亦不得阻止妻子去探望她自己的家人。

如果在長達十二年的婚姻生活中，已婚婦女無法生育或只育有女兒，她的丈夫即可再娶一個妻子。如果家中沒有兒子，那麼女兒可繼承父親的財產；但即便沒有繼承人，寡婦也不得繼承丈夫的遺產，儘管她在不改嫁的情況下可以保留並掌控自己的嫁妝與珠寶。

新娘在結婚時倘若已非處女，將被處以鉅額罰金。亂倫會被判處死刑。同性戀對男性來說並不合法（但顯然對女性來說並非如此）。男性與王后、婆羅門女子或是女性苦行僧性交，女性與奴隸或男性債役勞工發生性關係，皆屬犯罪行爲。

通姦是一項嚴重的罪行，犯下通姦罪行的婦女會被施以截除鼻子與耳朵的懲罰（古代印度外科手術的一項成就，據述就是利用身體其他部位的皮膚來重建鼻子，就連今日的醫生也無法複製這項技術）。墮胎也是重罪。強暴者會被判處各種懲罰，包括罰金、截肢，甚至死刑——如果受害者因而死亡。身爲債役勞工或奴隸的婦女也受到一定保護、免受虐待，如果她們被主人虐待或懷了主人的孩子，就能重獲自由。

從考底利耶的敘述來判斷，女性也是勞動力的一部分。沒有其他經濟來源的婦女會在國營機構中擔任織布工與紡紗工，出於端莊矜持（暗指存在著某種自發性的深閨習俗仍然存在）或健康因素考量，不想在大庭廣眾下拋頭露面的女性，可以在家工作。

對女性來說還有一個選項，就是成爲一名藝妓。[21]《政事論》用了一整章的篇幅詳述藝妓督察長（I.27）。藝妓有四種來源：藝妓的女兒，以及被買來、在戰爭中被俘虜，或是犯了通姦罪的女子。國家藉由國營的妓院來掌控賣淫業，這意味著娼妓與藝妓皆受雇於國家（雖然「靠美貌謀生」的女子只要繳納收入六分之一的稅金，即可獨立營生）。

一個「天生麗質、青春貌美、具備藝術天賦」的女子可獲得豐厚報酬，並被分配到足以購買珠

㉑有關從馬克思主義角度來研究賣淫，請參見 Sukumari Bhattacharji, 'Prostitution in Ancient India', *Social Scientist*, xv /2 (February 1987), pp. 32–9.

寶、樂器以及其他行業用具的大筆金錢。當她逐漸年華老去，她可被指派擔任鴇母；鴇母的報酬亦十分優渥，但必須向國家提供完整而詳盡的收入帳目。

藝妓在梵語戲劇中說的往往是梵語，而非僕人與其他地位較低的人所說的俗語，這一事實指出，藝妓其實受過良好的教育；她們被期望精通眾多才藝，包括歌唱、彈奏樂器、繪畫、讀心術、配製香水與製作花環、按摩以及做愛的藝術（II.27.28）。

有些家庭專門從事這項職業，藝妓之子經常被訓練爲戲劇與舞蹈表演的製作人或演出者。鴇母離世或退休後，她的家業只能由她的女兒、姊妹或副手來繼承。藝妓應該要好好招待每一位顧客，任何欺騙、傷害、綁架她們的人都會被施以嚴厲的懲罰；另一方面，如果藝妓拒絕招待國王下令她們侍候的男子，可能會被處以被鞭打一千下的懲罰或是鉅額的罰金。對顧客表現出反感或厭惡的藝妓，需將其收費的一半繳納爲罰金；如果她殺死顧客，將會被活活燒死或淹死。這些懲罰會被提及，表示這類事件必然不時發生。

妓院在主要貿易路線沿線的城鎮中蓬勃發展，許多常客都是腰纏萬貫的商賈。有些藝妓也因此變得非常富有，甚至有能力資助佛寺、捐款給慈善機構、在饑荒時施食給飢民。毘舍離的著名藝妓菴摩羅即邀請佛陀與一千兩百五十名比丘赴宴用餐，並奉獻了一座花園給僧團。

10 孔雀王朝的衰亡

阿育王於西元前二三二年崩殂後，孔雀王朝的偉大帝國在短短五十二年間就崩毀了。西元前一八五年，孔雀王朝大軍的婆羅門指揮官菩沙密多羅・巽伽（Pushyamitra Shunga），在孔雀王朝最後一位國王巨車王前往檢閱其軍隊時，趁機刺殺了他。

從阿育王到菩沙密多羅的這段期間，孔雀王朝可能經歷過六位統治者，但由於缺乏可靠與一致的資訊，這個數字尚無法確定。在旃陀羅笈多與阿育王死後，耆那教與佛教的編年史亦相對沉寂、隻字未提，而除了達沙拉沙繼位後在龍樹洞穴中刻下的三幅簡短銘文之外，再也沒有其他銘文出現了。

我們主要的資料來源是《往世書》，但其內容所產生的問題比解答的問題還多。儘管在孔雀王朝整體統治了一百三十七年的這一點上並無異議，但對於統治者的姓名與統治期間，不但各部書彼此意見分歧，就連一部書中的內容都有不一致之處，顯示帝國當時正處於混亂與衰退的狀態。若說最初的三位國王，即旃陀羅笈多、賓頭娑羅以及阿育王，統治期間總計長達八十五年，那麼其餘國王的統治期間只有大約五十二年，這意味著無論他們個別的統治期間有多久，其實都很短。

根據史實，如下的六位國王是相當確定的統治者：

- 達沙拉沙，八年（可能介於西元前二三二至二二四年）
- 三缽羅底，九年（西元前二二四至二一五年）
- 舍利輸迦，十三年（西元前二一五至二〇二年）
- 提婆伐摩，七年（西元前二〇二至一九五年）
- 薩塔陀拉，八年（西元前一九五至一八七年）
- 巨車王，七年（西元前一八七至一八〇年）

阿育王與帕德瑪瓦蒂之子鳩那羅是否曾經當上國王，歷史學家們對此看法不一。根據《阿育王傳》所述，鳩那羅因阿育王邪惡的皇后帝舍羅叉的陰謀而失明，但只有幾部《往世書》稱他為阿育王的繼任者；佛教典籍並未提到他是阿育王的繼承人，儘管這些典籍應該十分樂於記載他身為佛教徒並登基為王的事實。根據當時的習俗，鳩那羅的失明可能成為他繼任為王的障礙。

佛教正典《大藏經》的中文版中提到了鳩那羅。據其敘述，犍陀羅國的國王崩殂後，人民希望阿育王成為他們的國王；阿育王派鳩那羅擔任總督，由於鳩那羅極受人民愛戴，阿育王決定將帝國從印度河到中國邊界之區，皆劃歸於鳩那羅的管轄之下，包括喀什米爾、于闐以及犍陀羅國。他們可能需要來自大夏的希臘人保護。帕爾認為，這可能表示阿育王的帝國在他崩殂前後被分割成包括犍陀羅國與喀什米爾、在鳩那羅轄下的西半部，以及在阿育王之孫達沙拉沙轄下的東半部。①

另一個理論是，帝國分別由達沙拉沙與三缽羅底統治。佛教與耆那教文獻稱三缽羅底為鳩那羅之子，《往世書》稱他爲達沙拉沙之子，其他的資料來源則說他們都是阿育王的孫子，意指他們若非兄弟，即爲表兄弟。

根據喀什米爾編年史《王河》所述，阿育王的繼任者是賈盧卡（Jaluka），他是在阿育王祈禱有個兒子可以剷除西北異族之後誕生的；據說，他是一名反佛教的濕婆教徒，這可能是佛教與耆那教典籍中對他隻字未提的原因。他的王國涵蓋了喀什米爾與犍陀羅國，後來甚至包括了印度北部的部分地區。甚至有人認爲，賈盧卡也可能是鳩那羅之名的誤譯。

在耆那教的文獻來源中，阿育王的繼任者是三缽羅底；三缽羅底因反對佛教而深受耆那教撰寫者讚譽，據說他從鄔闍衍那與華氏城兩地治理帝國，這或許意味著爲了因應來自大夏的希臘人日益加劇的壓力，帝國西半部的首都從華氏城遷往了鄔闍衍那。三缽羅底的繼任者不是舍利輸迦，就是達沙拉沙。達沙拉沙是正命論教派的支持者，並爲正命論僧人在龍樹山挖掘洞穴；後來，他還撰刻銘文以誌記這項奉獻。我們對達沙拉沙所知甚少，只知他應該是在二十歲左右登基。

西方唯一述及阿育王孔雀王朝之後時期的學者，就是希臘歷史學家波利比烏斯。他在西元前二〇六年寫道，敘利亞的安條克三世渡過印度河並與印度國王重建了他們的友誼；國王贈予他一百五十頭象，「相當於國王同意交給他的寶藏」。在此提及的印度國王名爲幸軍王（Sophagasenos），即 Subhagasena 的希臘語版本；但由於該名稱並未出現於他處，因此我們無法辨識其身份。但如此的記載確實顯示出，當時的孔雀帝國已然喪失了西北方的若干領土。

① Romila Thapar, *Aśoka and the Decline of the Mauryas*, 3rd edn (New Delhi, 2015), p. 244.

孔雀王朝為何滅亡？

孔雀帝國的覆亡十分突然且充滿戲劇性。許多原因解釋了它的崩毀，其中有些將矛頭指向阿育王，但有些認為不該指責他。一個可能的解釋是，在阿育王之後繼任的國王都缺乏他的遠見與能力，無法維持帝國的統一；統治一個如此龐大而多元的帝國，對任何國王來說都是一項挑戰。孔雀政體涵蓋了經濟發展階段各異的眾多地區，以及各樣各樣的部落與民族，他們說著不同的語言、信奉著不同的宗教、遵循著不同的風俗民情；正如《政事論》所闡明，這樣的國家沒有所謂的民族意識，保持忠誠的對象是國王，而非國家。當地統治者即便奮力抵抗希臘入侵者，也是為了保護其領土，而非為了忠於國家。帝國的中心雖在國王的掌控下，但這位領導者仍需具備偉大的智慧、充沛的活力與能力。雖然我們對阿育王的繼任者們所具備的特質與能力知之甚少，他們可能無法與阿育王匹敵，也無法延續他的正法政策，尤其是在他們未能理解正法的重要性、同時又有自己的宗教信仰或哲學信念的情況下。正法基本上是阿育王個人獨樹一幟的哲學。

孔雀王朝的官僚體制可能也形成了部分問題。政府維持一支龐大軍隊與一群核心官員的資源，必然緊繃到了極點。阿育王在他的詔令中指出，他的指示並不總是能傳達給他的官員，他們也並不總是能了解其深意；行省官員通常是本地人且擁有相當程度的自主權，也給中央帶來了離心的壓力。史丹利．坦比亞寫道，孔雀王朝的基礎是一種「類似銀河系的結構，較小的政治複製品圍繞著中央實體旋轉，並處於分裂或合併的永久運動中」。② 由於官員們是忠於國王而非國家，因此，統治者的更迭可能會帶來嚴重問題，並導致敵對政權的叛亂或攻擊。《政事論》以一整章的篇幅來說明國王的大臣可以採取措施來預防這類災難（V.6.94–5）。國王的崩殂也意味著資深官員的更替或引退，造成執政上缺乏連貫性。帕爾指出，這種情況可以藉由競爭性的考試制度來避免。③

另一個論點認爲，阿育王宣揚和平的正法政策削弱了帝國。在摩崖詔令第十三則（羯陵伽詔令）中，阿育王表達了他的期盼，希望他的子孫們不會進行新的軍事征戰，而能將正法之勝利視爲唯一眞正的勝利。H．C．雷喬伕力認爲，阿育王徹底改變了先祖們充滿侵略性的黷武主義，從而嚴重削弱了帝國的軍事效率。「摩揭陀帝國的軍事狂熱，隨著羯陵伽戰場上最後的痛苦呼號而消失殆盡」，他寫道，因爲阿育王呼籲他的子孫們「避免新的征戰，以免戰事造成更多的傷亡；但事實證明，他們無法勝任維持帝國領土完整的重任，而這座龐大的帝國正是由旃陀羅笈多與查納基亞的卓越才智所建立的。」④

歷史學家烏平德．辛格（Upinder Singh）在某種程度上也同意這一觀點：「僅以早期的一次軍事征戰爲由的長期統治，可能會對戰備行動產生不利影響。」⑤然而，銘文中並無任何蛛絲馬跡顯

② Stanley Tambiah, *World Conqueror and World Renouncer* (Cambridge, 1976), pp. 70–71.
③ Thapar, *Aśoka and the Decline of the Mauryas*, p. 260.
④ Hem Chandra Raychaudhuri, *Political History of Ancient India from the Accession of Parikshit to the Extinction of the Gupta Dynasty* (Calcutta, 1923), p. 196.
⑤ Upinder Singh, *A History of Ancient and Early Medieval India* (Noida, 2018), p. 266.

示出阿育王在羯陵伽戰爭後解散了軍隊，或說他是一名徹底的和平主義者。舉例來說，他並未廢除死刑，也對叛亂的部落團體發出嚴厲警告，說他只會在可寬恕的範圍內赦免犯錯與違法之舉。他在羯陵伽戰爭之後似乎未再發動其他戰爭，或許只是因爲沒有任何領土可以征服了；他的邊界安全無虞，並且與鄰國關係友好。

雷喬伕力也認爲，偏遠行省官員的暴虐苛政導致叛亂四起。他引用了賓頭娑羅統治時期呾叉始羅發生的叛亂，當時阿育王被派去平定這場叛亂；而在《阿育王傳》中所記載的叛亂，則是由鳩那羅王子前往平定。這兩個故事都是出自佛教的記敘，並不完全可信。他更進一步指出，在羯陵伽詔令中，阿育王警告他的官員們不要在沒有正當理由的情況下不公正地監禁人民，或對人民施以酷刑；他也承諾輪換並非「性情溫和、行爲節制、尊重生命神聖性」的官員。他認爲有必要將這項警告涵蓋在內，表示並非所有官員都具備了這些特質。不過，這項警告只出現在羯陵伽詔令中，而羯陵伽正是他亟欲獲取並穩固人民忠誠度之地。

有關阿育王的佛教傳說，都講述了阿育王在統治末期幾乎被剝奪了權力的故事。《阿育王傳》述說了他如何因布施僧伽團體而耗盡國庫，且在生命盡頭

羯陵伽的阿育王雕塑，梅拉・穆克吉（Meera Mukhurjee）作品，位於新德里孔雀王朝 ITC 飯店。

哀嘆：「我失去了權力，我的財物只剩下半顆阿摩勒果。」在西元二世紀的梵文經典《莊嚴經論》中，阿育王告訴他的官員們：「我的權力已死。當我掌權時，無人膽敢反對我、背叛我，叛亂都能被平定。」玄奘也提到阿育王的大臣篡權，引用阿育王的話如下：「我落入了背信棄義、權勢滔天的臣子手中。」阿育王統治的最後幾年已無任何新銘文的頒布，這個事實或許可被視爲這項理論的證實。

然而另一個由歷史學家哈拉・沙斯特里（Haraprasad Shastri，西元一八五三至一九三一年）所提出的解釋是，菩沙密多羅・巽伽深受帝國的婆羅門支持，他們不滿阿育王支持佛教與其他異教派別、禁止獻祭以及任命大臣，這些舉措一再地貶低他們的地位與威望。⑥G・M・邦加德—列文也同意這個觀點，並指出阿育王親近佛教的傾向，肯定會引起其他宗教派別的批評。⑦但是，反獻祭運動的源頭來自吠陀經，並非阿育王或佛教所獨創；同時在阿育王的銘文中，他從未採行佛教作爲國教，更呼籲人民要同樣地尊重沙門與婆羅門。而阿育王的大臣本身可能就是從婆羅門階層遴選出來，他的將軍菩沙密多羅即爲婆羅門，這個事實表明了婆羅門並未受到歧視。

經濟原因也被引述爲證。D・D・科桑比認爲，孔雀王朝似乎陷入了財務困境，貨幣持續貶值

---

⑥ Cited in Ranabir Chakravarti, *Exploring Early India up to ad 1300*, 3rd edn (Chennai, 2016), pp. 175, 176.

⑦ G. M. Bongard-Levin, *Mauryan India* (New Delhi, 1985), p. 92.

證明了這一點。⑧他還聲稱，他們無法強化資源基礎，因爲帝國已經擴展到不若恆河河谷肥沃的地區——尤其是第一次砍伐、清除林木的林地。缺乏適當的交通運輸，也可能成爲經濟發展的障礙。南比哈爾邦的礦場開始被洪水淹沒，南印度的金屬由於位在偏遠部落地區，很難被開採與壟斷；原本由國家主導的商品生產，也將角色讓給了村落來執行。⑨另一方面，考古學的證據顯示當時的經濟不斷擴張，物質條件也得到了顯著改善；新崛起的商人階級亦奉獻他們額外的財富來修飾宗教建築物，譬如毘盧與桑奇的佛塔等建築。

希臘人的入侵也削弱了孔雀帝國的國力。約於西元前二五〇年，大夏總督狄奧多特宣布脫離塞琉古帝國獨立。位於阿姆河以南、興都庫什山脈（毗鄰孔雀帝國的邊界）以北的大夏，其領土相當於阿富汗北部以及部分的烏茲別克，城市化程度極高且相當繁榮，被稱爲「千城之國」。狄奧多特的繼任者持續擴展帝國，約於西元前一八〇年，希臘的大夏國王德米特里越過孔雀帝國邊境並征服了阿富汗南部與印度西北部的部分地區。如果當時孔雀帝國不是已然陷入混亂無序，希臘對帝國西北方的入侵應該會受到反抗，或至少抵抗一段時間。

到了西元前一七五年，大夏的軍隊甚至遠征至華氏城。到了西元前一四五年左右，他們失去了對大夏的掌控，但仍繼續統治次大陸的西北方。這個所謂的印度希臘或印度大夏王國，領土範圍涵蓋了今日的旁遮普省、哈里亞納邦、賈姆穆以及喜馬偕爾邦，並且持續至西元一世紀初。在印度希臘國王的統治下，佛教信仰蓬勃發展，尤其是在米南德一世（大約於西元前一六五或一五五至一三〇年）統治時期；據說這位國王在阻止菩沙密多羅的攻擊後皈依了佛教，他的首都在奢羯羅（錫亞爾科特，現今位於巴基斯坦），掌控範圍可能已然延伸至華氏城，使得菩沙密多羅不得不遷都至毗底沙。

西元前一八五年，菩沙密多羅．巽伽刺殺了孔雀王朝的最後一位皇帝巨車王；這與其說是一場民眾革命，不如說是一場政變。一百一十二年來，巽伽王朝的國王們統治著一個領土不斷縮小的帝國，最終涵蓋的範圍幾乎等同於摩揭陀王國的領土，也就是旃陀羅笈多開始掌權的源頭。巽伽帝國的疆域雖然遍及孔雀帝國的中心地區，包括印度恆河平原中部、恆河河谷上游以及馬爾瓦東部，但它並不像孔雀帝國般實施中央集權，而更像是個封建國家，以毗底沙爲中心，周圍環繞著一圈附庸國，其中有些國家擁有的自治權甚至足以發行自己的硬幣。A．L．巴沙姆寫道，除了笈多帝國與若干次要的帝國外，「後來所有的印度帝國主義都屬於準封建類型，鬆散而不穩定……總的來說，孔雀王朝之後的印度歷史，就是一個王朝與另一個王朝爭奪地區統治權的爭鬥史。印度的政治統一（雖非文化統一）已然喪失了將近兩千年。」[10]佛教傳統將菩沙密多羅描繪爲婆羅門教的虔誠支持者、亦是佛教的狂熱反對者，摧毀了阿育王建造的八萬四千座佛塔。據說，他甚至試圖恢復用馬獻祭的古老儀式，這種儀式在孔雀王朝時期已然不再施行。然而，這些描述或許誇大了些；更可能的

⑧ Cited in Thapar, *Aśoka and the Decline of the Mauryas*, p. 296.

⑨ D. D. Kosambi, *An Introduction to the Study of Indian History* (Bombay, 2004), pp. 224, 236.

⑩ A. L. Basham, *The Wonder That Was India*, 3rd revd edn (London, 2004), p. 59.

情況是，婆羅門得助後恢復了阿育王統治時期禁止施行的習俗。此外，巽伽王朝的統治見證了佛教在整個次大陸，以及次大陸以外地區的持續流傳，並建造起數座宏偉的佛教建築，其中尤以毘盧與桑奇佛教聖地的若干佛塔與石柱，以及蓬勃發展的佛教藝術最是顯著。

巽伽王朝與國內勢力及國外強權的征戰不斷，包括羯陵伽、德干的百乘王朝（案達羅王朝），以及印度希臘王國。根據《往世書》所述，巽伽王朝的統治持續了一百一十二年，於西元前七五年滅亡；菩沙密多羅統治了三十六年，其後由他的兒子阿耆尼密多羅繼位。說來也巧，最後一位巽伽王朝的統治者提婆菩提亦被他自己的大臣瓦蘇代瓦（Vasudeva）推翻，瓦蘇代瓦建立了短命的坎瓦王朝（Kanva dynasty，西元前七五至三〇年），一個我們所知甚少的王朝。

接下來的馬哈梅加瓦哈納（Mahameghavahana）王朝（約於西元前一世紀至西元五世紀）以羯陵伽為中心，一度控制了印度東部與中部的大部分地區；這個王朝最著名的統治者是信奉耆那教的迦羅毗羅王（Kharavela），他的成就可以從婆羅米文的訶提袞帕〔Hathigumpha，象洞（Elephant Cave）〕銘文中得知，該則銘文位於一座岩壁上，距道里的阿育王摩崖詔令僅十公里。

在南印度，孔雀帝國的崩解使得百乘王朝乘機崛起，控制了泰倫迦納邦、安得拉邦、馬哈拉施特拉邦，有時還包括了鄰近邦國的部分地區。百乘王朝的統治期間從西元前二或三世紀延伸至西元三世紀，當時的王國分裂成更小的邦國，同時支持婆羅門教與佛教；由統治者與私人個別支持的數座佛寺與大型佛塔，也是在這個時期建造完成。

大約在西元前二世紀，一個來自中亞的印歐語系部落塞迦人開始入侵西北方。到了一世紀，塞迦國王已經取代了希臘人並征服了北印度的大部分地區：西至浦那，北至鄔闍衍那；其後，鄔闍衍那成了他們的都城。緊接在後的是另一個印歐語系民族貴霜人，他們在西元一世紀征服了印度的整個西北部與大部分的北部地區。

他們最偉大的統治者迦膩色伽（統治時期約於西元一二七至五〇年）統治著一個極爲龐大的帝國，疆域從中國邊界延伸至華氏城、鄔闍衍那、考夏姆比、秣菟羅，直至德干高原，商業貿易東西川流。迦膩色伽的首都位於今日的白沙瓦與迦畢試，他是一位寬容的統治者，庇護並資助不同的教派與宗教，包括祆教、希臘神祇，甚至膜拜蛇的地方教派。他亦爲佛教的慷慨贊助者，並主持了在喀什米爾舉行的佛教第四次結集。貴霜人的統治於西元二世紀或三世紀時告終。

迦膩色伽的統治時期，見證了犍陀羅藝術流派的興起；融合了伊朗、古希臘羅馬以及印度的不同藝術傳統，犍陀羅藝術創作出好些印度最美麗的雕像。佛陀被描繪成人類形體，通常披著古希臘羅馬長袍。巨大的雕像在山坡上建起、雕成，包括阿富汗著名的巴米揚大佛，於西元二〇〇一年爲塔利班所摧毀。

西元三二〇年，地理與種姓起源不明的旃陀羅．笈多（Chandra Gupta）在華氏城登基並冠上萬王之王的顯赫頭銜。他藉著與強大的離車子氏族之女聯姻，不但提升了自身的地位，更獲取印度恆河平原東部與中部的控制權，包括摩揭陀。他的兒子沙摩陀羅．笈多（西元三三五至三七五年）繼續擴展帝國，最終除了次大陸的南端，其餘大部分地區都被納入了他的版圖之中。

笈多王朝試圖與孔雀王朝建立起象徵性的關聯，它的開國者旃陀羅．笈多之名，就讓人聯想起孔雀王朝的開國君主；而沙摩陀羅．笈多更在阿育王的一則詔令旁刻下了他的頌詞。兩個王朝的首都皆爲華氏城。關於旃陀羅笈多與考底利耶的戲劇《曼陀羅克夏沙》，即於旃陀羅．笈多二世的統治期間寫成。

在旃陀羅．笈多二世（統治時期約於西元三七五至四一五年）的統治下，笈多王朝的國力達到了巔峰。由於這個時期發展出生氣蓬勃的文化生活，有時亦被稱爲印度的黃金時代；它見證了梵文劇作家迦梨陀娑的戲劇創作、阿旃陀石窟壁畫、數學成就（包括數字0的初次使用）、輝煌的雕塑以及寺廟建築。笈多王朝與孔雀王朝的不同之處在於，笈多王朝信奉婆羅門教，諸如毗濕奴與濕婆等神祇又開始被膜拜，取代了古老

中央邦的桑奇大佛塔，西元前三世紀。

的吠陀神祇。從百乘王朝開始，逐漸增加了發放給婆羅門的土地；然而，統治者也支持佛教徒與耆那教徒，桑奇仍然是重要的佛教中心。中國旅人法顯評論了該國的和平與寬大治理，嚴重犯罪十分罕見，佛教的發展也欣欣向榮，儘管有神論的印度教亦相當普及。巴沙姆寫道：「當時的印度，或許是全世界最幸福、最文明的地區，因爲衰弱的羅馬帝國已瀕臨滅亡，而中國正經歷漢唐兩大王朝之間動盪不安的時期。」⑪

北方另一個匈奴民族的入侵削弱了笈多王朝的國力，使得帝國崩解成諸小王國。西元六〇五年，印度國王曷利沙．伐彈那（西元六〇五至六四七年）在他爲期短暫的王朝中恢復了笈多帝國的部分榮光，並以北方邦的卡瑙傑爲中心。身爲佛教徒的曷利沙．伐彈那，可能曾仿效阿育王出巡各地會見他的臣民、在道路兩旁建蓋旅店、設立醫院，甚至可能禁止宰殺動物——至少一度如此。他也爲學生人數多達四千名的那爛陀大學增建了一棟大型建築，並在卡瑙傑舉行了一場知名的集會，邀請各宗教代表前來發表他們的觀點。曷利沙．伐彈那被暗殺時並無子嗣可繼承王位，他的帝國隨之分裂成數個較小的王國，包括孟加拉的波羅王朝；波羅王朝在九世紀初的鼎盛時期，是次大陸北方的主導強權。

⑪ Ibid., p. 67.

11 孔雀王朝的珍貴傳承

雖然直到十九世紀阿育王石柱被重新發現之前，阿育王之名與其留予後人的遺產在印度已然幾乎被遺忘，但在以佛教爲主要宗教的國家，阿育王的傳承仍鮮活地留存於世人心目中。在阿育王死後的幾個世紀中，不但與他相關的典籍被翻譯成多種語言，他更成了佛教領袖的典範；然而，正如約翰・史壯指出，「從歷史角度來看，世界各地的佛教徒對阿育王的詔令幾乎一無所知；他們對阿育王的熱情，幾乎完全來自與他相關的佛教傳說。」①

在中國與東南亞的阿育王傳承

西元一世紀時，來自印度的使節將佛教傳入了中國西部，極可能是經由穿越了阿富汗與中亞的絲路。接下來的幾個世紀，中國學者與朝聖者開始前往印度進行研究並蒐集手抄文本；其中最知名的，就是法顯（約於西元四〇〇年）與玄奘（約於西元六〇二至六六四年），前者在西元三九九至四二四年間足跡遍布印度各地。經過數個世紀，他們的遊記爲亞歷山大・康寧漢與其他尋找孔雀王朝歷史遺址的人提供了寶貴的資訊。玄奘亦提及印度對中亞的影響：中亞當時正使用著修改版的印度文字。

西元二世紀中葉，佛經首次被翻譯成漢字。佛教在早期經常與道教連結在一起，因爲兩種宗教都強調禪修與禁慾苦行，最初亦爲菁英階層與知識分子所奉行。來自印度與中亞的僧侶來到中國教授佛法並翻譯佛教經典，包括了有關阿育王的故事。《阿育王傳》（*The Biography of King Ashoka*）在西元二八一年被翻譯成中文，這些作品將阿育王理想化爲半神地位的統治者，這正是身爲佛教徒的統治者所抱持的理想。西元五一二年，《阿育王經》（*The Sutra of King Ashoka*）在篤信佛法的梁武帝（約於西元五〇二至五四九年）大力支持下開始進行翻譯。梁武帝後來茹素、禁止動物獻祭，並籌劃與阿育王相關的盛大佛教布施儀式、豎立阿育王的雕像，據說有些雕像還擁有神奇的力量。

阿育王的故事對短命的隋朝（西元五八一至六〇四年）開國君主隋文帝也產生了重大的影響。② 由女尼生於佛寺中的隋文帝，以阿育王爲典範，並試圖仿效他的政治與宗教理想。在隋文帝統治初期，他曾對自己鎮壓一場叛亂而導致無數生靈塗炭，表示了懊悔之情；他並特赦了兩萬名罪犯，且提倡茹素、以非暴力方式對待動物，包括禁止在某些特定日子宰殺動物。

隋文帝支持建蓋佛寺，並舉辦贈予廟宇與佛寺昂貴禮物的活動。他派出特使到全國三十個省分

① John S. Strong, ed. and trans., *The Legend of King Aśoka: A Study and Translation of the Aśokavadana* (Princeton, nj, 1982), p. 5.

② 參見 Qin Zhi Lau, 'Ideals of Buddhist Kingship: A Comparative Analysis of Emperors Aśoka and Wen of Sui', www.history.ucsb.edu, accessed 19 October 2021.

分送佛陀舍利，還沿著阿育王建立的路線來建蓋佛塔；授權建蓋這些佛塔的詔令中，亦多次提及阿育王。同時，他也跟阿育王一樣繼續默許並支持其他宗教的發展；對他來說，其他宗教包括了儒教與道教（雖然他晚年時拆除了所有的儒家書院，只有一間倖存了下來）。他的兒子隋煬帝（統治期間約於西元六〇四至六一七年）繼續奉行著佛教統治者的傳統、發願供養僧伽，但在他死後，隋朝也隨之覆亡了。到了唐朝（西元六一八至九〇七年），人們才又重燃對佛教的興趣；武則天皇后自稱「金輪聖神皇帝」，她資助了另一部阿育王敘事作品的翻譯。

菩提伽耶是佛陀在菩提樹下悟道之處，後來成為全世界佛教徒的朝聖重地，主建築摩訶菩提寺就在菩提樹旁。[3]來自中國、日本、緬甸、尼泊爾、錫金、斯里蘭卡、台灣、泰國、西藏以及越南等各地的佛教徒，在此建蓋起反映各自國家建築風格的佛寺與廟宇。舉例來說，日本寺的形狀像一座寶塔；泰國寺廟則有弧形的坡頂，覆蓋以金色的屋瓦，寺內供奉著一尊巨大的青銅佛像。在印章與牌匾上的銘文，記錄了緬甸從中世紀開始對摩訶菩提寺的「修復任務」；在這些銘文中，阿育王占了相當顯著的篇幅。西元一八七五年，緬甸的敏東國王請求印度政府允許修復「正法阿育王所建造的神聖支提窟（chaitya）」。阿育王的一項遺贈，就是作為佛教王權的典範。史壯寫道：

回顧傳說中的阿育王，世界各地的佛教徒都將其視為理想的國王。在斯里蘭卡、泰國、寮國、緬甸等上座部佛教的國家中，阿育王在過去與現在都被描繪成一位模範的統治者，一個值得驕傲地追憶與仿效的典範。同樣，在中國、韓國以及日本，他的傳說啓發並指引了好些崇尚佛法的帝王，使他們有意識地仿效他的統治模式。④

佛教王權的理想涉及幾項要素。國王必須支持佛教僧團，並贏得僧伽的認可，而非以天啓之說來合法化他的統治。他可藉由興建佛寺、建造佛塔、支持僧侶受戒等來達成此目的。就像阿育王會召開會議來解決僧團的意見不合，許多統治者在解決神學與組織的爭端上也扮演了重要角色；國王作爲轉輪王，應福慧雙全，並須作爲人民的道德榜樣。

泰國統治者也試圖仿效阿育王。一部編年史即記述了十五世紀時，有一位名叫提洛克拉特（Tilokrat）的統治者接受了灌頂，使其擁有「如同阿育王般」征服大陸之能；他在清邁仿照摩訶菩提寺建蓋了一座寺廟，名爲塔瑪索克拉（Thammasokorat），在泰語中即爲「佛法阿育王」之意，後來也成了當地的地名。考古學家挖掘出類似阿育王石柱的有頂冠石柱，甚至有一根立柱頂端雕有四頭獅子抓住一個輪子，四周圍繞著欄楯，造型與鹿野苑的石柱極爲相似。最初人們以爲這根石柱建於十三世紀，但後來事實證明，它是由清邁悟孟寺的僧團以水泥與混凝土所製作的的複製品，年

③原來的那棵樹在當時已然腐朽，西元一八七六年的一場暴風雨把它吹倒了，但經亞歷山大．康寧漢爵士重新播種之後，菩提樹又再度枝葉繁茂。

④Strong, *The Legend of King Aśoka*, p. 39.

代比十三世紀要晚得多。西元一五六六年，寮國的國王賽塔提臘在永珍建造了一座塔鑾大佛塔，使法王的王權概念更具說服力。人們普遍相信這座大佛塔與一根裝藏有佛陀舍利的古老石柱有關，該石柱據說是由阿育王所立。在柬埔寨，諾羅敦·施亞努親王（西元一九二二至二〇一二年）主張施行佛教社會主義的政策，將阿育王視爲良好作爲與國家發展的典範。

流行文化中的孔雀王朝

關於孔雀王朝的眞實功業或想像事蹟，長久以來始終是通俗戲劇的主題，尤其是查納基亞（考底利耶）的角色。關於旃陀羅笈多與查納基亞的關係，其中最著名的作品當屬《曼陀羅克夏沙》（大臣之印），一部於西元四世紀末至六世紀間寫成的梵語戲劇。⑤作者可能是旃陀羅·笈多二世（統治期間約於西元三八〇至四一五年）宮廷中的貴族。

在《曼陀羅克夏沙》中，主角查納基亞的唯一動機是去報復難陀王朝，因爲他們極其羞辱地把他打發走。身爲年輕皇帝旃陀羅笈多的首相，查納基亞的目標是把另一位覬覦者王位的大臣羅克夏沙拉攏到國王的陣營之中；羅克夏沙是出了名的忠貞護主，這既是他的優點、也是他的缺點。複雜的情節涉及許多變節、背信以及雙重間諜的利用，其中有些是在不知情的情況下。劇名指的是大臣的圖章戒指，這枚戒指在查納基亞抹黑羅克夏沙的策略中扮演了重要角色。雖然旃陀羅笈多可能是在查納基亞之助下推翻了難陀王朝，但劇中的情節與大部分的人物都是虛構的。旃陀羅笈多被描繪成年輕、順從、缺乏經驗，只是查納基亞手中的一枚棋子。

如同其他的梵語戲劇，這齣戲也是由專業演員在戶外的簡陋平台上表演。受過教育的上層階級人物說梵語，而下層階級人物說的是某種當地俗語。根據人物的出身不同，可能有好幾種版本的古印度俗語。

最近的一部戲劇，是孟加拉作家德維延德拉拉．雷（Dwijendralal Ray，西元一八六三至一九一三年）於西元一九一一年創作的《旃陀羅笈多》。在這個版本中，旃陀羅笈多得馬來國王旃陀羅克圖、查納基亞，以及摩揭陀的前首相之助，推翻了難陀王朝；浪漫的次要情節則涉及塞琉古的女兒以及旃陀羅克圖的妹妹，兩人都嫁給了旃陀羅笈多。這齣戲收錄了作者創作的八首歌曲，還衍生出好幾個後來的版本，包括一個坦米爾語的版本、數集的《查納基亞》電視劇，甚至還有一部二〇〇六年的梵語電影——情節如出一轍，只是背景換成了現代。⑥

孔雀王朝爲許多電影提供了背景。最早的電影之一即爲《亞歷山大》，西元一九四一年的史詩電影，講述亞歷山大大帝與波羅斯王相識的故事。該片在印度爭取獨立的時期上映，激起民族主義者的義憤之情，因此在英國某些軍事地區的電影院中，甚至被禁止上映；西元一九四五年，它被重拍成《亞歷山大大帝》。另一部早期的電影是西元一九四一年坦米爾語的《阿輸迦．鳩摩羅》

---

⑤ J.A.B. Van Buitenen, ed. and trans., *Two Plays of Ancient India* (New York and London, 1968), p. 19.

⑥ 在印度，至少有八部電影是以梵語製作，而印度使用這種語言的人數不到一萬人。參見 https://en.wikipedia.org/wiki/Sanskrit_cinema.

（*Ashoka Kumara*），改編自王后帝舍羅叉試圖色誘鳩那羅、又使他失明的故事。在這部電影中，最後佛陀恢復了鳩那羅的視力，使他重見光明〔這是後來的坦米爾納德邦首席部長M．G．拉馬錢德蘭（M. G. Ramachandran）演出的頭幾部電影之一，他飾演阿育王的兒子摩哂陀〕。

同年還製作了一部印地語電影《奇特拉萊卡》，根據巴格瓦蒂．查蘭．維爾馬（Bhagwati Charan Verma）撰寫於西元一九三四年的同名小說改編而成，講述了一名年輕的將軍比吉笈多、旃陀羅笈多，以及他們愛慕一名藝妓奇特拉萊卡的故事；爲了增添趣味性，電影中還加入了關於查納基亞的次要情節。這部電影票房大獲成功、十分賣座，並於西元一九六四年重拍。

有關阿育王的小說與電影經常取材自佛教故事，因爲這些故事中往往充滿戲劇性的插曲。《利劍紅塵》是一部描寫阿育王早年故事的史詩電影，由桑塔納．斯萬執導與共同編劇，並於威尼斯與多倫多影展上映。據歷史學家艾莉克斯．馮．藤佐曼觀察，儘管有些情節是虛構的，且過分強調造型與印地語流行歌曲，但這部電影「大部分內容並未混淆已知的事實」。⑦

從一九九〇年代開始，有關孔雀王朝與考底利耶的電視連續劇開始出現在印度電視上。第一部史詩式連續劇是《查納基亞》，共有四十七集，於西元一九九一年九月八日一九九二年八月九日在全國電視網上播出；這部連續劇取材自利耶考底在西元前三四〇至三二〇年間的生平事件，包括他早年在摩揭陀的生活、亞歷山大大帝的入侵與離去、推翻難陀王朝，以及立旃陀羅笈多爲王，故事則改編自《政事論》、佛教與耆那教典籍文獻，以及戲劇《大臣之印》。這部連續劇不但在收視率上十分亮眼，在藝術表現上亦大獲好評。此外，電視影集《旃陀羅笈多．孔雀》亦於西元二〇一一年在想像電視台首播，並於西元二〇一八年在索尼電視台重新上演。電視影集《轉輪聖王阿育王》共有二十集，於西元二〇一五年二月至二〇一六年十月間在彩色電視台播出；這部影集廣受國際媒體報導，並且在緬甸、柬埔寨、印尼、斯里蘭卡、泰國、越南以及迦納等各國上映。西元二〇〇五年播出的《鳩那羅傳奇》則以阿育王與兒子

沙・魯克・罕主演《利劍紅塵》(西元二〇〇一年，由桑塔納・斯萬執導)。

⑦ Alex von Tunzelmann, 'Asoka: Never Mind the Bullocks', *The Guardian* (13 August 2008).

鳩那羅之間的關係爲其主要情節。

《波羅斯》（*Porus*）自西元二〇一七年十一月起在索尼電視台播出了一年，以希達斯皮斯河戰役爲劇情主軸，是印度電視台截至當時爲止製作成本最高的電視影集，被配音成坦米爾語，版權更出售給東南亞國家。影集一完結，索尼即開始製作另一部新的影集《旃陀羅笈多．孔雀》；該劇於西元二〇一九年八月播出它的第兩百集。

這些影視作品皆由寶萊塢知名男女演員擔綱主演，譬如阿米塔．巴昌、費薩爾．罕、沙．魯克．罕、普利特維拉．卡浦爾等人，而阿育王無可避免地被塑造成面容英俊、體格健美的人物。儘管事實可能有若干更動，但關注的焦點總是放在視覺的眞實性上。在西方，西元二〇〇四年由奧利佛．史東執導、柯林．法洛主演的電影《亞歷山大大帝》，有幾個場景表面上亦是以印度爲拍攝背景（但實際上是在泰國拍攝）。

孔雀王朝與政治

阿育王與孔雀王朝都成了政治的象徵。在爭取獨立的奮戰中，印度歷史學家將阿育王描繪爲一位有能力統一印度、抵禦外侮的國家領導者，他的正法哲學彷彿預示了聖雄甘地對抗英國的非暴力抗爭。說到最崇拜阿育王的顯赫之士，印度的第一任總理尼赫魯就是其中之一，據說他總是隨身攜帶著一份阿育王詔令的抄本，並且把他的獨女取名爲英迪拉．普里亞達希尼（Indira Priyadarshini）（編按：Priyadarshini 爲阿育王的王位稱號，請見頁一〇九）。尼赫魯將阿育王視爲典範，認爲阿育王成功地建立起強大的、中央集權的世俗政府。在他的《發現印度》（*The Discovery of India*）一書中，他寫道：

> 事實上，印度在其漫長歷史進程中的政治分裂，在當時的情況下是不可避免的。然而，印度政治統一的構想始終存在，國王與皇帝都在尋求實現這一目標。阿育王的確在兩千年前就實現了統一，並建立起一個遠比今日英國在印度所建的帝國更龐大、更宏偉的帝國。⑧

身爲世俗主義與國際主義的倡導者，尼赫魯主張將阿育王的法輪放在印度新國旗中央；他還將鹿野苑的石柱、獅子柱頭，以及「唯有眞理才能勝利」（Satyameva Jayate）的口號，一起打造成印度的國家象徵，並出現於紙幣、硬幣以及政府的官方文具上。在一九五〇年代，當印度計劃建造一座飯店來主辦第九屆的聯合國教科文組織會議，尼赫魯建議將飯店取名爲「阿育王飯店」；一九五〇年代，新德里的一大片土地被開發爲新國家的外交飛地，亦被以查納基亞之名而命名爲查納基亞浦利。西元二〇一四年，一所私立的文理大學阿育王大學在哈里亞納邦的索尼帕特成立。

雖然聖雄甘地不像尼赫魯那麼崇拜阿育王，他也運用了兩項與佛法有關的工具來領導印度獨

⑧ Jawaharlal Nehru, *The Discovery of India – Collected Writings – 1937–1940* (New York, 1972), p. 13.

立的抗爭運動，亦即「不害」（非傷害）與「眞理永恆」（Satyagraha，這個字亦被翻譯爲「堅持眞理」）。甘地寫道，佛陀是不害的最偉大導師，「教導我們蔑視表象並相信眞理與愛的最終勝利」。如同精神領袖斯瓦米．維韋卡南達與拉瑪克里斯納，甘地亦奉行「一切法平等」（sarva-dharma-samabharva）這句短語，大致可被翻譯爲「一切法/信仰皆爲可能」。《梨俱吠陀》中也有類似的陳述：「眞理只有一個，但聖賢用各種名號來稱呼它。」

印度人民黨對阿育王的看法始終很矛盾，他們的印度教特性政策主張「就印度教價值觀而言的印度文化」。[9]

有些成員曾因阿育王支持佛教而批評他的非印度取向，並指責他放棄軍事活動而助長了外來強權對印度的入侵。[10]然而，印度在西元二〇一五年發行了印有阿育王肖像的郵票；比哈爾邦的印度人民黨在西元二〇一八年開始慶祝四月十四日的阿育王誕辰（儘管他眞正的生辰實屬未知），並宣布這一天爲國定假日。[11]西元二〇一八年，就在大選前夕，比哈爾邦的印度人民黨領導人聲稱，孔雀王朝屬於庫什瓦哈農業種姓，這個種姓碰巧占了該邦選民的百分之九；甚至還有一場運動主張將帕特納改名爲華氏城，但這項提議遭比哈爾邦政府拒絕。

另一部充滿政治意義的作品是考底利耶的《政事論》。這部作品引起廣泛興趣的原因之一，是因爲它打破了古老的迷思，認爲印度人是一個超脫世俗的民族，只關心冥想與沉思；深具開創精神的十九世紀印度學家馬克斯．繆勒在西元一八五七年表達了這個觀點：「印度人宛如陌生人般地來到這世界，但他所有的思緒都導向另一個世界；即使在被驅使去採取行動時，他也不涉入參與；當他犧牲自己的生命時，也不過就是從其中解脫了出來。」⑫ 相較之下，《政事論》展現了印度人老於世故、活躍務實、在政治上機敏狡猾的一面；印度獨立運動更增強了人們對這部作品的興趣，因爲它表明了強大集權政府與印度本土政治思想學派的存在。在現代，考底利耶有許多崇拜者，包括德國社會學家馬克斯・韋伯、諾貝爾獎得主沈恩，以及前美國國務卿季辛吉，後者甚至稱考底利耶是「馬基維利與克勞塞維茲的結合」。

雖然直到十九世紀中葉之前，孔雀王朝在印度幾乎已被遺忘了，但自其時至今，它們的歷史和文化重要性皆不容小覷。在印度爭取獨立的抗爭運動中，阿育王被視爲統一了印度的民族英雄；在二十世紀，阿育王、旃陀羅笈多以及考底利耶都成了流行戲劇、寶萊塢電影以及電視影集的主題。如今，旃陀羅笈多、阿育王以及孔雀王朝，更成了每名印度學童皆耳熟能詳的人事物。

---

⑨ 'Bharatiya Janata Party (bjp)', www.britannica.com, accessed 2 January 2021.

⑩ Apoornavand, 'Ashoka Had De-Militarised Himself, the bjp Is Busy Re-Militarising Him', *Outlook* (12 April 2017).

⑪ Anand S. T. Das, 'Historians Don't Know the Date, but Bihar bjp Celebrates Emperor Ashoka's Birthday', *New Indian Express* (25 April 2018).

⑫ Max Müller, *A History of Ancient Sanskrit Literature* (London, 1859), p. 18, cited in Thomas R. Trautmann, *Kautilya and the Arthashastra* (Leiden, 1971), p. 299.

【附錄】

孔雀王朝的發現

這個世界如何得知孔雀王朝、阿育王及其正法哲學的過程，就跟孔雀王朝的故事本身一樣有趣。① 中國的佛教朝聖者法顯與玄奘都知道帶有銘文的石柱與岩石存在，並認為它們是一位名為無憂王的佛教皇帝之作。然而，等到他們來訪印度之時，已經沒有任何人可以讀懂撰刻銘文的婆羅米文字了。

發現印度失落的過去，是「一個驚人的故事，由歐洲東方學家展開的煞費苦心之偵探工作」，查爾斯．艾倫寫道，就是那些「深受愛德華．薩依德鄙視、帶著假髮的已故白人男性」。② 有些早期的英國商人與公僕，對古印度比他們的前任（葡萄牙人與荷蘭人）更感興趣。自一六六〇年代起，東印度公司的代理商在恆河河谷與北印度各地的不同地點意外發現了巨大的石柱，包括一根頂端有石獅的柱子（比哈爾邦的羅宇利耶—南丹加石柱）。當時的一個理論認為，這些柱子是亞歷山大大帝為了紀念他戰勝波羅斯王而建。

十九世紀中葉，耶穌會教士約瑟．蒂芬塔勒（Joseph Tiefenthaler，或許是第一位學習梵語的歐洲人）臨摹了由菲魯茲．沙阿．圖格拉格蘇丹運往德里的黃金石柱上的銘文之第一份抄本。西元一七八四年一月十五日，亞洲學會（Asiatic Society）在加爾各答成立，這是第一次為獲取並傳播過往知識而進行的鄭重嘗試與努力；分享資訊的主要工具，就是該學會的出版品《亞洲研究》（*Asiatick Researches*），或《孟加拉學會會刊：探索亞洲的歷史與古物、藝術、科學以及文學》（*Transactions of the Society Instituted in Bengal for Enquiring into the History and Antiquities, the Arts, Sciences and Literature of Asia*），鼓勵就多個主題進行交流，其中的第一個就是「宗教、政策、法理、禮儀與習俗」，包括節慶與儀典。撰稿人還被要求檢視「穆斯林入侵之前，在印度取得哪些由政府與政策體系遺留下來的歷史遺跡」。根據**N．S．**拉馬斯瓦米（**N. S. Ramaswami**）所述，這些書冊「給人留下的印象是，一大群學生與學者從學術角度檢視他們認爲有趣、深具啓發性、增長知識見聞的每個自然或人類物體」。③

學會的創辦人威廉．瓊斯爵士（**Sir William Jones**，西元一七四六至一七九四年）常被稱爲印度學之父，是最早識別出梵語屬印歐語系的學者之一；瓊斯是加爾各答最高法院的資深法官，他向婆羅門學習梵語，並翻譯了許多重要作品。他也是第一人，指出麥加斯梯尼筆下的桑德羅科托斯即爲旃陀羅笈多．孔雀，帕利博特拉（**Palibothra**，編按：即爲帕特納）則是孔雀王朝的首都華氏

① 有關這些發現的說明，請參見 Charles Allen, *Ashoka: The Search for India's Lost Emperor* (New York, 2012); and N. S. Ramaswami, *Indian Monuments* (New Delhi, 1979).

② Allen, *Ashoka*, pp. xv, xvi.

③ N. S. Ramaswami, *Indian Monuments* (New Delhi, 1979), p. 2.

城。西元一七九三年二月二十八日，他在學會的年度演講中宣布了這項發現。

對於瓊斯以及與他同時代的眾多人來說，基本的動機並非觀察並報導古印度本身，而是「在《聖經》所制定的人類單一起源框架中，整合印度的新興知識以及關於文化與文明起源的當代觀念」，④迪利普．查克拉巴蒂寫道。瓊斯將梵語與希臘、拉丁以及其他語言聯繫起來，部分原因也是出於這樣的取向。而當他無法譯解石柱上的婆羅米文字時，他推測它們應該是衣索比亞的文字。

西元一八三六年，挪威學者克里斯蒂安．拉森（Christian Lassen，西元一八〇〇至一八七六年）首次成功破譯了婆羅米文；他利用希臘—婆羅米文的雙語硬幣，識別出幾個婆羅米文的字母。其後，加爾各答造幣廠的檢驗專家詹姆斯．普林塞普（James Prinsep，西元一七九九至一八四〇年）完成了這項任務，他後來更擔任了《亞洲學會學報》（*Journal of the Asiatic Society*）的編輯。遍布英屬印度各地的通訊網絡為他寄來各種神祕文字的副本與拓印，包括在奧里薩邦的道里岩石銘文，以及桑吉佛塔周圍石欄楯上的雕刻。這些也幫助普林塞普譯解出菲魯茲．沙阿帶到德里的石柱上之七則詔令——這一系列的詔令皆出自一位自稱「眾神摯愛的毗耶達西王」的國王之手；普林塞普認為，這指的是巴利文文獻中所提及的一位斯里蘭卡國王。這時，他已經能夠藉由將這位國王與阿育王摩崖詔令第十三則中所提到的敘利亞、埃及以及馬其頓國王連結起來，推定其大致的統治時期。接下來的十年，更多出自同一位國王的銘文被發現並譯解了出來，這不啻是一項非凡事蹟，被稱為「有史以來最偉大的考古歷險與語言成就之一，雖然鮮為人知，但勘比擬商博良破解古埃及象形文字的創舉」。⑤

東印度公司的軍官詹姆斯·托德（James Tod，西元一七八二至一八三五年）是錢幣學的先驅，他發現的大夏與印度希臘硬幣證實了希臘長期活躍於阿富汗與旁遮普邦地區。他還發現了阿育王的吉納爾岩石銘文，雖然他無法加以譯解。他向大不列顛及愛爾蘭皇家亞洲學會提出了他的發現，該學會於西元一八二三年成立，或許正呼應了前一年法國亞洲學會的創立。西元一八三七年，錫蘭公務員體系的一位官員喬治·圖諾（George Turnour，西元一七九九至一八四三年）出版了他譯自巴利文的斯里蘭卡佛教故事《大史》的作品，其中提到一位名叫「南贍部洲的正法阿育王」的印度統治者是斯里蘭卡國王的朋友，還指出賓頭娑羅的兒子阿育王被命名爲毗耶達西。這點即確立了阿育王是印度歷史上的重要人物。到了西元一八三八年春天，普林塞普已經爲阿育王統治時期的事件建立起一份粗略的年表。

法顯的遊記（西元一八三六年）與玄奘的敘事（西元一八五六年）則被翻譯成法文。西元一八六一年，普林塞普的門生，英國陸軍工程師亞歷山大·康寧漢爵士（西元一八一三至一八九三年）被任命爲印度政府的第一位考古調查員，他認爲資助考古挖掘工作對印度政府與英國民眾都大有幫助，因爲這會讓英國政府看到「不論何時，〔印度〕只要在一位統治者的統治下，總能以堅定的決心擊退外國的征服」。也說明了「婆羅門教有其相對現代的源頭，而且不斷地在求新求變，並

④ Dilip K. Chakrabarti, 'The Development of Archaeology in the Indian Subcontinent', *World Archaeology*, xiii/3 (February 1982).

⑤ Bruce Rich, *To Uphold the World* (Boston, ma, 2010), p. 115.

非長久以來一成不變、無法改變的宗教」——這樣的詮釋旨在證明，基督教在印度的創立與發展終將大獲全勝。⑥

少將亞歷山大・康寧漢爵士，亦為印度考古學會創辦人。

康寧漢的職務在西元一八六五年被解除之後，他回到了英國，並在英國寫成《古印度地理》一書的第一部分。西元一八七一年，總督梅奧伯爵重建了印度考古調查局，並任命康寧漢擔任局長。在他的十九年任期中，他探勘了恆河河谷、旁遮普邦、西北邊境省、印度中部以及拉賈斯坦邦。據查克拉巴蒂所述，「沒有任何的印度考古學家，對這樣一片廣袤到令人驚畏的領土有如此親密的熟悉感，可說是前無古人、後無來者。」⑦

康寧漢深具先見之明，他看到了考古挖掘與實地考察的重要性；他在鹿野苑、桑奇以及毘盧的發現，幫助確立了佛教在印度的歷史。他的作品包括了二十三卷的《考古調查報告》以及《阿育王銘文》（西元一八七一年）——所有已知的阿育王銘文與數個譯本，首次被完整地收錄於一部書之中。玄奘與法顯的著作幫助他確認並發掘出多座古城，包括呾叉始羅、憍賞彌、廣嚴城、那爛陀。西元一八七二年，康寧漢的繼任者詹姆斯．伯吉斯（James Burgess，西元一八三二至一九一六年）創辦了一本名爲《印度古物研究》（*Indian Antiquary*）的期刊，發表了詳細的銘文以及其他的歷史研究；他對於建築特別感興趣，撰寫了關於佛塔與其他紀念碑等歷史遺址的數本專著。

⑥ A. Cunningham, 'An Account of the Discovery of the Ruins of the Buddhist City of Samkassa', *Journal of the Royal Asiatic Society* (1843), pp. 241–7.

⑦ Chakrabati, 'The Development of Archaeology', p. 333.

一八六〇年代，學術中心移到了孟買，尤其是孟買大學的東方研究系，在德國印度學家喬治・布勒（George Bühler，西元一八三七至一八九八年）的指導下，使梵語成爲一門學科。他的門徒羅摩克里希納・G・安班達卡（Ramakrishna G. Bhandarkar，西元一八三七至一九二五年）搜羅並編輯了許多梵文與巴利文的手稿，後來擔任浦那德干學院的梵文教授，該學院於西元一九一七年改爲班達卡東方研究所（Bhandarkar Oriental Research Institute），是全世界最重要的古文獻來源與庫藏之一。西元一八八六年，恩斯特・胡茨奇（Ernst Hultzsch，西元一八五七至

約於西元二五二年，阿育王在藍毗尼豎立石柱以紀念他到訪佛陀的出生地，如今石柱已被搬移至尼泊爾。

一九二七年）以梵文教授身分加入印度考古調查局，並成爲該局第一位的首席碑銘家；他最知名的作品即爲阿育王銘文的修訂版與英文譯本，至今仍是公認的權威之作。⑧

西元一八九五年，安東・費洛（**Anton Fuhrer**）博士在尼泊爾（玄奘描述他在那裡看到一根被龍切成兩半的阿育王石柱）發現了藍毗尼的石柱與佛塔，以及在尼加利・薩加爾的石柱，還有第三根位於西南方幾公里處的石柱，後者標誌了阿育王在位第二十年時至佛教遺址的朝聖之旅。

西元一九〇二年，對印度歷史與考古學深感興趣的總督寇松侯爵，任命了二十六歲的考古學家約翰・馬歇爾（另一個約翰・馬歇爾）爲改組之後的印度考古調查局局長。馬歇爾增加了調查局的印度新成員人數。在他的領軍下，鹿野苑的考古發掘使得知名的獅子柱頭重見天日，重大的修復工作也得以進行；同時，他爭取到在考古現址建蓋博物館的資金，包括鹿野苑、桑奇以及呾叉始羅。同時，從西元一九一五年至一九四六年的這段期間，在卡納塔卡邦與安得拉邦發現了更多的摩崖詔令；西元一九四〇年，馬歇爾與阿勒弗萊德・福舍（西元一八六五至一九五二年）出版了他們的三冊作品《桑奇遺址》（*The Monuments of Sanchi*）。二次大戰後，卡納塔卡邦發現了三則小摩崖詔令，中央邦發現了兩則，比哈爾邦發現了一則，德里附近也發現了一則。

阿富汗的考古挖掘始於一九二〇年代，由福舍領導的法國考古隊進行，進而發現了以阿拉姆語撰刻的阿育王銘文；西元一九五八年，坎達哈附近發現了一則以希臘語及阿拉姆語兩種語言撰刻

⑧ E. Hultzsch, *Inscriptions of Ashoka: Corpus Inscriptiorium Indicorum* (Oxford, 1925), vol. i.

的詔令，並被收藏於喀布爾博物館，但此後又消失了。五年之後，又發現了兩則銘文：一則以希臘文，另一則以阿拉姆文撰刻而成。

西元一九四四年，英國考古學家莫蒂默．惠勒爵士就任印度考古調查局局長，並任職了四年，致力於考古的科學原則以及實地考察挖掘者的訓練。他認知到印度的考古研究無法由印度考古調查局獨力完成，於是鼓勵數間印度大學一起參與這個領域。西元一九四六年，他創辦了《古印度》期刊，並在期刊上發表了他的多項發現。惠勒對哈拉帕所進行的考古發掘，出土了大規模的防禦工事；他也鑑定出東岸的一個羅馬貿易站。他的若干想法後來被摒棄或受到質疑，舉例來說，他認爲城市發展是從美索不達米亞傳到印度河谷、孔雀王朝的建築是以波斯原型爲基礎；儘管如此，他的影響仍可說是無遠弗屆。

西元一九〇五年，來自邁索爾土邦邁索爾縣的一名梵學家（學者）將一批棕櫚葉文本帶到邁索爾政府東方圖書館，其中有一份以古蘭塔文寫成的《政事論》抄本；印度南部曾使用古蘭塔文來謄寫梵文的文本。該抄本不僅眾所周知，而且廣爲流傳，直到德里蘇丹國時期，所有抄本才全都佚失。圖書館員R．沙馬薩斯特里（R. Shamasastry，西元一八六八至一九四四年）意識到這份抄本的重要性，西元一九〇九年時，他譯寫、編輯並出版了梵文版，然後又將其翻譯成英文，並在西元一九一五年出版了全文。後來，古吉拉特邦也發現了這份文本的北方手稿。

阿育王的第一本傳記《阿育王：印度的佛教皇帝》（*Ashoka: The Buddhist Emperor of India*，西元一九〇一年）由印度公務員體系的官員文森．史密斯（西元一八四三至一九二〇年）撰寫。他認爲佛教作品只是「有教化意味的浪漫傳奇」，僅倚賴銘文的敘述；其後，巴利文學者里斯．戴維斯（T. W. Rhys Davids）在他的《佛教的印度》（*Buddhist India*，西元一九〇三年）一書中批評了這樣的觀點，這本書反映了西方對佛教日漸濃厚的興趣。西元一九二五年，R．G．班達卡（R. G. Bhandarkar）發表了有關阿育王統治的歷史講座。西元一九二七年，歷史學家拉達庫姆德．穆克吉（Radhakumud Mookerji，西元一八八四至一九六三年）出版了一部書名就叫《阿育王》（*Ashoka*）的著作；身爲印度的民族主義者，穆克吉的熱情反映出這個時期對於印度的過去以及印度在世界史上的地位引以爲傲的一種復甦與覺醒。在致力於建立一個正義的王國上，穆克吉將阿育王比擬爲《聖經》中以色列的大衛王與所羅門王；在對佛教的贊助與庇護上，將他比擬爲君士坦丁大帝；在哲學與虔敬上，將他比擬爲馬可．奧理略；在帝國的廣袤版圖上，將他比擬爲查理曼；在演說能力上，則將他比擬爲奧立佛．克倫威爾。[9]

在印度獨立之後的時期，[10]大部分的印度歷史學家都採行了愛國路線，他們筆下所呈現的阿育王，是一位不受外國強權影響的統治者，也體現了甘地的不害與眞理永恆、或說非暴力抗爭的原則。印度的第一任總理尼赫魯尤其視阿育王爲世俗統治的體現。信奉馬克思主義的歷史學家D．

---

⑨ Radhakumur Mookerji, quoted in Allen, *Ashoka*, p. 347.

⑩ Shankar Goyal, 'Main Trends in the Historiography of the Early Maurya Empire Since Independence', *Annals of the Bhandarkar Oriental Research Institute*, lxxv i/1/4 (1995), pp. 51–68.

D·科桑比寫道，阿育王的詔令爲普羅大眾提供了「第一部權利法案」。

西元一九四六年，B·M·巴魯阿出版了《阿育王與他的銘文》（*Ashoka and His Inscriptions*）這部翻譯與評論。其他出自馬克思主義的歷史學家科桑比、伊爾凡·哈比卜、G·M·博納姆—萊文（G. M. Bonham-Levine）以及其他俄國印度學家的著作，也相當明確地揭示了印度在孔雀王朝時的物質狀況。[11]美國的梵文與巴利文學者派崔克·奧利維爾撰寫了許多有關孔雀王朝時期的論著，並翻譯了考底利耶的《政事論》，附加上大量的評論；他的學生馬克·麥克利斯最近也出版了一本關於《政事論》歷史的書。[12]羅米拉·帕爾、迪利普·查克拉巴蒂、烏平德·辛格以及納楊佐特·拉希里等多位教授，都是當代研究阿育王與孔雀王朝的頂尖學者。

西元二〇〇六年，哈里·福克出版了深具里程碑意義的《阿育王遺址與文物：一部附帶參考書目的史料》（*Ashokan Sites and Artifacts: A Source Book with Bibliography*）。福克教授參訪了所有阿育王紀念碑的遺跡以及幾個與阿育王無關的歷史遺址，並描述了每個地點的地形、可及性、發現的歷史，以及在歷史與藝術上的重要性與意義。每個章節都附上了地圖與彩色照片。

儘管有如此大量而廣泛的學術研究成果，關於孔雀王朝與該時期的問題仍有許多未解之謎。華氏城的外觀是什麼模樣？這座古城是否曾被挖掘出來？阿育王柱頂上的美麗雕塑，以及知名的孔雀王朝拋光工藝，其靈感來源爲何？正命論、遮羅迦以及其他我們甚至聞所未聞的教派，發生了什麼事？阿育王到底撰刻了多少摩崖與石柱的銘文詔令？如果最終被發掘出來，這些銘文是否能讓我們更了解他的生平歷史與人格特質？

⑪ 戈亞爾（Goyal）指出，所有馬克斯主義的歷史學家都將《政事論》歸類為孔雀王朝時期的作品，或許是因為這部著作的世俗與唯物論取向可為他們提供材料，以便將馬克思主義的理論應用於孔雀王朝時期的主要趨勢上。Ibid., p. 59.

⑫ Mark McClish, *The History of the Arthaśāstra: Sovereignty and Sacred Law in Ancient India* (Cambridge, 2019).

大事紀年表

西元前約 3000—1500 年	印度河谷文明
1900—1100 年	印度雅利安部落遷徙至印度恆河平原
600—300 年	統一十六個大國、異端宗教（佛教、耆那教等）的出現
599—527 年	耆那教創始人筏馱摩那・摩訶毗羅在世時期
563—483 年或 480—400 年	釋迦牟尼佛在世時期
544—413 年	摩揭陀的訶黎王朝
413—395 年	幼龍王朝
486—483 年	悉達多・喬達摩（佛陀）誕生
364／345—324 年或 344—322 年	難陀王朝
327—325 年	亞歷山大大帝入侵印度
323 年	亞歷山大大帝崩殂
322 年	旃陀羅笈多推翻難陀王朝，就任摩揭陀王位
311—305 年	旃陀羅笈多併吞印度西北部
305 年	旃陀羅笈多與塞琉古簽署條約
302 年	阿育王誕生
298 或 299 年	賓頭娑羅・孔雀登基
280 年	阿輸迦王子（阿育王）被任命為鄔闍衍那總督
約 274 年	賓頭娑羅・孔雀崩殂
約 270 年	阿育王接受灌頂

265 年	阿育王成為佛教徒
262—261 年	羯陵伽戰爭
261—260 年	阿育王至三菩提朝聖
260 年	阿育王頒布第一則小摩崖詔令、展開佛教遺址之旅、開始建造佛塔
259 年	銘刻羯陵伽詔令（摩崖詔令第十三則）
259—258 年	阿育王將婆羅巴山的洞穴奉獻給正命論僧人
259—258 年	銘刻摩崖詔令第一則至第四則，阿育王派遣佛教使節團前往希臘、南印度以及斯里蘭卡
258—257 年	阿育王任命正法大臣
258—256 年	銘刻摩崖詔令第五則至第十三則
257 或 256 年	銘刻摩崖詔令第十四則
253 年	銘刻分裂詔令
252 年	阿育王至藍毗尼朝聖
250—249 年	銘刻考夏姆比的小石柱詔令第三則〔也被稱為王后詔令（Queen's Edict）〕
約 250 年	建造鹿野苑的獅子柱頭
243—242 年	銘刻六則石柱詔令
245—244 年	銘刻小摩崖詔令
約 232 年	阿育王崩殂
185 年	菩沙密多羅．巽伽刺殺巨車王
184／5—150 年	巽伽王朝

參考書目

Agrawala, V. S., *India as Known to Panini* [1953] (New Delhi, 2017)
Alahakoon, Hector, *The Later Mauryas, 232 BC to 180 BC* (New Delhi, 1980)
Allchin, F. R., *The Archaeology of Early Historic South Asia: The Emergence of Cities and States* (Cambridge, 1995)
Allen, Charles, *Ashoka: The Search for India's Lost Emperor* (New York, 2012)
Alsdorf, L., 'Contributions to the Study of Aśoka's Inscriptions', *Bulletin of the Deccan College Research Institute*, XX/1/4 (1960), pp. 249–75
Basham, A. L., *History and Doctrines of the Ajivikas: A Vanished Indian Religion* (London, 1951)
—, *The Wonder That Was India*, 3rd edn (London, 2004)
Bhandarkar, D. R., *Aśoka* [1925] (New Delhi, 2000)
Bhattacharji, Sukumari, 'Prostitution in Ancient India', *Social Scientist*, XV/2 (February 1987), pp. 32–61
Bongard-Levin, G. M., *Mauryan India* (New Delhi, 1985)
Bosworth, A. B., 'The Historical Setting of Megasthenes' Indica', *Classical Philology*, XCI/2 (April 1996), pp. 113–27
Bronkhorst, Johannes, *A Śabda Reader: Language in Classical Indian Thought* (New York, 2019)
—, *Greater Magadha: Studies in the Culture of Early India* (*Handbook of Oriental Studies*, Section 2: *South Asia*), 19 (Leiden and Boston, MA, 2007)
—, *How the Brahmins Won: From Alexander to the Guptas* (Leiden and Boston, MA, 2016)
—, 'Reflections on the Fate of Northwestern Brahmins', *Indologica Taurinensia*, XL/204–5 (2014), pp. 37–61
Chakrabarti, Dilip K., 'The Development of Archaeology in the Indian Subcontinent', *World Archaeology*, XIII/3 (February 1982), pp. 326–55
Chakrabarti, Ranabir, *Exploring Early India up to AD 1300*, 3rd edn (Chennai, 2016)
Chowdhury, Hemendu Bikhas, ed., *Asoka 2300: Jagajjyoti: Asoka Commemoration Volume* (Calcutta, 1997)
Coningham, Robin, and Ruth Young, *The Archaeology of South Asia* (New York, 2015)
Coomaraswamy, A. K., *History of Indian and Indonesian Art* (New Delhi, 1972)
Cunningham, Alexander, *The Ancient Geography of India*, vol. I: *The Buddhist Period* [1871] (New Delhi, n.d.)
Dissanayake, Daya, 'Ashoka and Buddha Dhamma: A Search for the "Real" Ashoka Through Archaeology', presented at the China South Asia Buddhist Archaeology Conference, Beijing, November 2016
Eggermont, P.H.L., *The Chronology of the Reign of Aśoka Moriya* (Leiden, 1956)
Embree, Ainslie T., ed., *Sources of Indian Tradition*, 2nd edn (New York, 1988), vol. I

Falk, Harry, *Aśokan Sites and Monuments: A Source Book with Bibliography* [*Monographien zur Indischen Archaologie, Kunst und Philologie*] (Mainz, 2006), vol. XVIII
Fauconnier, Bram, 'Ex Occidente Imperium: Alexander the Great and the Rise of the Maurya Empire', *Histos 9* (2015), pp. 129–73
Fleet, J. F., 'The Last Words of Aśoka', *Journal of the Royal Asiatic Society of Great Britain and Ireland* (July 1913), pp. 655–8
Fleming, David, 'Where was Achaemenid India?', *Bulletin of the Asian Institute* (New Series), VII (1993), pp. 67–72
Fussman, Gérard, 'Pouvoir central et régions dans l'Inde ancienne: Le problème de l'empire Maurya', *Annales Histoire, Science Sociales, 373 Année*, IV (July–August 1982), pp. 621–47
Geiger, Wilhelm, trans., *The Mahavamsa; or, The Great Chronicle of Ceylon* (London, 1912)
Ghosal, U. N., 'On a Recent Estimate of the Social and Political System of the Maurya Empire', *Annals of the Bhandarkar Oriental Institute,* XL/1/4 (1959), pp. 63–9
Ghose, A., 'The Pillars of Aśoka: Their Purpose', *East and West,* XVII/3/4 (September–December 1967), pp. 273–4
Goyal, Shankar, 'Comparative Reliability of the Avadanas and Aśokan Edicts', *Annals of the Bhandarkar Oriental Institute*, LXXXII/1/4 (2001), pp. 251–7
—, 'Trends in the Historiography of the Early Maurya Empire since Independence', *Annals of the Bhandarkar Oriental Institute*, LXXVI/1 (1995), pp. 51–68
Guruge, Ananda W. P., *Asoka the Righteous: A Definitive Biography* (Colombo, Sri Lanka, 1993)
Habib, Irfan, and Vivekanand Jha, *Mauryan India* (Aligarh, 2013)
—, and Vijay Kumar Thakur, *The Vedic Age* (Delhi, 2019)
—, and Faiz Habib, 'Mapping the Mauryan Empire', *Proceedings of the Indian History Congress* (Golden Jubilee Session), L (1989), pp. 57–79
Harris, Ian, ed., *Buddhism, Power and Political Order* (London and New York, 2007)
Irwin, John, 'Aśokan Pillars: A Reassessment of the Evidence', *Burlington Magazine*, CXV (November 1973), pp. 706–20; 'Part II: Structure', *Burlington Magazine*, CXVI (December 1974), pp. 712–27; 'Part III: Capitals', *Burlington Magazine,* XVII (October 1975), pp. 631–43; 'Part IV: Symbolism', *Burlington Magazine,* XVIII (November 1978), pp. 734–53
—, 'The True Chronology of the Aśokan Pillars', *Artibus Asiae*, XLIV/4 (1983), pp. 247–65
Jackson, Abraham V. W., ed., *History of India*, vol. IX: *Historic Accounts of India by Foreign Travelers, Classic, Oriental and Occidental* (London, 1907)
Joseph, Tony, *Early Indians* (New Delhi, 2018)
Kaul, Shonaleeka, '18: South Asia', *Cambridge World History*, ed. Craig Benjamin (Cambridge, 2015), pp. 480–513
—, 'Regional Study: Pataliputra', *Cambridge World History*, pp. 415–536

Keay, John, *India: A History* (New York, 2000)
Kenoyer, Jonathan Mark, *Ancient Cities of the Indus Valley Civilization* (Oxford, 1998)
Kosambi, D. D., *An Introduction to the Study of Indian History* (Bombay, 2004)
Kulkarni, S. D., 'Inscriptions of Aśoka: A Reappraisal', *Annals of the Bhandarkar Oriental Institute*, LXXI/1/4 (1990), pp. 305–9
Lahiri, Nayanjot, *Ashoka in Ancient India* (Cambridge, MA, and London, 2015)
—, 'Re-Searching Ashoka in Thailand', *The Hindu* (25 June 2016)
Long, Jeffrey, 'Hinduism and the Religious Other', in *Understanding Interreligious Relations*, ed. David Cheetham, Douglas Pratt and David Thomas (Oxford, 2013)
Lubin, Timothy, 'Aśoka's Disparagement of Domestic Ritual and Its Validation by the Brahmins', *Journal of Indian Philosophy*, XLI/1 (February 2013), pp. 29–41
McClish, Mark, *The History of the Arthaśāstra: Sovereignty and Sacred Law in Ancient India* (Cambridge, 2019)
—, and Patrick Olivelle, *The Arthaśāstra: Selections from the Classic Indian Work on Statecraft* (Indianapolis, IN, 2012)
McCrindle, John Watson, ed., *Ancient India as Described by Megasthenes and Arrian* (Calcutta, 1877)
McLeod, John E., *The History of India*, 2nd edn (Westport, CT, 2015)
Mohan, Peggy, *Tongues that Travelled: How Migration Shaped Languages in India* (Delhi, 2021)
Mookerji, Radhakumud, *Ashoka* [1928] (New Delhi, 2017)
—, *Chandragupta Maurya and His Times* (Delhi, 2016)
Mukherjee, B. N., *The Character of the Maurya Empire* (Calcutta, 2000)
Nehru, Jawaharlal, *The Discovery of India* (New Delhi, 2004)
Norman, K. R., 'Notes on the Aśokan Rock Edicts', *Indo-Iranian Journal*, X/2–3 (1967–8), pp. 160–70
O'Flaherty, Wendy Doniger, 'The Origin of Heresy in Hindu Mythology', *History of Religions*, X/4 (May 1971), pp. 261–333
Olivelle, Patrick, ed., *Aśoka in History and Historical Memory* (New Delhi, 2009)
—, ed., *Between the Empires: Society in India 300 BCE to 400 CE* (Oxford, 2006)
—, trans., *King, Governance and Law in Ancient India: Kautilya's Arthasastra* (New York, 2013)
—, Janice Leoshko and Himanshu Prabha Ray, eds, *Reimagining Aśoka: Memory and History* (New Delhi, 2012)
Parker, Geoffrey, and Brenda Parker, *The Persians* (Reaktion, 2017)
Penrose, Walter Duvall Jr, *Postcolonial Amazons: Female Masculinity and Courage in Ancient Greek and Sanskrit Literature* (Oxford, 2016)
Ramaswami, N. S., *Indian Monuments* (New Delhi, 1979)
Rangarajan, L. N., ed. and trans., *Kautilya: The Arthashastra* (New Delhi, 1992)

Rawlinson, H. G., *Intercourse between India and the Western World from the Earliest Times to the Fall of Rome* (Cambridge, 1915)
Ray, Himanshu Prabha, 'Archaeology of Buddhism in Asia', *Oxford Research Encyclopaedia of Asian History* (Oxford, 2019)
—, and Daniel T. Potts, ed., *Memory as History: The Legacy of Alexander in Asia* (New Delhi, 2007)
Raychaudhuri, Hem Chandra, *Political History of Ancient India from the Accession of Parikshit to the Extinction of the Gupta Dynasty* (Calcutta, 1923)
Rich, Bruce, *To Uphold the World: A Call for a New Global Ethic from Ancient India* (Boston, MA, 2010)
Robinson, Andrew, *The Indus* (London, 2015)
Romm, James, *Ghost on the Throne: The Death of Alexander the Great and the War for Crown and Empire* (New York, 2011)
Sagar, K. C., *Foreign Influences in Ancient India* (New Delhi, 1992)
Salomon, Richard, 'On the Origin of the Early Indian Scripts: A Review Article', *Journal of the American Oriental Society*, CXV/2 (1995), pp. 271–9
Samaddar, J. N., *The Glories of Magadha*, 2nd edn (Patna, 1927)
Sastri, K. A. Nilakanta, *A History of South India: From Prehistoric Times to the Fall of Vijayanagar*, 4th edn (New Delhi, 2012)
—, ed., *Age of the Nandas and Mauryas* (New Delhi, 1996)
Scharfe, Hartmut, *Education in Ancient India* (Leiden, 2002)
—, *Investigations in Kautalya's Manual of Political Science* (Wiesbaden, 1993)
Schlingloff, Dieter, *Fortified Cities of Ancient India: A Comparative Study* (London, 2014)
Scialpi, Fabio, 'The Ethics of Aśoka and the Religious Inspiration of the Achaemenids', *East and West*, XXXIV/1/3 (September 1984), pp. 55–74
Sen, Amulyachandra, *Ashoka's Edicts* (Calcutta, 1956)
Sen, K. M., *Hinduism* (London, 2005)
Seneviratna, Anuradha, ed., *King Asoka and Buddhism: Historical and Literary Studies* (Kandy, Sri Lanka, 2007)
Sengupta, Padmini, *Everyday Life in Ancient India* (London, 1950)
Sharma, J. P., *Republics in Ancient India c. 1500 BC–500 BC* (Leiden, 1968)
Shastri, H. G., 'The Puranic Chronology of the Mauryan Dynasty', *Proceedings of the Indian History Congress*, XXII (1959), pp. 78–83
Shrimali, K. M., *The Age of Iron and the Religious Revolution* (Delhi, 2018)
Singh, Upinder, *A History of Ancient and Early Medieval India* (New Delhi, 2018)
—, *Political Violence in Ancient India* (Cambridge, MA, 2017)
—, and Nayanjot Lahiri, eds, *Ancient India: New Research* (New Delhi, 2009)
Smith, Monica L., 'The Archaeology of South Asian Cities', *Journal of Archaeological Research*, XIV/2 (June 2006), pp. 97–142
Smith, Vincent, *Early History of India*, 4th edn (Oxford, 1924)
Stoneman, Richard, 'The Brahmins in the Alexander Historians and the Alexander Romance', *Journal of Hellenic Studies*, XLIV (1995), pp. 99–114

—, *The Greek Experience of India* (Princeton, NJ, 2019)
Strong, John S., ed. and trans., 'Asoka's Wives and the Ambiguities of Buddhist Kingship', *Cahiers d'Extrême-Asie*, XIII (2002), pp. 35–54
—, *The Legend of King Ashoka: A Study and Translation of the Aśokavadana* (Princeton, NJ, 1982)
Thakur, Vijay Kumar, 'Iron Technology and Social Change in Mauryan India', *Proceedings of the Indian History Congress*, LVI (1995), pp. 77–87
Thapar, Romila, *A History of India* (Baltimore, MD, 1966), vol. I
—, *Aśoka and the Decline of the Mauryas* [1961], 3rd edn (New Delhi, 2015)
—, 'Aśoka – A Retrospective', *Economic and Political Weekly*, XLII/45 (7–13 November 2009), pp. 31–7
—, *Early India: From the Origins to AD 1300* (Berkeley and Los Angeles, CA, 2001)
Tieken, Herman, 'The Dissemination of Aśoka's Rock and Pillar Edicts', *Vienna Journal of South Asian Studies*, XLVI (2002), pp. 5–42
—, 'The Role of the So-Called Aśoka Inscriptions in the Attempt to Date the Buddha', *Rivista di Studi Sudasiatici*, I (2006), pp. 69–88
Trautmann, Thomas R., *Arthashatra: The Science of Wealth* (Gurgaon, 2012)
—, *India: The Story of a Civilization*, 2nd edn (New York, 2016)
—, *Kautilya and the Arthashastra: A Statistical Investigation of the Authorship and Evolution of the Text* (Leiden, 1971)
Triveda, D. S., 'Magadhan Chronology Pre-Mauryan', *Annals of the Bhandarkar Oriental Research Institute*, XXXVI/1/4 (1956), pp. 267–79
Van Buitenen, J.A.B., ed. and trans., *Two Plays of Ancient India* (New York and London, 1968)
Vigasin, A. A., and A. M. Samozvantsev, *Society, State and Law in Ancient India* (New Delhi, 1985)
Von Hinuber, Oskar, 'Did Hellenistic Kings Send Letters to Ashoka?', *Journal of the American Oriental Society*, CXXX/2 (April–June 2010), pp. 261–6
Wales, H. G. Quaritch, *The Indianization of China and South-East Asia* (London, 1967)
Witzel, Michael, 'Early Sanskritization: Origins and Development of the Kuru State', *Electronic Journal of Vedic Studies*, I/4 (1995), pp. 1–26
Wolpert, Stanley, *A New History of India*, 6th edn (New York, 2000)
Worthington, Ian, *By the Spear: Philip II, Alexander the Great, and the Rise and Fall of the Macedonian Empire* (New York, 2016)
Zysk, Kenneth G., *Asceticism and Healing in Ancient India: Medicine in the Buddhist Monastery* (New York, 1991)

謝辭

我對所有幫助我的人深感虧欠，因爲所有的錯誤與疏漏完全是我自己所造成。Mark McClish 從一開始就給予我極多幫助：爲我的閱讀提供建議，審閱了我的初稿，並回答我許多問題——尤其是關於《政事論》。我要感謝不知名的審稿者以及 John McLeod 所提供的評論性審閱以及令人鼓舞的回饋，感謝 David Gitomer（早期梵語文獻）與 Peggy Mohan（語言學）慷慨地與我分享他們的專業知識，感謝 Bruce Kraig、Helen Saberi 以及 Barbara Dill 耐心地閱讀我的手稿並提出許多極有助益的建議。我要特別感謝印度帕特納K．P．賈亞斯瓦爾研究所（K. P. Jayaswal Research Institute）所長兼歷史遺產發展學會（Heritage Development Society）執行董事的 Bijoy Kumar Choudhary 博士對我的協助與熱情款待，以及我的專業嚮導考古學家 Manas R. Manbansh。我的丈夫阿西什．森花了好些時間閱讀我的手稿，並一如既往地提出許多極好的建議。最後，我還要感謝 Michael Leaman 要求我撰寫本書，以及我的經紀人 Max Sinsheimer 給予我的支持與鼓勵。

照片使用謝辭

作者與出版商在此衷心感謝下列相關組織與個人同意授權轉載其作品。

Alamy: pp. 74 (British Library), 81 (Interfoto), 101 下 (Heritage Image Partnership), 149 (The History Collection), 187 (Dinodia Photos), 192 (cp a Media Pte Ltd); Brigham Young University: p. 266; Getty Images: p. 281 (Dinodia Photos); Louvre, Paris: p. 65 上 ; Metropolitan Museum of Art, New York: p. 174; J. A. Page, *A Memoir on Kotla Firoz Shah Delhi, Memories of the Archaeological Survey of India*, 52 (1937): p. 115 左和右 ; Peabody Essex Museum: p. 99 (Gift of the Chester and Davida Herwitz Collection, 2003. Type: Paintings); royal collection trust /© Her Majesty Queen Elizabeth ii 2021: p. 183; Colleen Taylor Sen: pp. 51, 60, 116, 118, 127 下 , 231, 256; Manfred Sommer: p. 131 下 ; Satyendra Thakur: p. 177; Victoria and Albert Museum, London: p. 63; Wikimedia Commons: pp. 10 (Chrisi1964/cc by-sa 4.0), 18 (Ismoon/cc0 1.0), 26, 28 和 36 (All: Avatiputra7/cc by-sa 3.0 Unported), 32 (bpg/cc by-sa 2.5 Generic), 34 (Bernard Gagnon/cc-by sa 3.0 Unported, 2.5 Generic, 2.0 Generic, 1.0 Generic), 50 (Daderot/cc0 1.0), 65 下 (phgcom/cc0 1.0), 82 (Public Domain), 84 (Public Domain), 88 (chetan tg/cc by-sa 4.0 International), 101 上 (Ashoka/cc-by-sa 3.0 Unported), 104 (phgcom/cc-by-sa 3.0 Unported), 106 (Public Domain), 109 (cc-by-sa 3.0 Unported), 115 下 (Wikimapia Paul65/cc by-sa 3.0 Unported), 119 (Shivam Setu/cc by-sa 4.0 International), 122 左 (Ashok Shrikhande/cc by-sa 4.0 International), 122 右 (Chrisi1964/cc by-sa 4.0 International), 127 上和 186 (Both: Photo Dharma from Penang, Malaysia/cc 2.0 Generic), 131 上 (Sasha Isachenko/cc-by-sa 3.0 Unported), 132 上和下 (Both: Photo Dharma from Sadao, Thailand/cc 2.0 Generic), 172 (Samrat Ashok/cc-by-sa 3.0 Unported), 191 (Tokyo National Museum/Public Domain), 193 (Public Domain), 228 (Asiatic Society of Bengal 1865/Public Domain), 272 (Michael Gunther/cc by-sa 4.0 International), 290 (Public Domain), 292 (Sanu N/cc by-sa 4.0 International).

衆生系列　JP0235

阿育王與孔雀王朝：改寫亞洲文明的古印度最偉大帝國

ASHOKA AND THE MAURYA DYNASTY:
The History and Legacy of Ancient India's Greatest Empire

作者　柯琳・泰勒・森（Colleen Taylor Sen）
譯者　林資香
責任編輯　陳芊卉
封面設計　周家瑤
內頁排版　歐陽碧智
業務　顏宏紋
印刷　中原造像股份有限公司

發行人　何飛鵬
事業群總經理　謝至平
總編輯　張嘉芳
出版　橡樹林文化
台北市南港區昆陽街 16 號 4 樓
電話：886-2-2500-0888 #2738　傳真：886-2-2500-1951
發行　英屬蓋曼群島商家庭傳媒股份有限公司城邦分公司
台北市南港區昆陽街 16 號 8 樓
客服專線：02-25007718；02-25007719
24 小時傳眞專線：02-25001990；02-25001991
服務時間：週一至週五上午 09:30-12:00；下午 13:30-17:00
劃撥帳號：19863813　戶名：書虫股份有限公司
讀者服務信箱：service@readingclub.com.tw
城邦網址：http://www.cite.com.tw
香港發行所　城邦（香港）出版集團有限公司
香港九龍土瓜灣土瓜灣道 86 號順聯工業大廈 6 樓 A 室
電話：852-25086231　傳眞：852-25789337
電子信箱：hkcite@biznetvigator.com
馬新發行所　城邦（馬新）出版集團
Cité（M）Sdn. Bhd.（458372U）
41, Jalan Radin Anum, Bandar Baru Seri Petaling,
57000 Kuala Lumpur, Malaysia.
電話：+6（03）-90563833　傳眞：+6（03）-90576622
電子信箱：services@cite.my

一版一刷　2025 年 8 月
ISBN：978-626-7449-97-4（紙本書）
ISBN：978-626-7769-01-0（EPUB）
售價：550 元

城邦讀書花園
www.cite.com.tw

國家圖書館出版品預行編目（CIP）資料

阿育王與孔雀王朝：改寫亞洲文明的古印度最偉大帝國 / 柯琳・泰勒・森（Colleen Taylor Sen）著；林資香譯. -- 初版. -- 臺北市：橡樹林文化出版：英屬蓋曼群島商家庭傳媒股份有限公司城邦分公司發行，2025.08
面；　公分. --（衆生；JP0235）
譯自：Ashoka and the Maurya dynasty : the history and legacy of ancient India's greatest empire
ISBN 978-626-7449-97-4（平裝）

1.CST: 阿育王　2.CST: 孔雀王朝　3.CST: 古印度
4.CST: 歷史

737.02　　114008405